U0536107

逻辑的起源

王路 著

2019年·北京

图书在版编目（CIP）数据

逻辑的起源 / 王路著. —北京：商务印书馆，2019
ISBN 978-7-100-17076-5

Ⅰ.①逻… Ⅱ.①王… Ⅲ.①逻辑学—研究 Ⅳ.①B81

中国版本图书馆CIP数据核字（2019）第024783号

权利保留，侵权必究。

逻辑的起源

王路 著

商 务 印 书 馆 出 版
（北京王府井大街36号 邮政编码100710）
商 务 印 书 馆 发 行
北京艺辉伊航图文有限公司印刷
ISBN 978-7-100-17076-5

2019年4月第1版	开本 880×1230 1/32
2019年4月北京第1次印刷	印张 13 7/8
	定价：45.00元

目 录

序 001

第一章　导论

1. 关于逻辑起源的认识 012
2. 关于亚里士多德逻辑的认识 025
3. 探寻逻辑起源的方式及其意义 038
4. "是"还是"存在"? 041

第二章　巴门尼德论"是"与"真"

1. 是 048
2. 真 056
3. 语言与语言所表达的东西 060
4. 是与真 066

附录:巴门尼德的 esti 078

第三章 柏拉图论"是"与"真"

1. 《克拉底鲁篇》中的论述············108
2. 《理想国》中的论述············120
3. 《泰阿泰德篇》中的论述············139
4. 探索与问题············156

第四章 柏拉图的《智者篇》

1. 关于"不是"············173
2. 关于"是"············184
3. 关于运动与静止············199
4. 关于相同与相异············216
5. 关于语言············246

第五章 柏拉图对逻辑的贡献

1. 一般性考虑············267
2. 为什么要探讨"是"？············272
3. 为什么要探讨"不是"？············284
4. 关于"是"与"不是"············290
5. 问题与方式············301

第六章　亚里士多德逻辑的建立

1. 比较柏拉图与亚里士多德··················326
2. 四谓词理论··················337
3. 句法和语义··················349
4. 推理的方式··················360

第七章　逻辑与哲学

1. 关于本质··················374
2. 形而上学··················382
3. 先验性··················404
4. 几点启示··················417

主要参考文献··················429

序

逻辑传入我国已经有很长的时间了。在学习和研究的过程中，国人提出了许多看法。比如，同古希腊一样，中国古代也有逻辑；中国和古希腊、印度是并列的三大逻辑发源地之一。这样的看法很流行，这种看问题的方式也不仅仅局限于逻辑，比如随着哲学的传入、学习和发展，国人也提出了大致相同的看法：中国哲学自古有之，自成体系，源远流长。

逻辑和哲学确实是随着西方思想文化的传入而传入的。但是应该看到，它们是通过我国教育体制的建立和运作而被国人认识的。无论我们如何看待和对待我国的教育体制及其发展，它的核心实际上是学科的建立和划分，它的运作方式主要是基于学科来传授知识。因此，逻辑和哲学首先是学科意义上的东西，或者，它们可以是学科意义上的东西。但是，这一点并没有得到充分的认识。否则人们也不会想当然地以为，西方人有逻辑，我们也会有逻辑，西方人有哲学，我们就会有哲学。这样的类比，说一说无妨，但是从学科的意义上去考虑，却是有问题的。比如，我们有像《工具论》

和《形而上学》那样的著作吗?如果没有,那么我们如何在并可以在学科的意义上谈论逻辑和哲学呢?

逻辑与哲学一直是我思考和研究的重点问题。最早明确谈及它,大概是论文"论逻辑与哲学的融合与分离"(1995年)。而在《走进分析哲学》(1999年)和《逻辑的观念》(2000年)两书中,最后一章的题目都是"逻辑与哲学"。它们表明,无论是研究逻辑还是哲学,我都会考虑二者之间的关系。我重视逻辑和哲学之间的关系,因为它在西方哲学中非常重要,而且我看到了这一重要性。但是这种关系似乎并没有得到国内学界的关注和重视。也许恰恰由于这一点,一些研究哲学的朋友认为我是研究逻辑的,一些研究逻辑的朋友又认为我是研究哲学的。也许他们还暗含着潜台词:你不是研究哲学的,或者,你不是研究逻辑的。他们的看法实际上表达了他们对逻辑和哲学的看法,无论是否有道理,似乎至少表明,逻辑与哲学是两个学科,可以区分,也应该区分,而且泾渭分明。这种看法大体上也体现了国内一种比较普遍的现象:研究逻辑的人常常与哲学格格不入,而研究哲学的人往往对逻辑敬而远之。他们可以这样做,似乎也有理由这样做,因为逻辑与哲学是两个不同的学科,其研究似乎理所当然分属不同学科。

我不满意这种现象,我的认识与朋友们的看法也是不同的。近年来我在讲座开场白时常常说到:亚里士多德是逻辑的创始人,也是形而上学的奠基人,弗雷格是现代逻辑的创始人,也是分析哲学的奠基人。我提及这两个历史事实是为了使人们思考，为什么在他们二人身上逻辑与哲学得到完美的统一？而且，这难道仅仅是偶然现象吗？我们知道，弗雷格的理想是从逻辑推出数学，在这一过程中他发现现有的逻辑不够用，因而建立了现代逻辑。由于他的逻辑得不到人们的承认，所以他写了许多文章来讨论他的逻辑思想和理念，论证他的逻辑的有效性。结果，不仅他的逻辑被普遍接受和采用，他的相关论著也成为分析哲学的基本文献，他的相关讨论极大地促进和推动了分析哲学的发展。戴维森说，是弗雷格使我们认识到这样一种探究意义的途径。这话中肯而客观，同时它也非常清楚地表明，逻辑的理论与方法对于哲学研究具有十分重要的意义。

弗雷格的工作表明，逻辑有用，但是亚里士多德逻辑不够用。其实，早就有人认识到这一点。历史上许多人都曾表示过对亚里士多德逻辑的不满，都想过要超越亚里士多德逻辑，要发展逻辑。著名者如培根及其《新工具论》，黑格尔及其两卷本的《逻辑学》，无疑都是针对亚里士多德逻辑的。遗憾的是，他们看到亚里士多德逻辑的缺点，但是没有看到亚里士多德逻辑的观念，或者说他们没有理解这一观念。因此，他们批评了亚里士多德逻辑，他们也努力想发展逻辑，但是他们的目的并没有实现。到头来他们的相关理论和方法可以在哲学中被应用，但是，那不是逻辑的运用，因而不涉及逻辑与哲学的关系，也不会产生弗雷格逻辑所带来的那样的作用和后果。

比较弗雷格和培根、黑格尔等人的工作可以发现，逻辑有两个方面。一个方面是逻辑的理论和方法。人们可以应用它们，在应用的时候可以按照自己的理解来认识，可以感到它们的优缺点，可以进行褒贬。另一个方面是逻辑的观念，即什么是逻辑。这一点是人们常常忽略的。它包含着对逻辑的理解，它引导着逻辑的理论和方法的形成，是逻辑不可或缺的组成部分。弗雷格带来了逻辑理论和方法的革命，之所以能够做到这一点，是因为他对逻辑的观念有正确的把握，换句话说，在逻辑的观念这一点上，他与亚里士多德一脉相承。而培根、黑格尔等人恰恰背离了逻辑的观念，所以，他们可以批评逻辑，可以将自己的著作命名为逻辑，但是他们无法发展逻辑。他们提供的相关论述可以让人们思考，但是无法像亚里士多德或弗雷格那样为人们提供成熟的理论和方法，也不能像他们的相关讨论那样促进哲学的发展，更谈不上提供一种逻辑与哲学密切结合的理论形态和成果。所以他们也不被称为逻辑学家。

　　逻辑的观念十分重要。可以说，有了逻辑的观念，才会产生和形成逻辑的理论和方法，也可以说，逻辑的理论和方法是逻辑的观念的具体体现。所以我一直认为，亚里士多德是伟大而重要的，因为是他第一次提出了逻辑的观念并由此建立起逻辑这门科学。这一认识常常使我思考，逻辑的观念和逻辑的理论方法毕竟不是一回事，那么亚里士多德的逻辑的观念是如何形成的？他的逻辑的理论和方法又是如何形成的？或者，他的逻辑的理论和方法固然可以体现他的逻辑的观念，但是它们本身又是如何产生的呢？

许多人认为，逻辑的产生与古希腊的数学相关，与古希腊的辩论盛行相关，因为数学与证明相关，辩论涉及逻辑。我最初也是相信这种说法的。但是当我有了如上思考之后，我逐渐认识到，这种说法有些凭想当然。数学是与逻辑不同的学科，逻辑固然可以从它借鉴方法，但是这并不意味着由数学就可以产生逻辑。论辩是日常生活中常有的事情，其中当然有论证，但是这并意味着经过论辩实践就可以产生对逻辑的认识。具体地说，即使认为逻辑与数学和论辩相关，我们也要思考，如何相关？而一旦考虑这一点，我们就会发现，现有的研究不能令人信服，因为它们并没有说明如何相关。关于中国逻辑也有相似的说明：中国古代有关于论证的探讨，因而也就有了逻辑；即使没有形成亚里士多德那样的逻辑理论，也早已产生了逻辑的思想和萌芽。当然，这样的论述同样是没有说服力的。

众所周知，亚里士多德是逻辑的创始人，但是，哲学却不是在他那里产生并形成的。早在他之前，巴门尼德、苏格拉底、柏拉图等古希腊哲学家们就已经形成了一个群星璀璨的群体，他们留下的文本提供了丰富的思想财富，成为我们学习古希腊哲学的宝贵资源。十多年以前，我在给王晓朝教授翻译的《柏拉图全集》写书评时说过："过去常常企图从柏拉图的著作阅读亚里士多德的思想，如今则总是努力在亚里士多德的著作中寻找柏拉图的痕迹。我相信思想是有传承的，不会像花果山的石猴那样凭空蹦出来。没有思想来源的所谓原创往往没有根基，注定是浅薄无知的。真正开创性的工作无疑是伟大的,但是,看不到它的渊源,对它的理解难免失之肤浅。"这段话描述了我的思想历程,也显示出我对古希腊哲学的看法:不仅说明我对柏拉图和亚里士多德思想的看法,而且表明我对应该如何看待他们的思想的看法。本书的工作,可以说是这一思想历程的自然延续,也是这些看法的进一步深化。研究逻辑的起源,不是凭想当然说一说什么与逻辑相关,什么东西促成了逻辑的产生和发展,而是要深入到柏拉图的文献中去,从中去思考并发现:他的哪些思想是与逻辑相关的,它们如何导致亚里士多德的相关考虑;他的哪些思考方式是与逻辑方法相关的,它们如何促进了亚里士多德的相关考虑;他和亚里士多德讨论了几乎完全相同的问题,但是最终他没有能够形成逻辑,而亚里士多德却建立起逻辑,原因何在。

我的研究结果表明,逻辑是与哲学密切相关的。正是在哲学讨论中,特别是在与认识,尤其是在与先验问题相关的讨论中,人们涉及到有关逻辑的问题。确切地说,这就是我多年来一直在讨论的"是"与"真"的问题。"是什么?"乃是人们询问和探讨世界的基本方式,"是如此这般"则是人们表达关于世界认识的基本方式,二者与真相关,与认识相关,因而是哲学家们所关注的核心问题。柏拉图有大量这方面的探讨,他虽然没有对句法和语义做出充分的认识和区别,没有形成逻辑,但是他的相关思考引领了有关是与真的研究,并为亚里士多德的进一步思考和研究提供了思路和帮助。所以可以说,他的研究为逻辑的最终建立做出了重要贡献。

我的研究结果还表明,不要想当然地说,古希腊有逻辑,中国古代也有逻辑。我们应该具体地思考一下,中国古代有没有"是什么?"这样的思考,有没有关于"是如此这般"这样的认识表达的思考,以及有没有关于"是真的"的思考。这是因为,亚里士多德逻辑是与这样的思考方式相关的,是与"是"与"真"这样的问题相关的,而这样的思考方式在柏拉图那里早已存在,它们也已经成为讨论的话题,成为思考和研究的对象。

我希望,我那些研究哲学的朋友们可以看出,是与真,不仅是逻辑的核心概念,而且是形而上学的核心概念。在柏拉图那里,它们就已经是讨论的核心了。有了亚里士多德,它们成为逻辑的核心概念,但是这并不妨碍它们依然是形而上学的核心概念,这本该是我们后人看到的哲学史。但是,"存在"与"真理"这两个中译文曲解了 being 和 truth 的字面含义,从字面上割裂了它们之间的联系,从而也遮蔽了并一直阻碍着我们对相关问题的正确认识。基于亚里士多德逻辑,我们可以非常清楚地看到关于是与真的探讨。因循这一途径,我们也可以清楚地看出柏拉图的相关探讨和研究。换一种思考方式也没有关系:假如没有亚里士多德及其逻辑,是与真难道就不是柏拉图关注和讨论的问题了吗?它们难道就不会是形而上学的核心概念了吗?它们难道就不会被后人继续讨论吗?换句话说,亚里士多德逻辑固然是它们讨论的继续,固然也有助于它们的进一步讨论,但是没有亚里士多德，像柏拉图那样的讨论难道就不会继续了吗？所以，一定要正确地认识这种讨论的实质，一定要清楚地认识这种讨论的延续性，一定要从中正确地把握和揭示逻辑与哲学的关系。

我还希望，我那些研究逻辑的朋友们可以看出，虽然今天逻辑已经成为独立的科学，尽管逻辑可以到处应用，比如用于语言学、用于计算机科学等等，但是最有用途的还是在哲学。特别是从逻辑的起源可以非常明确地看出，逻辑压根就是与哲学紧密联系在一起的。

感谢国家社科基金项目的资助（项目批号：14BZX075）！

感谢清华大学自主科研项目的资助（2010）！

衷心感谢商务印书馆的编辑关群德先生和所有为本书出版付出辛劳的同志！

作　者

2018年5月

第一章　导论

亚里士多德是古希腊著名哲学家，保留下来的著作被编辑为《亚里士多德全集》，其中第一卷是《工具论》，内含六篇论著：《范畴篇》《解释篇》《前分析篇》《后分析篇》《论辩篇》《辨谬篇》。"工具论"这个名称为后人所起，字面上有方法之义，表明人们对这部著作的理解和认识。该著作被称为历史上第一部逻辑著作，由此亚里士多德被称为逻辑的创始人。"逻辑"一词译自希腊语 logos，后者在亚里士多德著作中频繁使用，但是并不表示逻辑，英德译者通常也没有将它译为"逻辑"，而是根据不同语境译为"语言"、"表述"、"句子"等等。也就是说，亚里士多德并没有使用"逻辑"这个名称，但是，后人使用这个名称，并用它来称谓亚里士多德在《工具论》中所陈述的东西、形成的理论。不仅如此，众所公认，《工具论》所提供的东西为后人开创了一个学科，这就是逻辑（或逻辑学）。在《辨谬篇》的最后一段，亚里士多德比较了自己的研究与其他人的研究，尤其是与修辞学研究的区别，比较了自己提供的方法与智者们传授的方法的区别，其中说道：

显然，我们的工作已经充分地完成了。但是我们一定不能忽略关于这种研究所发生的事情。……就我们的研究而言，并非以前已经彻底地做了一部分工作，而另一部分还没有做。根本就没有做过任何工作。……此外，关于修辞学的主题有许多东西早就有人说过了，而关于推理的主题，根本就没有什么早期的东西可说，我们只能长期不断进行试验性的探索。因此，如果你们经过检验以后觉得，由于情况开始时就是如此，因而我们的研究与基于传统的其他研究相比还是令人满意的，那么对于你们所有人或我们的学生而言，还要做的就是原谅我们研究中的缺点并衷心感谢我们研究中的这些发现。①

这段话被逻辑史著作以不同方式引用，② 以此说明亚里士多德在逻辑领域的工作是开创性的。卡普认为这段话是"天真"而又"人为谨慎的自吹"，反映出亚里士多德当时还比较年轻，很可能他的三段论理论尚未获得值得称道的成果。③ 鲍亨斯基则称这段话是"骄傲地"说的，并认为它关于亚里

---

① Aristotle, *The Works of Aristotle*, vol.I, ed. by Ross, W.D., Oxford University Press, 1971, 183b16–184b8; 以下《工具论》引文只注标准页码。
② 参见 Kapp, E., *Greek Foundations of Traditional Logic*, Columbia University Press, New York, 1942, pp.5–6; Bochenski, I. M., *A History of Formal Logic*, University of Notre Dame Press, 1961, p.29.
③ 参见 Kapp, E., *Greek Foundations of Traditional Logic*, p.6.

士多德所说的研究是成立的。① 在我看来，这段话至少告诉我们三点：一，亚里士多德认为自己关于推理的研究是前人没有做过的事情，是开创性的；二，他在阐述这一点的时候提到了其前人和学科，并与其前人和学科进行了比较，尤其是与修辞学进行了比较；三，这是在《辨谬篇》中说的，因而它只适用于《论辩篇》和《辨谬篇》，而不适合于《前分析篇》。② 我们知道，亚里士多德在逻辑方面最主要的工作是三段论系统，这是在《前分析篇》中阐述的。因此，上述关于亚里士多德说话方式的评价无论是否合适，关于其内容的评价还是符合实际的，至少符合《论辩篇》的情况。不过，这些并不是我要探讨的。这里我所考虑的问题是：亚里士多德的逻辑工作无疑是开创性的，尤其是他的三段论系统，因此他只要说自己的工作是前无古人的即可，似乎完全没有必要与前人进行比较。即使他的三段论系统当时尚未建立，而《论辩篇》中的工作与三段论系统还是有很多区别的，但是既然他认为自己的工作是开创性的，似乎也没有必要与前人的工作进行比较。但是亚里士多德却明确地说了要比较。不仅他自己进行了比较，而且还让别人也进行比较，他似乎觉得，通过比较可以更好地说明他的工作是开创性的。因此，这里的重点应该是比较。从研究的角度出发，我认为可以考虑两个问题：一是能不能比较？二是如何比较？第一个问题

---

① 参见 Bochenski, I. M., *A History of Formal Logic*, p.29.
② 人们一般认为，《辨谬篇》附属于《论辩篇》，属于亚里士多德的早期著作，而《前分析篇》和《后分析篇》是亚里士多德后来的著作。

似乎是自明的，既然亚里士多德让比较，他自己也进行了比较，那就一定能够进行比较。因此我们要考虑的其实是第二个问题。

在我看来，如何进行比较涉及比较的方法，与研究的目的相关。也就是说，研究的目的不同，比较的方式就有可能不同。问题的实质是：亚里士多德是逻辑的创始人，因而他的著作提供了逻辑理论。由于逻辑是他开创的，因而他的前人的著作没有提供逻辑理论。认识到这一点也就可以看出，所谓比较其实是将亚里士多德关于逻辑的论述与前人不是关于逻辑的论述进行比较。本书研究逻辑的起源，因而所考虑的是，逻辑是如何产生和形成的。由此出发，我们的比较旨在考虑，亚里士多德围绕创建逻辑所做的工作，在前人的著作中是不是可以找到相应的参照？在哲学史的研究中，这样的参照可以被称为萌芽、发端等等。或者通俗地说，我们要考虑的是：古希腊从没有逻辑到有逻辑，这一步是如何发展过来的？因此我们要考虑的不是，或者说不仅仅是亚里士多德逻辑与前人的思想有什么区别，而是考虑在他的逻辑理论中，有哪些东西是前人说过或谈到的，前人的谈论与他的谈论有什么同异，并且如何最终发展成为逻辑理论。

1. 关于逻辑起源的认识

二十世纪 50－70 年代出了几本逻辑史著作：鲍亨斯基

的《形式逻辑史》(1961年)①,涅尔夫妇的《逻辑学的发展》(1962年),杜米特留的《逻辑史》(1975年)②。它们不仅介绍了从古希腊逻辑的产生、形成和发展,还介绍了现代逻辑的产生、形成和发展。这几本逻辑史著作的连续出版表明,随着现代逻辑的发展,逻辑成为了科学,成为了一门成熟的学科,受到人们的高度重视。在对逻辑进行深入研究的同时,人们开始关注并研究逻辑的历史,试图由此获得对该学科更加深入的了解和认识,把握它的性质和规律,并为它的发展做出贡献。

这一时期还出了一本小书,卡普的《逻辑的起源》(1965年)。③ 该书篇幅不大,基于一个系列讲座而成。它是一个德译本,原书为英文,1942年出版,书名是《传统逻辑的希腊基础》。④ 从原英文书名即可以看出,该书是关于传统逻辑的,不像后来出版的几本逻辑史著作含有专门论述现代逻辑的内容。德译文取这样一个名字,表明译者有专门的想法,也表明逻辑的起源可以成为人们思考和研究的对象。

---

① Bochenski, I. M., *A Historyof Formal Logic*, University of Notre Dame Press,1961, 该书译自 1956 年出版的《形式逻辑》(Bochenski, I. M., *Formale Logik München,* 1956) 一书。
② Dumitriu A., *History of Logic*, vol.I, Abacus Press, Tunbridge Wells, Kent, 1977.
③ Kapp, E., *Der Ursprung der Logik bei den Griechen*, Vandenhoeck & Ruprecht in Goettingen, 1965.
④ Kapp, E., *Greek Foundations of Traditional Logic*, Columbia University Press, New York, 1942.

实际上，逻辑的起源并不仅仅是书名的问题。《传统逻辑的希腊基础》虽然书名中没有"起源"一词，但是其第一章题目为"逻辑作为一门科学的起源（origin）",[①]由此可见，德译本的改名其实是借用了第一章的题目。此外，上述几部逻辑史著作中也有类似称谓：它们在开始章节标题中使用了 beginning(s) 一词，意思是"开端"、"发端"[②]、"起始"等等，因而也有"起源"之义。这就表明，在逻辑史的研究中，人们都会考虑逻辑的起源。这样的考虑是自然的，因为逻辑是在亚里士多德那里形成的，他的相关思想不可能没有来源。这样的考虑也是需要的，因为它会有助于人们更好地理解逻辑是如何产生和形成的。问题在于，人们是如何思考逻辑的起源的？人们又该如何思考逻辑的起源？

但是在这些著作中，关于起源的说明显然不是重点，它们只是在开始部分借"起源"或"发端"这样的说法谈论早期的一些相关论述，比如前苏格拉底时期和柏拉图的著作中一些与逻辑相关的看法和认识。这些论述通常比较粗略和简要，与其说是关于逻辑起源的探讨，不如说是探讨亚里士多德逻辑的准备和铺垫。下面我们看一看《逻辑学的发展》的第一章"发端"。在有关起源的讨论中，它的文字最多，内容也最丰富。我们可以以此为例说明人们对逻辑的起源是如何认识的。

[①] Kapp, E., *Greek Foundations of Traditional Logic*, Columbia University Press, New York, 1942.
[②] 中译本《逻辑学的发展》中用了这个译文，参见第 3 页。

"发端"共分五节,第一节讲"有效性概念",重点讲述了证明概念。有效性是逻辑这门科学的核心性质,讨论这一概念实际上是为这一章的工作做准备,也是为全书讨论的内容做准备。

第二节讲"几何证明":谈到毕达哥拉斯学派,重点讲述了几何学的发现及其证明,以此说明演绎科学有些什么样的性质。涅尔夫妇认为,"我们可以有把握地说,演绎系统的概念在毕达哥拉斯学派和柏拉图学园里是知道的,这两个学派继承了这样一些传统。"① 这一节的最后说明如下:

如果在这里我们开始作我们称之为逻辑考察的话,那么我们应当期望找出哪些在最初解释时要加以强调的已知的逻辑问题呢?首先,我们应期望的是特别注意一般命题,即关于事物的种类的命题。……其次,在全称命题(即关于某一类的所有分子的一般命题)中,我们应期望的是特别注意那些必然真的命题。……第三,在必然真的全称命题中,我们应当期望定义能得到特别的(但不是唯一的)注意。……第四,我们应当期望的是对于在一般规则中包含特殊的东西要有极大的兴趣,因为这似乎是几何学论证的最普遍的形式。正如我们将会看到的,所有这些特征都会在亚里士多德的逻辑中找到,其中某些特征在柏拉图的著作中或更早一些人的著作中已经有了。……因此我们有理由相信,希腊逻辑的一

---

① 涅尔:《逻辑学的发展》,第8页。

个趋势大都是由考虑如何把几何学表述为演绎系统的问题所决定的。①

可以看出,这段话很长,虽然有删节,四个要点还是很清楚的:一般命题、全称命题、定义、推理规则。结论也很清楚:它们所显示的特征在亚里士多德逻辑中可以找到;亚里士多德逻辑与几何学是有联系的,它要考虑如何把几何学表达为演绎系统。

在我看来,以上论述是有道理的,因为命题、推理规则、定义等等特征在几何学中无疑是存在的,在亚里士多德逻辑中也是可以找到的。此外,古希腊的几何学也是一个发展得很好的学科,最早的几何学著作何时出现虽然尚无法确定,但是欧几里得只比亚里士多德晚出几十年,而且亚里士多德也常常谈到几何学的证明,包括几何学中的问题和例子。因此,说逻辑的产生与几何学密切相关和受到几何学的影响无疑是有道理的。

但是,以上论述也是非常表面化的。命题、推论规则和定义等等都是逻辑系统中的基本要素,而不是亚里士多德逻辑中独具特色的东西。以上论述似乎是在假定一般逻辑系统中的一些(而非全部)要素的基础上,试图围绕它们来说明,几何学中有这些东西,亚里士多德逻辑中也有这些东西,因而从中可以看出亚里士多德逻辑与几何学的联系,亚里士多

---

① 涅尔:《逻辑学的发展》,第8-10页。

德逻辑如何受到了几何学的影响。引文中"期望"、"相信"、"趋势"等用语说明了其论述的推测性和含糊性,因为它确实没有说明,几何学是如何影响亚里士多德逻辑的,亚里士多德逻辑是如何从几何学发端的。

第三节讲"论辩的论证和形而上学的论证",重点论述了"论辩术"这个词的意思以及与它相关的论证,由此形成与前面所谈"证明"的区别。该节围绕"论辩术"谈到芝诺的归谬法,但是最主要谈论的还是柏拉图的相关论述,包括他对这个词的用意,"是一种包含反驳的方法"、"划分和组合的方法"。① 该节对划分方法进行了明确的说明,称它"是一种对于一开始是最概括的概念进行对分来寻找定义的方法。"② 在给出一个完整的划分例子和一些评价之后,该节明确地说,"对这种方法的考察无疑对亚里士多德发明他的三段论有所影响"。③ 与此相关:

> 留待亚里士多德所做的,就是把"论辩术"这个词加以同样的推广或减弱。正如我们所看到的,对他来说,"论辩术"这个词是一种从不明显的前提进行论证的科学的名称。这个词如何更进一步扩大应用范围,把对一般游戏论证的研究方法包括进去,是很容易明白的。④

---

① 涅尔:《逻辑学的发展》,第 13 页。
② 同上。
③ 同上书,第 14 页。
④ 同上书,第 15 页。

此外，该节还论述了柏拉图在对话中说明和引用的一些逻辑原则，其最终结论是：

> 虽然柏拉图在他的论证过程中确实是发现了某些有效的逻辑原则，但他几乎不能被称为逻辑学家。因为他是在他需要它们的时候零敲碎打地说明他的原则的，他并未试图去把这些原则彼此联系起来，或者把题目结合成一个系统，犹如亚里士多德把三段论的各个格和式结合起来那样。但是认为柏拉图甚至会否认逻辑的研究有其自身的目的，则是不可靠的。①

可以看出，这一节主要想说明，论辩术虽然与证明不同，但也是一种论证方法。这种方法与亚里士多德逻辑是密切相关的，它的一些具体方法，如划分，对亚里士多德逻辑是有影响的。柏拉图的相关考虑与亚里士多德逻辑的区别似乎仅仅在于，前者是零散的，后者是体系化的。因此这一节是想说明，前人，特别是柏拉图，无疑有逻辑的考虑，而且他们对亚里士多德逻辑是有影响的。

在我看来，以上论述大体上是有道理的：智者派在讨论中无疑是有论证的，柏拉图的对话也为我们留下了这样的文本；亚里士多德无疑有关于论辩术的论述，包括对划分方法

---

① 涅尔:《逻辑学的发展》，第16页。

的论述,他明确谈到论辩的推理,并把它与证明的推理相区别;柏拉图没有关于逻辑规则系统的考虑也是事实,三段论系统及其相关工作无疑是亚里士多德的创造。因此说智者派的工作以及柏拉图的一些讨论对亚里士多德逻辑产生一些影响,也不是没有道理的。

但是,以上论述比较空泛,因而似乎有些想当然。比如,把论辩术的应用范围进一步扩大,是不是就一定导致逻辑的产生?如何扩大才能产生这样的结果呢?难道它的应用范围还不够大吗?这里我们可以稍微详细一些考虑其中的两个论证。

一个论证是关于划分与三段论的关系,即划分是不是影响到三段论的产生和形成,又是如何影响的。这一节说划分对三段论产生影响的只有上述一句,这显然只是一个说明,没有论证。因循该句的注释可以看到,该书在第二章讲述亚里士多德三段论的时候谈到柏拉图的划分,承认亚里士多德"正确地指出这种划分方法并不是证明的方法",但是该书又称它是一种"解释和澄清方法","这种方法似乎已经向亚里士多德提示了三段论推理的总貌",并说亚里士多德"说那种划分方法可说是弱三段论"。① 在我看来,"似乎"这样的推测姑且不论,这些论述无法构成充分的论证,不能说明划分对三段论的影响。即使亚里士多德称划分为弱三段论,这也不能说明划分方法对建立三段论产生影响,至少无法说明

---

① 涅尔:《逻辑学的发展》,第87-88页。

这是如何影响的。后面我们将会看到，按照亚里士多德的区分，三段论（推理，syllogismus）分为证明的、论辩的、强辩的和错乱的。他的逻辑主要是证明的推理，即证明的三段论。因此直观上可以说，亚里士多德把一些推理方式、方法称为三段论，并不意味着他把它们看作与他所建立的逻辑体系意义上的三段论是一样的。因此，仅凭"弱三段论"这一称谓并不能说明划分方法"无疑对亚里士多德发明他的三段论有所影响"，更不能说明它提供了关于三段论的"总貌"。

第四节讲"辩论术和诡辩术"，主要讲了日常辩论，如法庭辩论和街头相遇的辩论中的一些与逻辑相关的情况，包括诡辩、谬误等等。该节给出一些这样辩论的例子，并说到在柏拉图的一些对话中充满这样的例子；该节还谈到亚里士多德在《论辩篇》和《辨谬篇》中给出一些与有效论证和非有效论证相关的论证，由此与柏拉图形成对照；该节还谈到人们关于真和假这两个概念的探讨以及与真假相关的一些论证；最后的结论是：在亚里士多德之前，人们"关于形式逻辑的课题就已经进行了相当的研究"。[①]

非常明显，这一节主要想说明，在亚里士多德之前，人们已经有了大量的论辩实践，无论是在法庭上还是在日常生活中。这些实践为人们提供了大量的论辩实例，从而不仅增进了人们的相关能力，而且为人们思考相关的问题提供了可能。所以，这些论辩实践及其相关思考最终也影响到亚里士

---

① 涅尔：《逻辑学的发展》，第23页。

多德逻辑的产生和建立。

众所周知,古希腊的论辩活动是非常出名的。在这样的活动中,围绕一个论题进行论证或进行反驳乃是基本的论辩方式,自然也会涉及推理活动。认为思考和探讨这样的论证方式与逻辑相关或是逻辑研究,无疑是有道理的。但是,这充其量只是一种直观的认识,因为它并没有说明这样的研究对亚里士多德逻辑的建立产生了什么样的影响。比如我们依然可以问,为什么亚里士多德可以把这样的研究都归为修辞学的研究,而说自己的研究是开创性的?

第五节讲"柏拉图和逻辑哲学",不仅称柏拉图是"逻辑哲学领域内的第一个伟大的思想家",[1] 而且重点围绕他的《智者篇》论述了柏拉图所谈的三个问题:与真假相关的问题,与有效推理相关的问题,与定义相关的问题。在论述过程中,该节还谈到柏拉图关于"是"、"相同"和"相异"的探讨,说这是"《智者篇》中可能对之后逻辑理论有影响的另一部分"[2]:这一节亦即这一章的结束语如下:

在结束柏拉图这一节之前,我们应当提及一下柏拉图由于澄清古代两个难题对逻辑的发展所做的贡献。自巴门尼德告诫人们提防接受"不是乃是"的假设以来,希腊人在否定当中因而在假当中发现了某种神秘的东西。在《泰阿泰德

---

[1] 涅尔:《逻辑学的发展》,第23页。
[2] 同上书,第28页;参见第20页。

篇》和《智者篇》里，柏拉图考察了这些概念，并且澄清，论说（logos）本质上是可以是真或假的东西，他由此使这些难题得以解决：这就是说，任何断言只有它的否定是有意义的，它才是有意义的。在同一个地方，他解决了由于混淆了同一陈述与谓述陈述所引起的问题。这种混淆使一些哲学家除了同一性谓述外，否认有任何谓述的可能性。这些把非同一性谓述和否定认为是胡说的观点是逻辑理论发展中的一些严重的绊脚石。柏拉图的努力使得亚里士多德把它们当成纯粹的历史古董。在他的逻辑著作中这些观点确实没有再打扰过他。①

这一节的几个问题，如真假、有效推理、定义等等，在前面几节也谈过，因为讲明是谈柏拉图的思想，因此有些重复也是可以理解的。值得注意的是，标题中使用的是"逻辑哲学"，文中也称柏拉图是这方面的第一人，而最后这一段则明确提及"逻辑著作"、"逻辑理论"、"逻辑的发展"等等。因此这一节似乎有两点意图。一是把柏拉图的相关论述称之为逻辑哲学，似乎这样就把它们与逻辑联系起来；二是把它们归为逻辑哲学，似乎由此又与逻辑形成区别。因此，一方面可以说柏拉图的探讨对逻辑的发展做出了贡献，亦即对逻辑的产生造成影响；另一方面又可以说柏拉图所讨论的那些东西没有给亚里士多德造成什么麻烦，亦即表明柏拉图

---

① 涅尔：《逻辑学的发展》，第 29-30 页，译文有修正，参见第 21-22 页。

与亚里士多德的区别：前者是逻辑哲学第一人，后者是逻辑第一人。

在我看来，无论逻辑哲学与逻辑有没有区别，有什么样的区别，以上说明直观上是有道理的；柏拉图所讨论的那些问题不仅是他本人关注的问题，也是古希腊哲学中一直在探讨的问题；它们与逻辑理论也是相关的。尤其是其中提到的"不是乃是"的问题，这实际上是"是"与"不是"的问题，亦即肯定与否定的问题，因而也是有关真假的问题，有关谓述的问题。它们不仅与逻辑问题密切相关，而且本身就是逻辑问题；即使在亚里士多德逻辑中，它们也是基本问题。但是，该节并未深入讨论这些问题，并未说明这些问题的探讨如何影响到亚里士多德的相关理论，而只是通过"逻辑哲学"和"逻辑"这两个名称的使用，把它们与亚里士多德逻辑区别开来。在这种情况下，我们可以认为柏拉图所讨论的那些东西也与逻辑相关，因而可以相信它们对亚里士多德逻辑的产生造成了影响，但是我们不可能知道它们是如何造成影响的，又造成了一些什么样的影响。

综上所述，"发端"告诉我们，对亚里士多德逻辑形成影响的因素主要有两点：一是几何学的使用与发展，二是古希腊盛行的辩论活动。前者可以看作是科学的影响，后者可以看作是日常生活的影响。这是两种完全不同的影响，它们有一个共同点，这就是都与论证有关。数学和几何学与论证相关，体现的是证明，这样的证明方式似乎会对逻辑的观念产生影响，会导致逻辑对相关学科进行考察，借助相关学科中的方法和实例，发展出有关证明的理论。日常辩论与论证相关，体现的是一种与科学证明不同的论证。相关讨论涉及许多问题，其中一些与逻辑相关，一些与逻辑可能没有什么关系，或者至少没有什么直接的关系。对这些问题进行探讨促进了亚里士多德逻辑的产生和发展。

应该承认，"发端"告诉我们的这些情况乃是不错的。但是通过以上分节论述和分析可以看出，这其实只是一种直观的、大体上的看法。这是因为，它的论述是可以相信的，但是这些论述并没有告诉我们其所讨论的那些东西是如何影响亚里士多德逻辑的，又是如何促成了亚里士多德逻辑。比如我们可以问，是不是有了几何学就一定会产生逻辑？或者是不是有了大量日常辩论以及关于它们的思考就会产生逻辑？因此，逻辑的产生之前有几何学和日常辩论是一回事，后者是不是影响到逻辑的产生乃是另一回事。

实际上，"发端"只是一部逻辑史著作的第一章，它旨在告诉人们，在亚里士多德之前，古希腊就有了一些与逻辑相关的探讨。因此，这一部分内容往往重点在于说明两点：一是有这样一些材料，二是它们与逻辑相关。这样的东西被称为"发端"或"起源"并无不妥。因为它们作为一部分独立的内容，并不影响其后对亚里士多德逻辑本身的论述。我们考虑的问题则不同。因为我们主要考虑的既不是亚里士多德逻辑是什么样的，也不是它之前的相关探讨是什么样的。所谓"逻辑的起源"，指的是比这还要更进一步：在亚里士多德之前，古希腊与逻辑相关有些什么样的探讨？它们是如何影响到亚里士多德逻辑的产生和形成的？在这一研究中，"有些什么"的探讨固然重要的，但是更重要的则在于探讨"如何影响"。因此对于我们来说，仅仅认为几何学与证明相关、日常辩论及其探讨与论证相关乃是远远不够的。

2. 关于亚里士多德逻辑的认识

三段论是亚里士多德逻辑最主要的成就，也是其前所未有的贡献。它构成传统逻辑的核心，成为人们一直学习和研究的对象。在哲学史以及逻辑史的研究中，亚里士多德三段论也一直是非常重要的内容。随着现代逻辑的发展及其方法的应用，尤其是随着卢卡西维奇划时代的研究，人们对亚里士多德三段论也有了新的认识，相关研究获得许多新的成果。比如有人认为，亚里士多德的三段论是一个公理系统，其第一格的有效式是公理，其他几个格的有效式则是基于第一格有效式而证明的定理。也有人认为，亚里士多德的三段论是一个自然演绎系统，第一格的有效式是推理规则，依据它们则可以推出其他几个格的有效式。依据对亚里士多德三段论的研究，人们对逻辑史的研究也有了一些新的看法，比如有人认为以前的逻辑史研究的基本观点都是错误的，其价值只是提供了一些材料而已。基于这样的认识，逻辑史研究者往往都要谈论关于逻辑的认识，以此来明确逻辑史研究的取向、范围和选材。这一点从前面关于"发端"的探讨可以看得非常清楚：其第一节即谈论"有效性"概念，其第五节则使用了"逻辑哲学"这一概念，以此似乎是与"逻辑"既要相联系，又要相区别。

在我看来，可以从两个角度来看逻辑：一是从观念，二是从理论或者说技术。以上所说的有效性和三段论恰恰体现了这样两个角度。没有逻辑的观念，不可能建立相应的理论或技术，没有逻辑的理论或技术，则无法体现逻辑的观念。从这两个角度出发研究亚里士多德逻辑，我们可以探讨他关于逻辑的观念有什么样的论述，也可以探讨他的三段论。但是这并不是本书的工作。我们要做的是探讨逻辑的起源。即前人的思想对亚里士多德逻辑产生了什么样的影响，如何导致逻辑作为一门科学的产生，或者用一些传统哲学家喜欢的表达方式说，它们与亚里士多德的逻辑理论有哪些内在的联系。为此，我的设想如下：

首先，亚里士多德的三段论系统及其推理证明的观念完全是开创性的工作，是前人没有做的事情。这也几乎是众所公认的事情。若是认为这样的看法太强，也可以把它当作一个假设，即我们对这一点不做深入讨论，而将它作为一个前提。因此我认为，这部分内容是亚里士多德最成熟的逻辑理论，前人的思想对它没有什么影响，因而与它没有什么联系。

其次，除了三段论系统及其相关理论外，亚里士多德还有其他一些逻辑理论，比如四谓词理论、有关命题形式以及对当方阵的理论等等。这些理论大致属于他的早期的逻辑理论，与三段论系统相比也可以说是不太成熟的理论。在我看来，假如说前人对亚里士多德逻辑的产生和形成有所影响的话，那么应该是在这一部分之中。因此这部分内容是我们要考虑的重点。

第三，除了具体的逻辑理论外，我们还要探讨亚里士多德的逻辑的观念，即他有什么样的逻辑观，这样的观念一定与他成熟的三段论系统相关，但是也应该与他早期的逻辑思想相关，因为如上所述，我认为，没有逻辑的观念，不可能形成逻辑的理论。如果人们愿意，也可以把它看作是我的一个前提，即我只是假定它，而不对进行论证。

第四，除了亚里士多德逻辑的观念和理论外，我们还要探讨前人与逻辑相关的论述，由此说明它们是如何影响亚里士多德逻辑的。在这一过程中，我们只探讨巴门尼德和柏拉图的思想，重点只探讨柏拉图的《智者篇》。这是因为，亚里士多德之前人所遗留的著作大都是残篇，只有柏拉图留下了完整的对话。在那些残篇中，巴门尼德的残篇保留了一些相对完整的段落，从中大致可以看出一些完整的思想。而在柏拉图的著作中，《智者篇》公认是与逻辑相关并且是关系最密切的著作。

最后，仅有以上几点乃是不够的。由此我们固然明确了研究什么和不研究什么：即我们不研究亚里士多德的三段论系统及其相关问题，只研究亚里士多德的早期逻辑理论和巴门尼德及柏拉图与逻辑相关的论述；但是我们尚不明确如何进行研究。比如，即使清楚什么是亚里士多德早期的逻辑理论，大概人们仍然要问，既然认为亚里士多德逻辑是开创性的，因而在他之前尚无逻辑，那么什么是与逻辑相关的理论呢？又该如何从柏拉图的对话中寻找相关线索进行研究呢？因此对于研究逻辑的起源而言，研究方式也是非常重要的。我们不能只是简单罗列柏拉图说了什么，亚里士多德说了什么，然后做一些比较。若是这样，即使我们的比较会更加详细而充分，大概也不会比现有逻辑史著作提供更富有启示和洞见的认识，因为思路几乎会是一样的。

明确了以上问题，我的计划是：首先给出《前分析篇》开篇的一些论述，由此可以确定一些与三段论系统相关的基本术语和概念；然后给出《解释篇》中开篇的一些论述，从中寻找与以上相同的术语和概念。这样做旨在具体地确定亚里士多德一直使用的一些逻辑术语和概念。既然他要使用这些术语和概念，这就表明它们对于他的逻辑著作是不可或缺的，因此对于他的逻辑思想和理论是至关重要的。以此为基点，我们可以开展两项工作。其一，我们可以在巴门尼德和柏拉图的著作中寻找这些术语和概念，看一看他们是不是使用了这些术语和概念，并进而探讨他们是如何使用这些术语和概念的，与它们相关形成了什么样的论述和理论。其二，我们探讨亚里士多德的早期逻辑著作《论辩篇》，看一看他在其中有些什么样的相关论述，形成了什么样的理论。然后基于这两项工作，我们围绕这些具体术语和概念将二者进行比较，从中寻找出前人思想如何影响亚里士多德的思想，而亚里士多德又是如何从其早期思想发展出后来成熟的逻辑理论,从而从寻找逻辑线索到进一步提出我们关于逻辑起源的认识。我认为,这样的研究是有益的,至少可以依据文本来进行,因而它绝不是空泛的。

现在让我们看一看亚里士多德在不同著作中的一些论述,首先是《前分析篇》(以下简称《前》)开篇处的论述:

[《前》引文1] 我们必须首先阐述我们探究的主题和它所属于的领域:它的主题是证明,而进行它的领域是证明性科学。然后我们必须定义前提、词项、三段论,以及完善的和不完善的三段论的实质。再后,我们要定义一个词项整体上包含或不包含在另一个词项之中,以及所谓一个词项谓述所有另一个词项,或不谓述任何另一个词项是什么意思。(24a10–15)

[《前》引文2] 一个前提是一事物肯定或否定另一事物的句子。这要么是全称的,要么是特称的,要么是不定的。(24a16)

[《前》引文3] 我称前提化解而成的东西为词项,即谓词和它所谓述的东西,加上"是"而去掉"不是",或者加上"不是"或去掉"是"。(24b16–17)

[《前》引文4] 一个三段论是一段话,在这段表述中,一些东西被陈述出来,由此必然地得出另一些与所陈述的东西不同的东西。最后一句表达的意思是:它们得出结果,而且不要求还要有其他词项,由此就使(结果)推论成为必然的。(24b18–22)

[《前》引文5] 我称如下三段论为完善的三段论：除了已陈述的东西，它不需要其他任何东西而使必然得出的东西变得明白易懂；一个三段论是不完善的，如果它需要一个或多个前提，而这些前提确实是规定下来的词项的必然推论，但是它们尚未被明确表达为前提。（24b23-26）

[《前》引文6] 一个词项应该整体包含在另一个词项之中，这与这另一个词项谓述前一个词项的所有情况乃是一样的。每当主项的任何情况都不能不被另一个词项所断定，我们就说一个词项谓述另一个词项的所有情况。"不谓述任何情况"也必须以同样的方式来理解。（24b27-30）

非常清楚，《前》引文1说明了三段论是关于证明的科学，并且说明在具体展开三段论的论述之前，先要说明哪些概念。《前》引文2至4则说明了"前提"、"词项"、"三段论"这几个概念，《前》引文5和6说明了"完善的"和"不完善"的三段论，以及"包含"或"不包含"、"谓述"或"不谓述"这样概念。如前所述，假如把亚里士多德的三段论系统看作是完全开创性的，我们的研究大体上可以不考虑后两段引文，因为"完善"与"不完善"这两个术语是为了区别三段论的第一格与其他两个格的，"包含"与"谓述"则与三段论所含句子的表达方式，尤其是全称命题的形式有关。但是应该看到，"谓述"一词也出现在《前》引文3中，因而我们不必考虑的实际上只有"完善"和"包含"两个概念。也就是说，我们要考虑的是以上引文中除"完善"与

"包含"之外的所有概念。下面,我们具体看一看,它们是些什么样的概念。

《前》引文4是关于三段论的说明。三段论(syllogismus)这个词的字面意思是推理。因此这段话也可以看作是关于推理的说明。非常明确,这段话说了三种东西,一是被陈述出来的东西,二是与它不同、从它得出来的东西,三是二者之间的关系"必然地得出"。它们为我们展现了一个推理结构,即从前提得出结论。最关键的则是其中所说的"必然地得出"。考虑到亚里士多德没有使用过"逻辑"这个名称,这段话可以说是历史上最早的关于逻辑的定义。

《前》引文2说明前提。前提是三段论的组成部分,因而这可以看作是对三段论组成部分的说明。这里的说明分为两类,一是肯定和否定,它们是常识性概念,不存在理解的问题。因此这是指前提的表达方式或指句子形式(亦即传统说的关于质的说明)。另一类说明是全称、特称和不定,它们是关于句子中修饰主项的表达式的说明,也是关于句子量的表达方式的说明(亦即传统说的关于量的说明)。我们知道,全称命题和特称命题是亚里士多德逻辑中两种最基本的命题形式,因而全称和特称也是亚里士多德逻辑中两个逻辑常项。"不定"一词与它们相对,指不含量词的命题。

《前》引文3说明词项。前提由词项组成。这里,亚里士多德说明了三个词项。一个是谓词,另一个是谓词所谓述的东西,还有一个是"是"或"不是"。非常明显的是,这里的"是"和"不是"与《前》引文2中的肯定和否定相对应。因此，一个前提的基本形式是一种主系表结构：S 是 P。这是一个句子的基本形式。结合《前》引文 4，这也是构成三段论的句子的形式。值得注意的是，这里谈到的"是"（einai）与"不是"（mei einai）乃是以动词不定式的形式直接给出的。也就是说，对这个词的说明方式与对主词和谓词的说明方式不同，后者是以称谓的方式给出的，比如"谓词"或"谓词所谓述的东西"，而"是"这个词则是以其自身形式直接给出的。因此，"是"这个词乃是一个与谓词一样的术语，是亚里士多德专门考虑的。我们知道，在亚里士多德逻辑中，"是"与"不（是）"乃是逻辑常项，因此非常重要。

综上所述，《前》引文 1 至 4 提供了关于如下术语和概念的说明：前提、词项、肯定、否定、全称、特称、不定、谓项、谓项所谓述的东西、是、不是、三段论、必然地得出。

下面我们看一看《解释篇》（以下简称《解》）的第一章：

[《解》引文 1] 首先我们必须定义名词和动词这两个词，然后定义否定和肯定这两个词，然后定义命题和句子。

说出的词是心灵经验的符号，写下的词是说出的词的符号。正如所有人没有相同的书写一样，所有人也没有相同的言语声音，但是它们以符号方式直接表达的心灵经验对于所有人却是相同的，一如我们的经验是这些东西的表象。……

如同心灵中有一些思想不涉及真假，也有一些思想一定是真的或假的一样，语言中也是如此。因为真假隐含着组合和分离。假如不增加任何东西，名词和动词就像没有组合或分离的思想一样。"人"和"白的"，作为孤立的词，尚不是真的或假的。为了证明这一点，请考虑"羊－鹿"这个词。它有意义，但是关于它没有真假，除非加上"是"或"不是"，或者以现在时，或者以其他某种时态。（16a9-18）

第一小段开宗明义要对六种东西做出明确说明：名词和动词，否定和肯定，命题和句子。因此我们下面的工作比较简单：援引关于它们的说明就可以了。但是后两小段话需要讨论一下。直观上看，它们较长，与所要说明的东西似乎也没有什么关系。但是如果看到上述六种东西明显与语言相关，而后两小段也与语言相关，那么就会认识到它们之间是密切联系的。

第二小段非常出名，常常被引用来说明语言与心灵经验的关系。但是，这只是一般性说明，与第一小段所谈及的六种东西没有什么直接的关系。

第三小段则不同，它不仅明确提到"名词"和"动词"，而且还有举例说明。值得注意的是，它似乎不是结合句子或命题来谈论名词和动词，而是从真假的角度来谈论的。思想有真假，因而语言表达也会有真假。孤立的语词不会有真假，但是加上"是"或"不是"，也就有了真假。从举例来看，"人"和"白的"加上"是"或"不是"就会有真假。

这是容易理解的:"人"和"白的"本身没有真假,而"人是白"和"人不是白"则有真假。进一步分析可以看出,前者是词,后者是句子,词本身没有真假,句子才有真假。当然,这一步亚里士多德并未说明,不过意思却是非常明确的。

值得注意的是,与真和假,"是"和"不是"相关,这里使用了组合和分离这样两个表达。它们似乎可以有两种理解。其一,组合指加上"是",分离指加上"不是"。其二,组合指加上"是"或"不是",分离指不加它们。无论如何理解,都会与真假相关。由此可见,句子是与真假相关的,句子所表达的东西是与真假相关的,"是"与"不是"乃是与真假相关的。此外,这里还谈到时态。这是希腊语动词,尤其是"是"这个词自身的特点,意思也是清楚的。

接下来我们看一看亚里士多德关于那六种东西的具体说明:

[《解》引文 2]名词是约定俗成而有意义的声音,与时间无关,其任一部分都不是脱离其他部分而有意义的。(16a19)

[《解》引文 3]动词总是关于某物说出其他某物的一个符号,即表示某物谓述其他某物或出现在其他某物之中。(16b10)

[《解》引文 4]动词本身是实义性的,是有意义的,因为使用这样表达式的人抓住听者的心,吸引其注意力。但是

它们本身并不表达任何判断，无论是肯定的还是否定的。这是因为，动词"是"和"不是"以及分词"是"都不表示任何事实，除非增加一些东西。因为它们本身不表示任何东西，但是隐含着一种联系，离开了所联系的东西，我们无法形成关于它的看法。（16b19-26）

[《解》引文5]一个肯定表达是对某物的某种情况的一个肯定的断定，一个否定表达是一个否定的断定。（17a25）

[《解》引文6]句子是有意义的言语部分。（16b27）

[《解》引文7]每一个句子都有意义。……然而，并非每一个句子都是一个命题；只有那些含真假的句子才是命题。比如一个祈祷是一个句子，但是既不真，也不假。

因此让我们不考虑其他所有类型的句子，只考虑命题，因为命题与我们目前的探究相关，而其他句子的研究属于修辞学或诗学的研究。（17a2-7）

以上是关于名词和动词、肯定和否定、命题和句子的说明。这些说明大部分是直观的，今天看来甚至是常识性的，因此不用多说什么。但是有两点特别需要说明一下。一点是关于动词的说明。除了说它有意义外，还说它表示某物"谓述"某物，这大概表明动词与名词的区别。引人注意的是，这里还特别给出"是"（einai）与"不是"（mei einai）及其分词形式（on），并对它们做出说明。这就表明，在亚里士多德所考虑的动词中，主要考虑的乃是"是"（einai），其主要作用是表示一种联系。另一点是关于命题的说明：含真假的语句。这一说明的特点是,一方面它使命题与句子明确区别开来,另一方面,这种区别又是借助句子做出的。当我们考虑这种区别的时候,"真"和"假"的作用和意义就凸显出来。在相关说明中,还有一个概念也值得注意,这就是"意义"。因此可以看出,句子都有意义,但是并非所有句子都有真假。有真假的句子才是命题,这样就借助真假为考虑的东西划出一条清晰的界限。因此我们看到,命题与句子既有密切联系,又形成明确区别,而造成它们这种联系和区别的则是真和假这两个概念。因此,表面上看,命题与句子是十分重要的,实际上,真和假这两个概念也是十分重要的。

对照《前》与《解》开篇处介绍其主要内容的论述,我们可以清楚地看到它们所探讨的东西既有明显的不同,也有一些共同之处。不同之处在于,前者有关于三段论的探讨,而后者没有关于三段论的探讨。共同之处在于它们讨论了一些共同的东西。在它们所讨论的共同的东西中,有些是非常明确的:"肯定"与"否定","是"与"不是","谓述"、"句子",因为它们被明确提及。有些则不是那样明确,但依然可以看出来。比如《解》说的"名词"在《前》中就没有出现,后者说的"词项"在前者也没有出现。但是实际上"词项"可以涵盖"名词"。我们看到,两处都提到"是"与"不是",并且分别谈论了它们与"名词"或"词项"的关系,比如"加上"。因此它们无疑具有相似之处,似乎只是说法不同。又比如《解》说的"命题",《前》说的"前提",二者无疑是不同的。但是如果看到,"命题"指单独一个句子，而"前提"是指三段论推理中的作为前提的句子或命题，因而与"命题"有相似之处，实际上也可以看作涵盖了"命题"。

除此之外，还有更不明确的地方，这就是关于真假的说明。表面上看，《解》明确谈到"真"和"假"，并以此说明命题，而《前》没有关于真假的说明，也不需要用它们来区别句子与命题，因而不必使用它们。但是如果看到三段论是关于证明的科学，而所谓证明的科学在亚里士多德那里是指其前提是真的和初始的，而根据三段论的定义（《前》引文4），前提和结论之间有一种"必然地得出"的性质，亦即从真的前提一定得出真的结论，那么就可以看出，在亚里士多德关于三段论的说明中，虽然没有明确使用"真"这个概念，实际上却是暗含着它的。从今天的观点看，这里的区别其实是容易理解的。《前》主要是从句法方面说的，因而不必谈论真。而《解》谈及语义，因而要谈论真假。句法和语义是逻辑的两个方面，相互联系。二者可以分别谈论，但是从一方谈及另一方也是很容易的。

综上所述，在亚里士多德讨论逻辑基本问题的过程中，或者说在为其三段论理论的准备过程中，他明确谈论了名词和动词，句子和命题，肯定和否定，谓述，特别是明确谈到了"是"与"不是"，"真"和"假"。这些术语和概念也是后来三段论理论中的基本术语和概念：或者是明确的，或者是隐含的。因此可以说，这些术语和概念对亚里士多德逻辑是至关重要的，因而是影响巨大的。我认为，它们可以成为我们考虑逻辑起源的基础。也就是说，我们可以从巴门尼德和柏拉图的对话中，从亚里士多德更早期的逻辑著作《论辩篇》中，寻找这些术语和概念的使用情况，研究有关它们的论述和讨论，看一看它们在使用和讨论中有些什么变化，如何最终形成《解》那样的讨论。

3. 探寻逻辑起源的方式及其意义

综上所述，本书关于逻辑起源的探讨与现有一些研究至少有两点明显不同。一是出发点不同。本书不是依据有关逻辑的一些直观认识，先论述前人有些什么相关论述，然后详细地论述亚里士多德逻辑；而是旨在从亚里士多德所使用的一些最基本的逻辑术语和概念出发，依据它们来进行探讨。这些术语和概念是：名词和动词、句子和命题、肯定和否定、"是"与"不是"、"真"和"假"，以及谓述等等。二是探讨方式不同。本书从以上基本术语和概念出发，进而探讨巴门尼德和柏拉图的著作，以及亚里士多德早期的逻辑著作，分析和研究这些术语和概念在这些著作中是如何使用的，形成了什么样的认识和理论，然后分析探讨他们对这些术语和概念的使用和认识有什么不同，形成的理论有什么不同，是什么导致亚里士多德最终形成他的逻辑理论。因此，本书的重点在逻辑的起源，即逻辑是如何产生和形成的，而不在逻辑的理论是什么样子的，即我们不讨论专门的成熟的逻辑理论，比如三段论。这样一种探讨问题的方式有明显优点：具体而明确，而不会空泛含糊，比如要讨论关于"是"与"真"这两个术语和概念，讨论巴门尼德、柏拉图和亚里士多德对它们是如何论述的。但是这样讨论的难度也十分明显。

　　一个困难是涉及对希腊语中相关术语的理解。关于"是"，希腊文中有 einai（不定式）、on（分词）、esti（动词第三人称单数）以及其他不同形式的动词变格。为了更好地理解它们，不仅需要阅读原文，而且需要参考各种不同版本的英译文和德译文，以求获得准确而正确的理解。

　　另一个困难点是涉及对大量二手文献的把握。如上所述，人们关于逻辑的起源或发端是有论述的，但是并没有进行充分和深入的研究，至少没有像本书所要进行的那样的研究。但是无论是对亚里士多德逻辑和形而上学，还是对柏拉图的哲学思想和理论，以及对巴门尼德的残篇，人们都进行了大量的研究，形成了丰富的成果。比如对于巴门尼德所谈的 esti 和 ouk esti，柏拉图《智者篇》中关于 mei on 的探讨，人们已经进行了大量深入细致的研究，虽然意见并不完全一致，但是也形成了一些比较一致的认识。为了更好地理解他们的思想，不仅要认真研究他们本人的论述，而且要参照大量二手文献，以求获得准确而正确的理解。

　　再有一个困难是涉及到比较研究。如上所述，本书不仅要研究巴门尼德、柏拉图和亚里士多德对一些共同的术语和概念是如何使用和讨论的，而且要研究他们通过各自的使用和讨论形成了一些什么不同的理论和认识，并且使这样的讨论导致逻辑这门学科或科学的产生和形成。这样我们的研究势必需要对他们的思想进行比较,并且要在比较中寻找出逻辑的线索。这无疑是一件艰巨的工作。

本书将试图充分利用讨论问题方式的优点,努力逐一克服以上困难,从而最终揭示逻辑的起源。

揭示逻辑的起源这一研究本身无疑是有意义的,但是它的意义并不仅仅局限于此。起源意味着一事物产生之前的情况以及向该事物的产生过渡的情况。因而逻辑的起源研究本身意味着可以划一个界,即逻辑产生之前和之后。以逻辑的产生划界,之前可以说是没有逻辑的时候,之后可以说是有了逻辑之后的时候。因此,与我们的研究相关的一个直观问题是,逻辑与哲学是一种什么样的关系?众所周知,逻辑与哲学有十分密切的关系,比如逻辑是哲学研究的方法。但是在逻辑产生之前,人们无疑也在进行哲学讨论。由于那时尚无逻辑,因而大概很难说逻辑与哲学有些什么关系。但是为什么在这样的讨论中,或者说从这样的讨论会产生逻辑呢?而在逻辑产生之后,逻辑成为一门独立的学科。尤其是随着现代逻辑的发展,今天逻辑已经成为一门完全形式化的科学。至少从形式上看,它与哲学似乎已经没有什么关系了。我的问题是,逻辑与哲学还有关系吗?或者说,即使有,它们之间又是一种什么样的关系呢?或者为什么它们一定要有关系?没有关系就不行吗?我想,通过关于逻辑起源的研究,可以对这些问题做出回答,从而有助于人们更好地认识这些问题。

4. "是"还是"存在"?

除了以上提及的困难外,还有一个与翻译相关的困难,尤其是与 einai 和 on 相关。我们讨论的对象是希腊文,使用的文献大都是英文、德文和中文,书写语言则是中文,因而就有翻译的问题。我一直认为,有关 being(einai)的问题,并不是简单的翻译问题,而主要是理解的问题,即如何理解西方哲学的问题。在我看来,就本书的研究而言,既包含对希腊文 einai 及其相关用语本身的理解,也有对英译文 being 和德译文 Sein 及其相关用语的理解。尽管如此,依然会有翻译的问题,这样的理解不仅会影响到如何翻译相应的术语和概念,而且反过来也会进一步影响到对文本的理解。这实际上也是国内近年一直在讨论的热点问题:究竟应该用"是"还是用"存在"来翻译 einai 及其相关术语和概念?

在亚里士多德的著作中,直接涉及 einai 及其相关用语的讨论很多,在其中译逻辑著作中,人们使用了"是"和"存在"这两个译语;在其中译哲学著作,比如《形而上学》中,人们主要使用了"存在"这一译语。在巴门尼德和柏拉图的论著中,涉及 einai 及其相关用语的讨论也很多,中译文主要采用了"存在"这一译语。这样就产生了一些问题。

一个问题是,亚里士多德在不同著作中使用的是同一个词(einai, on)及其不同形式,而在中译著作中成为两个不同的词("是","存在")。这样一来,本来在亚里士多德的论述中字面上是有联系的表达和论述,在中译文中则被消除了。也就是说，本来可以看到而且也应该看到的一些联系，在中译文中看不到了。由此甚至还会产生一些错误的认识，比如认为"是"的理解是逻辑的理解，而"存在"的理解是哲学的理解。这样就把本来是相互密切联系的论述完全割裂开来。

另一个问题是，巴门尼德和柏拉图与亚里士多德使用的是同一个词及其不同形式，而在中译著作中成为两个不同的词。这样一来，本来在他们的论述中字面上就是有联系的表达和论述，在中译文中则被消除了，因而本来可以看到而且也应该看到的一些联系，在中译文中却看不到了。由此自然也会产生一些错误的认识，比如认为巴门尼德和柏拉图的论述与亚里士多德的论述没有什么关系，或者它们充其量只是与亚里士多德的形而上学论述相关，而与他的逻辑论述无关。

以上问题无疑与本书研究密切相关，并会对本书的研究造成影响。按照如上理解，则会有如下做法：寻找巴门尼德和柏拉图关于"存在"的论述与亚里士多德关于"是"的论述之间的联系，从而获得关于逻辑起源的认识。我不认为这样做不可以，但这不是本书的做法。我的工作是：从巴门尼德和柏拉图与亚里士多德关于"是"（einai）及其相关概念的论述中寻找联系，从而获得关于逻辑的起源的认识。在我看来，这是两种完全不同的做法。这样两种做法的结果也会是完全不同的。

实际上，有关 einai 的理解问题绝不仅仅是我们中国学者的问题，在西方学者中也是存在的。仅以本书重点讨论的《智者篇》为例，柏拉图有明确关于 on 和 me on 的论述。英文一般把它翻译为 being 和 not being，解释则有不同。一种看法认为它的含义是系词，另一种看法认为它有存在（existence）含义。这两种看法的主要区别在于：持系词看法的人认为柏拉图所说的 on 和 me on 主要表现为一种不完整用法，因而是系词用法；而持存在看法的人一般并不完全否认柏拉图论述的 on 有系词含义，但是他们认为除此之外，它还表示一种完整的用法，因而具有存在含义。基于这两种看法，有人认为，柏拉图说的 on 主要是系词含义，兼具存在含义；也有人认为，柏拉图说的 on 主要是存在含义。这两种看法都涉及文本分析，对于理解柏拉图的思想是有益的。

在我看来，说 on 是系词含义，乃是容易理解的：这是对"S 是 P"中"是"一词的说明。根据这种认识，"S 是 P"被看作一个句式。如果把它看作完整的用法，那么关于 on 的"不完整的用法"也就很容易理解，因为这相当于"S 是 P"的省略表达。省略的方式甚至可以是多样的。比如加主语，则相当于省略了表语，即"S 是……"；比如不加主语，则相当于省略了主语，即"……是 P"；又比如同时省略了主语和表语，即"……是……"。与 on 相应的否定 me on，则相当于"不是"，除了否定词 me 的区别，其他理解大致一样。但是，说 on 有存在含义则会完全不同。因为这会把它当作独立的实义谓词看，相当于"S 是"，即没有表语的表达，而不是省略了表语的表达。

对于我们中国学者而言，基于这种理解，大致会有两种做法。一是把 on 译为"存在"，因而把相应的动词表达译为"S 存在"，并在这种意义上提供有关 on 的解释。这时我们会发现，这种做法及其解释与上述第一种观点会形成矛盾。非常清楚，"存在"不是系词，没有存在含义。因而第一种观点的说明和理解字面上就会出现问题。另一种做法是根据不同情况把 on 译为"是"或"存在"，比如在明显系词意义上谈论的地方将它译为"是"，而在不是明显系词意义上谈论的地方将它译为"存在"。这样做缓解了给第一种观点带来的问题，但是这仍然会有问题：柏拉图使用的是一个词：on，而中译文使用了两个词："是"和"存在"。这相当于把关于 on 的一种意义的理解当作这个词本身。也就是说，这种做法混淆了一个词本身与它所表达的含义。说得再直白一些，会有如下三种情况：

"on"有存在含义

"是"有存在含义

"存在"有存在含义

这三个句子是不同的。第一句解释希腊文 on 的意思，二三句意思相同，区别在于其中的 on 被译为中文，因而字面成为解释 on 的中译文的意思。对照第一句可以看得十分清楚，第三句中"存在"一词是把对 on 的一种词义解释放置在字面上了。这无疑是有问题的。这里的问题主要在于，第一句话不是柏拉图说的，因而从他的著作和论述中我们看不到这样明确的说明。至于解释，如上所述，它明显不利于

on 的系词含义。而中译文"是"则没有这样的问题。它字面上与系词含义相符合。而结合具体文本，把它的一种特殊用法，比如"a 是"解释为存在含义，也是可以行得通的。这样，我们既可以满足以上系词含义的解释，因而满足关于 on 的不完整用法的解释，也可以满足以上存在含义的解释，因而满足关于 on 的完整用法的解释。至于说在什么地方说的是完整用法，什么地方说的是不完整用法，因而什么地方是存在含义，什么地方是系词含义，则要根据上下文的论述来判定。对照英德译文可以看出，尽管也有一些地方将 on 译为"存在"（existence），但是基本译法还是"是"（being），所以对 on 的理解总体上不受影响，或者不会受太大的影响。

以上仅仅是一个例子，这种情况在柏拉图的其他对话中，在巴门尼德的残篇和亚里士多德的著作中同样存在。为例避免如上问题，包括避免混淆一个词与其所表达的意思的区别，避免割裂和消除巴门尼德、柏拉图和亚里士多德所讨论的问题字面上的联系，我们把 einai 及其相关用语和概念译为"是"，并且在这样的译语和理解上探讨他们的相关论述，由此揭示他们在这些问题上的不同认识和论述，获得相关思想的变化与发展，最终获得关于逻辑的起源的认识。

第二章　巴门尼德论"是"与"真"

在前苏格拉底时期,巴门尼德是谈"是"与"真"最出名的哲学家。他不仅有明确论述,而且留下了较多文字。我将他的残篇论及"是"与"真"的文字摘引如下:

[残篇1] 在这里,你要经历一切:一方面,完满的真之不可动摇的内核,另一方面,全无真可信的常人意见。根据这种意见你也要学会理解:所考虑的东西只要是普遍的,就一定是有效的。

[残篇2] 一条路乃是"是",且不可能不是,这是确信的道路,由它得出真;另一条路乃是(那)"不是",且必然不是,我告诉你,这是完全走不通的路,因为你认识不了不是的东西,这是不可行的,也是不可说的。

[残篇6] 可说的和可想的东西一定是:因为是则是,非则不是。我要你思考它,因为这是我要你远离的第一条探索之路。……他们相信是与不是乃是相同的而非相异的。……

[残篇7] 因为不是的东西是乃是永远无法证明的,但是你要让你的思考离开这条研究道路,也不要让富有经验的习

惯迫使自己踏上这条路,瞎看、乱听、乱说;你要根据理性来判断我说过的那些非常有争议的论证。

[残篇8(始)]只剩下一条路可以说了,即:是。这条路上布置了许多符号。是者乃是非创造的,也是不可消亡的,因为它是整体的,不动的和无穷的。它不是在过去,也不是在将来,因为它是现在,完全作为整体,一个一,持续的;因为你将寻求它的什么起源呢?它是如何生长的?来自何方?我也不允许你从不是者来说或思考;因为不是乃是不能说的,也是不能思考的。如果从不(是)开始,什么需要会驱使它在晚些时候而不是早些时候成长呢?这样它必然要么完全是,要么不是。除了是者,真信念的力量也不会允许从不是者能够产生任何东西;因此正义不会放松锁链,允许它产生或消亡,而是把它抓牢;对这些问题的判定就在于:是或不是。但是做出肯定就已经判定,一如必然的情况,撇开一条道路,它是不可思考的和无名的,因为它不是真之路,考虑另一条道路,它是实在的和真的。然而,是者如何消亡?是者又如何产生?因为如果它过去产生,它现在就不是,如果它在未来将是,它现在也不是。因此产生乃是消逝,而消亡乃不可想象。

[残篇8尾]"是"不该是不完善的,这才是对的;因为它不是有缺陷的。而如果它会如此,所有事物就会是有缺陷的。因而有相同的东西被思考,因而才会有思想。因为在所有说过的东西中,你不会发现脱离"是"的思维活动。因为既然命运束缚它成为完整而不变的,在它之外就不会有任何

东西是或将是。因此它命名了所有名字，这些名字被人们约定俗成信以为真，它们生成或毁灭，是或不是，变化位置和色泽。……①

现在我们可以看到，以上文字虽然不是完整的论述，但是仍然可以为我们提供一个比较好的讨论基础。特别是，这是保留下来的历史上最初有关"是"与"真"的讨论，内容也较为丰富，因此特别值得我们认真对待。

1. 是

以上引文十分明确地探讨了"是"。首先要做一些文字说明。引文中所谈论的"是"这个词及其相关用语，原文中既有动词形式 estin（如残篇 2），也有动词不定式形式 einai（如残篇 8），还有分词形式 on（如残篇 8）。中文没有语法变形，字面上看不出这些不同词形的区别。但是在原文中，它们都是谈论的对象，相当于名字，即便是 estin 这种

---

① 译文参照如下版本的翻译：Bormann, K.: *Parmenides*, Felix Meiner Verlag Hamburg 1971, pp.38–43; Diels, H.: *Die Fragmente der Vorsokratiker*, Weidmannsche Verlagsbuchhandlung 1954, ss.235–237; Kirk, G.S./Raven, J.E.: *The Presocratic Philosophers*, Cambridge University Press 1957, pp.272–273.

动词形式，也相当于一个名字使用的。就是说，该表达式字面上是动词形式，所起的作用却相当于一个名词表达式。中文"是"一词虽然没有表达出不同词形，因而与原文是有差异的，但是在相当于名字或名词表达式这一点上，与原文仍然是一致的。以上是关于句法方面的说明。此外还有语义方面的认识。我要问的是，"是"一词的各种不同形式的意思是否相同，即不定式 einai 与动词 estin 和分词 on 的意思是否相同？如果不同，那么译文中不加区别的翻译则是有问题的。如果相同，那么以上翻译则没有什么问题。因为尽管语言的差异使中译文未能保留字面上不同词形的区别，但是由于没有造成词义的走样，因而是可行的。如果大致相同，那么以上翻译仍然没有什么问题，至少没有什么太大的问题，若有必要，也可以增加对语言形式的说明，① 或者加注原文形式。

在我看来，名词有命名的功能。除了专名是直接用来命名外，人们也可以通过名词来命名想要谈论的东西。因此名词的含义主要还是来自其动词和形容词等词自身的意

---

① 这也是经典翻译中常采用的办法，比如在亚里士多德的著作中，当一个句子中使用了 einai 与 on 且二者都是谈论对象的时候，英译文采用了"不定式 'to be'"或"'to be'"和"分词 'being'"的译语方式（参见 Aristotle, *The Works of Aristotle*, vol.I, ed. by Ross,16b22; Aristotle, *The Organon*, I, ed. by Cooke, H..,William Heinemann LTD, Harvard University Press, 1960, p.121.）。

思①。基于这一认识，einai 这个词固然有各种不同形式，包括动词不定式和分词形式，但是其主要意思还是来自其动词形式。从动词的角度说，该词的主要用法是联系主语和表语，因而系词含义是其最主要的含义。因此，其相应的中文乃是"是"。同样的道理，动词是如此，名词也是如此。基于这一认识，以下讨论不再刻意对词形做进一步的区分和说明。

有关巴门尼德的思想，争论最多的是关于残篇2的论述，尤其是其中所说的"是"与"不是"。而争论的原因主要来自于巴门尼德的表达方式。在残篇2的用语是 estin 和 ouk esti。它们是 einai 一词的动词第三人称单数形式，而且是孤立的表达，既没有主语，也没有谓语或表语。区别仅仅在否定词 ouk：前者没有它，乃是肯定表达；后者有它，则是否定表达。由于 estin 仅仅是一个词，而且是一个动词，因而人们在理解它的时候空间较大，可以形成不同的认识和解释。

有人认为，这里的 estin 是无主语的，因而是完整的表

---

① 关于这一点，西方哲学家一般来说都有一致而共同的认识，仅以海德格尔的论述为例："我们在所用的'是'这个词中也找到同样的关系。这个名词（das Sein）追溯到这个不定式'sein（是）'，而这个不定式有这些德文变形 du bist（你是）, er ist（他是）, wir waren（我们过去是）, ihr seid gewesen（你们过去曾是）。这个'是'（das Sein）乃是从动词（sein）变成的名词。因此人们说：'是'这个词是一个动名词。定出这个语法形式之后，'是'这个词的语言标志就得出来了。"（海德格尔：《形而上学导论》，熊伟、王庆节译，商务印书馆，1996年，第55页，译文有修正，参见 Heidegger, M., *Einfuehrung in die Metaphysik*, Max Niemeyer Verlag Tuebingen 1958, s.42.）

达。这里使用的 estin 和 ouk estin 是无人称的，没有主语，因此应该在本体论的意义上来理解，它的"意义是纯存在的"，"因为希腊语与英语不同，它接受不带表达出主语的系词非人称用法，也接受不带表达出主语的存在非人称用法"。① 依据这样的理解，有人将这里的 estin 和 ouk esti 译为"存在"（exists）和"非存在"（exists-not）。②

有人认为，这里的 estin 是应该有主语的，因而是不完整的表达；应该为它加上主语，相应的英（德）译文则应该是"it is"和"it is-not"③（"es ist"和"es nicht ist"④）。随着这样的理解和翻译，自然会产生一个问题：estin 的主语，即这里的"it"是什么？不仅讨论中有分歧，一些人甚至根据自己的理解来翻译，比如有人认为"it"是关于实在、关于世界以及关于可谈论的东西的表达，因而把它译为"所是者"（that which is），⑤ 有人则认为"it"是涉及到思维规律的表达，

---

① Taran, L., *Parmenides*, Princeton University Press 1965, pp.34-36.
② 参见 Taran, L., *Parmenides*, Princeton University Press 1965, pp.34-36.
③ 参见 Kirk, G.S., Ravan, J.E., *The Presocratic Philosophers*, Cambridge University Press 1957, p.269. 值得注意的是，在该书后来的修订版中，英译文改为"［it］is"和"［it］is not"（Kirk, G.S., Ravan, J.E., Schofield, M.: *The Presocratic Philosophers*, Cambridge University Press,1982, p.245）。这似乎表明，尽管作者保留旧版关于主语所表达的东西的讨论，未作过多修正，但是仍然觉得，译文似乎并不应该译出其主语"it"，或者，应该让读者知道，在原文中，这个"it"是没有的。
④ Bormann, K., *Parmenides*, Felix Meiner Verlag Hamburg 1971, s.33.
⑤ 参见 Cornford, F.M., *Plato and Parmenides*, London 1951, pp.30-31.

因而把它译为"是"（Sein，IST[①]）。

与以上看法相对，也有人认为，estin 确实是一个不完整的表达，但是它并非仅仅省略了主语，而是也省略了表语，结合二者考虑，它所表达的实际上乃是"——是——"。有人明确指出：

这个表达式是一个句子框架，其中，主语的位置和谓语的位置都是空白的。在这个框架中，只有"是"（esti）保留下来，指示其作用。这种作用，一种恒定的逻辑作用，就是联系主语和谓语。它用来表示一个谓述记号。它标志着一个事实：谓语正被附加在主语上，正被用来谓述主语。[②]

以上各种不同观点可以简单地分为两类。一类认为 estin 无主语，另一类认为它有主语。多数人持后一种观点。我赞同这一观点。在我看来，estin 是以动词形式表达的，因此对它的理解应该而且必须依据它的具体使用方式。动词与名词不同，它们在使用中总是被用来起说明作用，也就是说，它们不会单独使用，而是要与名词结合使用，对名词做出谓述说明。所以，认为 estin 有主语乃是有道理的。

有关 estin 有主语的观点也可以简单地分为两种。一种只

[①] 例如参见 Hegel, *Vorlesungen Uber Die Geschichte Der Philosophie*, Stuttgart, 1928, s.294；Diels, H., *Die Fragmente der Vorsokratiker*, Weidmannsche Verlagsbuchhandlung 1954, s. 229.

[②] Munitz, M.K.: *Existence and Logic*, New York University Press 1974, p.26.

考虑主语，另一种则不仅考虑主语，而且考虑表语或谓语，比如句子框架之说。自上个世纪60至70年代以来，持这种观点的人越来越多。我赞同这一观点。在我看来，既然考虑estin的使用方式，当然要考虑它的最通常、最一般的使用方式。而句子框架之说恰恰解释了它最通常、最一般的使用方式，亦即系词方式。对于estin的具体使用方式，即它究竟是，或者最主要是系词用法还是存在用法，可以有几种方式来考虑。一种是依据已有的研究成果，即专家们对这个词的具体用法的考察。一种是依据我们自己的经验认识。后一种方式比较简单，即通过举例的方式来说明estin一词的用法即可。假如对希腊语不太熟悉，借助英语或其他西语中以being为动词所表达的句子为例也行。比如海德格尔在《是与时》中探讨这个问题时所举的例子是："天空是蓝色的"和"我是快活的"。① 在表达中，除了"上帝是"（God is）这样的句子外，大概很难找到其他例子可以说明being不是系词用法。②

---

① 海德格尔在《是与时》中谈论"是"的自明性时给出这两个例子，它们都是具有"S是P"这种形式的表达。参见海德格尔：《存在与时间》，第5页；Heidegger: *Sein und Zeit*, Max Niemeyer Verlag Tuebingen 1986, s.4.
② 海德格尔在《形而上学导论》探讨"是"这个词的时候给出14个含"是"（ist）的例子，除了第一二个例子（"Gott ist"、"Erd ist"）外，其他都是"S是P"这种形式的。参见Heidegger, M., *Einfuehrung in die Metaphysik*, Max Niemeyer Verlag Tuebingen 1958, ss.67-68. 我曾详细讨论过这些例子，并且也把它们与《是与时》中那两个例子对照着讨论。参见王路：《读不懂的西方哲学》，第四章，北京大学出版社，2011年，《一是到底论》第四章，北京大学出版社，2012年。

关于专家认识，可以有两个说明。其一，根据卡恩的研究，早期希腊文献中 einai 一词的动词用法主要有三种，其中 80–85% 是系词用法，在其余的 15–20% 非系词用法中，有些用法表示存在，有些用法表示断真。[①] 其二，亚里士多德《形而上学》第五卷被称为辞典卷。其中第七章对 to on 一词提供了四种说明，被认为是关于 on 的语词解释。我认为，这四种说明都是对 on 一词的系词使用方式的说明。尤其是其中明确谈到"这是这"（tode einai tode）这种句式，而且给出的例子都是系词方式。当然，人们对该章的解释有不同看法，但是至少承认其中最主要的还是关于系词用法的解释，或者最保守地说，关于其中的系词含义的说明，人们几乎没有什么不同看法，所有不同看法和争论几乎都是关于其中所谓的存在含义的。

以上仅仅是一般性的认识，具体到巴门尼德的论述，仅有这些一般性的认识是不够的。也就是说，即便上述认识是正确的，我们依然还是要，而且最主要的还是要看一看巴门尼德是如何论述的。假如以上认识是有问题的，人们同样需要通过巴门尼德的论述来说明它。有英译者指出过这里的麻烦所在：以英文 is 来翻译 estin 显得"笨拙但中立"，对它的解释则"更难"，要在系词含义和存在含义之间做出判定，

[①] 参见 Kahn, C.H.: *The Verb 'be' in Ancient Greek*, D. Reidel Publishing Company 1973. 我曾详细介绍过他的相关思想，参见王路：《"是"与"真"——形而上学的基石》，第二章。

就"需要考虑那些 estin 有最显著表现的论述"。① 假定这话是对的，对于我们中国学者来说，麻烦似乎还要更大一些：我不知道以"是"来翻译 estin 是不是会显得笨拙，它是不是中立的，但是我认为，"是"在字面上可以显示 estin 的系词特征，因而可以表达它的系词含义。至于说它的存在含义，通过其特殊的用法也是可以识别的。与我的看法不同，在现有中译文中，人们通常以"存在"来翻译 estin。② 我不知道"存在"一词是不是笨拙，但是它绝不中立，因为它从字面上断送了表达系词含义的可能性。

非常明显，残篇 2 有关于 estin 的说明，但是没有关于它是系词用法还是存在用法的说明，也没有举例说明。因此字面上似乎看不出 estin 究竟是系词用法，还是存在用法。其他几段残篇也是同样，它们有关于 estin 的说明，但是也没有关于它是系词用法还是存在用法的说明。因此，要说明它的含义，我们还需要多做一些工作。

---

① 参见 Kirk, G.S., Ravan, J.E., Schofield, M. : *The Presocratic Philosophers*, 1982, p.245.
② 例如参见基尔克等：《前苏格拉底哲学家：原文精选的批评史》，聂敏里译，华东师范大学出版社，2014 年，第 76 页。该书译者无疑看到了上述关于 is 一词"笨拙但中立"之说，也看到了需要在系词含义与存在含义之间做出判定的论述。但依然还是把 estin 译为"存在"，并且以注释的方式做出大段说明。在我看来，其说明是无效的，因此"存在"的翻译字面上不是"中立的"，因而消除了相关理解的可能性。至于"是"的翻译是不是"中立的"，至少是可以讨论的。我认为是，因为它字面上有"系词"含义，可以做出完全相应的解释。

2. 真

　　以上引文有几处明确谈到了"真"。仔细分析，相关论述大概可以分为以下几类。一类与是相关：比如，"是"之路"得出真"（残篇2），这条路"是实在的和真的"（残篇8），与此相对照，"不是"则"不是真之路"（残篇8），等等。另一类与信念相关：比如，"真信念"，"信以为真"（残篇8），"全无真可信的常人意见"（残篇1），等等。还有一类与"完满"相关：比如"完满的真之不可动摇的内核"（残篇1）。

　　通过以上分类可以看出，"真"与"是"乃是密切联系在一起的。这样的联系有时是显然的，有时则不是那样明显。比较明显的联系是第一类。由是之路得出真，这是直白的表达，因而字面上就是清楚的，不用多说什么。我们重点看一看其他两类论述。

　　在这两类论述中，真与是的联系之所以不明显，乃是因为字面上没有这样说，致使我们看不到它们之间联系的直接证据。我们看到的乃是其他一些联系，比如真与信念的联系，与完满的联系，这些显然不是真与是的联系，至少不是二者的直接联系。在这种情况下，如果说这里仍然有或隐含着是与真的联系，就需要我们认真分析。

　　先看真与信念的联系。首先我们可以问：什么是信念？循此思路可以看出，巴门尼德没有说。他在谈论信念的时候没有任何解释，因而可以认为，他把信念这一概念是当作自明的使用的。这样，我们就可以在常识的意义上理解它：信念可以是关于事物及其状态的,可以是关于事物及其状态的认识的。进一步思考则可以看出,无论什么信念,都是要通过语言表达出来的。涉及表达,大概就会用到 estin(是)这个词。这大概也是巴门尼德使用该词动词形式的原因之一。这样,真与是也就联系起来。

如果说通过关于信念的分析还可以看到真与是的联系的话,那么似乎很难从"完满"获得这样的分析。因为"完满"是一个形容词,不是名词,不像信念那样具体而明确。在这种情况下,若说真与是相联系似乎就不是那样具体。在我看来,可以从两个方面来理解这个问题。一是从巴门尼德关于真之路的看法出发。该文的题目即是真之路,而其核心内容则是"是",并且把这条路称为"是"。因此真与是的联系是密切的。另一方面,巴门尼德把完满的真称之为"不可动摇的内核",这表明对它的肯定,对它的重要性的肯定。通俗地说,这里凸显了真的核心作用。由于这条路也被称为是,因而"是"也是其核心要素。这样,真与是就联系起来。尤其是这里谈到"全无真可信的常人意见",并且对照它来谈论真的核心作用。这里尚未谈到知识与意见的区别,而是谈到信念与意见的区别。但是实际上这是以真区别出信念和意见:前者有真,后者无真。借鉴关于信念的认识,我们就可以看出,真与是乃是密切联系的。所以,这里有关"完满的真"的论述实际上含有与是的联系。

基于以上认识,现在我们可以问:残篇中有关真的论述为什么会与是相关呢?残篇只是谈到了是,探讨了真,并且把它们联系在一起来谈论,但是并没有论述为什么它们之间是有联系的。从残篇的表达方式来看,真这个概念是被当作一个常识性的、自明的概念使用的。其中"它是实在的和真的"(残篇8)一句包含着"它是真的"这个句子,后者体现了真这个词的日常用法,即"它是真的"。这是"真"这个词最通常的用法。它的含义无疑来自这种用法。由此可见,人们对这个词的理解没有问题,因此对它不需要做进一步的解释。基于这一认识则可以看出,残篇中"真信念"、"信以为真"、"无真可信"等表达虽然用法不同,其中的"真"的意思却是一样的,即都表示"是真的"这种意思:真信念的意思是,一个信念是真的;信以为真的意思是,一个情况被相信为是真的;而"无真可信"的意思是:无法从相信是真的这种意义上去谈论,亦即与是真的无关。

在我看来,"是真的"是普通常用的表达,也是自明的表达,即人人都会使用而明白的表达,因此无需解释。真这一概念则来自这一表达,可以看作是它的抽象。巴门尼德借用这一表达及其概念来说明是,主要有两个原因。一个就在于这个概念的自明性,由于它是自明的,因而可以借助它来说明是。另一个原因则在于真这个概念自身的意义。

"是真的"固然是日常的表达,却不是随意的表达,而是有专门作用的。它的作用不是描述,而是说明和断定,而且主要是对于人们的认识做出说明和断定。也就是说,它是对描述的说明和断定。它与描述具有一种层次上的区别。换句话说,人们的认识主要是以描述的方式表达的,比如"雪是白的"。"是白的"乃是对"雪"的一种描述，这种描述表达了人们的一种认识。但是对这种描述，人们也可以做出说明和断定，比如说"雪是白的是真的"。这句话也可以加引号的方式来表达："'雪是白的'是真的"，意思是一样的。通过引号可以看出，"是真的"与它所说明的"雪是白的"乃是不同层次的。由此可见，同样是说明，"是真的"与"是白的"乃是不同的。后者与"雪"是同一个层次的，即不能对其中的"雪"加引号。

"是真的"这种与一般描述的层次区别表明它的一个基本特征，即它是语义的。也就是说，假如把一种描述看作是一个句子所表达的东西，那么"是真的"则是与句子所表达的东西相关的。从这一基本特征出发，直观上就可以看出，与它相关，另一个相似但对立的表达也是自明的："是假的"。是真的与是假的乃是日常表达中最常用的方式。与此相似的概念也很多，比如正确与错误、对与错、合理不合理、合适与不合、恰当不恰当等等。这些表达的基本特征是二值的。"是真的"则典型地体现了这一类思考问题和表达认识的方式。很明显，"是假的"，亦即"不是真的"，乃是与它相对立的断定。因此，真这个概念代表的乃是正确、对、合理等等意思，它所说明和断定的东西乃是人们所赞同和追求的东西，因此真本身也是人们所追求的东西。

在古希腊，特别是在巴门尼德的残篇中，我们还看不到关于如上一些用语和论述，比如语义的、二值的、与描述不同层次的等等。但是从与"是真的"这一表达相关的用语及其概念的使用方式可以看出，它的用法是直接而自然的，它的意思是自明的。因此可以认为，尽管没有如上理论说明，但是在人们的意识中，人们已经是这样看待这个概念了，因而人们才会那样使用它。特别值得注意的是，巴门尼德借助真这一概念来区别信念与意见（残篇1）。这似乎是在划定一种考虑范围，即围绕真而考虑的范围。而与这个范围相关的东西就是"是"。这样他似乎是在借助真这一概念来提出他所论述的问题，使之与意见区别开。他的论述也许不是那样明确，"完满的""不可动摇的内核"尽管只是一个比喻，我们依然可以看到真这一概念的一种作用，因而可以体会到它的一种重要性。

基于以上认识，现在我们再来看真与是的联系，就会发现，在巴门尼德的论述中，真这一概念并不是主要的，而是辅助性的。巴门尼德实际上是借助它的自明性、它的重要性来说明是的意义及其重要性。比如把是之路称为确信的路，说由它得出真。这就表明，巴门尼德对真这一概念的理解仅仅是自然的常识性的，没有刻意要说明它的意思。他的工作主要在于借助真来说明是。

3. 语言与语言所表达的东西

研究古希腊哲学的人有一个共识：古希腊哲学家们一般不大区别语言与语言所表达的东西。过去的研究一般也不太注重这一区别。但是在分析哲学产生之后，尤其是随着分析哲学以及语言哲学的发展，通过语言分析而达到关于世界的认识已经成为一个信条，因而人们越来越重视语言与语言所表达的东西的区别。我认为这一区别对于研究巴门尼德的残篇也是有益的。前面讨论的一些问题，比如对 estin 的不同理解，实际上也涉及这一区别及其认识。现在我想基于这一区别和认识更深入地讨论残篇中的思想。

残篇 2 提到的 estin 乃是以动词形式出现的。动词与名词不同，它是该词在日常表达中的使用形式。前面讨论提到了各种各样不同的理解，但是无不与这种动词的方式有关，比如为它添加主语或表语，比如把它看作句子框架。这些解释都是从语言层面出发的。因此我们可以认为，巴门尼德谈论的乃是 estin 这个词本身。通俗地说，他借助这个词来说明它所表达的东西。此外，这样的理解与他借助真这个概念做出的说明也是一致的。虽然他的文体是散文，尽管他没有举例，但是随便举一个例子就可以看出，是与真乃是一致的，比如"雪是白的"，这无疑是真的。这个句子的句式乃是"S 是 P"，其核心用语乃是"是"，即巴门尼德所说的 estin。因此我们可以得出一个结论，巴门尼德谈论"是"这个词本身，并试图通过谈论它来表达自己的看法。我认为这一点是清楚的。不太清楚的是，他是不是清楚地认识到，"是"这个词与它所表达的东西乃是不同的；他是不是有意识地通过对"是"这个词的讨论来说明它所表达的东西。

在残篇中，巴门尼德多次提到"说"。比如，"不允许你从不是者来说或思考","不是乃是不能说的,也是不能思考的"(残篇8始),不是的东西"是不可说的"(残篇2),"可说的和可想的东西一定是"(残篇6),"在所有说过的东西中,你不会发现脱离'是'的思维活动"(残篇8尾),等等。文中的"说"指说话,大概不会有其他意思,因而其意思是明确的,即言语表达。由此也可以看出,这是从语言层面论述的,或者至少是与语言相关的。在这些论述中,所说的乃是"是",它是被说出来的,因而也可以看作是语言层面的东西。

残篇中还多次谈到"思考"("想"、"思维活动")。在谈及"思考"的地方,有时谈到"说",比如上述引文;有时则与"说"无关,比如"让你的思考离开这条研究道路"(残篇7),"有相同的东西被思考,因而才会有思想"(残篇8尾)。思考是自明的概念,不会有什么歧义。它通常指心灵或头脑活动,因而字面上与说没有什么关系,即与语言没有什么关系。在这种意义上,残篇中单独谈论思考之处是容易理解的。但是,残篇在一些地方又将思考与说并列谈论,这就表明二者是有联系的,也就是说,思考与语言是有联系的。正因为如此,我们也就可以并且应该把二者联系起来考虑。

直观上说,思考与认识相关。认识世界是人类的基本活动,而这一活动主要是通过思考来进行。最保守地说,它离不开思考。残篇7谈到"瞎看、乱听、乱说",把它们与思考相对照,告诫人们不要这样做,对有争议的事情"要根据理性来判断"。"瞎看"和"乱说"等用语含有否定的意思,这样就凸显了"根据理性来判断"的正确性和重要性,同时也表明,理性判断就不能瞎看、乱听、乱说。这些说明是直观而朴素的,没有什么理解的问题。但是与思考相关,还是有几点可以讨论的。

一点是,这里的说乃是与看和听并列谈论的。看、听、说都属于人的基本能力,而且是与认识相关的基本能力。说明中虽然加了否定性修饰,因而可以将它们与理性判断形成对照,但是说与看和听终归还是有些区别的。这一区别是,说乃是对看到和听到的东西的表达。今天人们知道,看和听属于感官活动范围,说属于表达,可以是关于感官知觉的表达。巴门尼德把它们放在一起谈论,这似乎表明,他尚未形成后人关于感官知觉的明确认识和清晰描述。

另一点是,在其他一些地方,巴门尼德将说与思考并列谈论,这似乎表明,他认识到说与思考是有联系的。如果与说相联系的这种思考指或包括残篇 7 所说的"根据理性来判断"的话,即不是瞎看、乱听、乱说,那么他的论述不过意味着:思考的东西可以被说出来,要被说出来。可以看出,思考和说都是常识性的,巴门尼德的相关论述也是直观的,人们不会有太多理解的问题。但是,如果我们把说看作是语言层面的,把所说的东西看作是语言所表达的东西层面的,那么巴门尼德的论述实际上已经涉及语言与语言所表达的东西之间的关系,尽管他本人没有清晰的表达和论述。

基于以上两点则可以看出,与说相关的,既可以是看到的和听到的，也可以是思考的。因为通过言语既可以表达看到和听到的，也可以表达思考到的。所以，巴门尼德既可以把说与看和听并列谈论，也可以把说与思考并列谈论。以"瞎看"、"乱说"这样的用语无非是表明他的否定态度，相比之下，直接谈论说与思考则说明他的肯定态度。

认识到说与思考的联系是有意义的，它有助于我们深入思考它们的共同对象。说是语言层面的，思考是心灵或头脑中的活动。它们之所以有共同对象全在于语言将心灵或头脑中思考的结果表达出来。二者相对照，说的乃是"是"，那么思考的自然也是是。这里的差异也许在于，在语言中，"是"这个词乃是具体的，因而是清楚的，但是在思考中，这个"是"所表达的东西是不是那样清楚？进一步说，思考针对外界，那么外界中的"是"是不是那样清楚？外界无疑有事物，问题是，外界是不是也有语言所表示的那个"是"？它是什么？

在残篇8我们看到，巴门尼德提供了对它的说明：它是非创造的，不可消亡的，整体的，无穷的等等。不能说这些说明无法理解，但真若想理解它们，我们却会发现，它们是一些最宽泛、最抽象的说明，也就是说，它们是一些适合一切事物的说明。正因为如此，实际上大概也就很难理解它们，也就是说，通过这些说明，我们似乎依然无法理解巴门尼德想以它们所说明的"是"。

在我看来，这里的困难也许是多方面的。我仅试图指出一个方面。外界有事物，这是一个明显的事实。但是事物并不是赤裸裸的，而是有状况的。而且每一事物的状况与其他事物的状况乃是不同的，即使是同类事物中，一事物的状况与另一事物的状况也是不同的：哪怕是同一棵树上的两片树叶，也会有颜色、大小、光泽、外形的差异。因此，我们可以说外界有事物，也可以说外界有具有不同状况的事物。人们认识外界事物，思考外界事物，不仅会涉及一类事物与另一类事物的差异，而且会涉及一事物与另一事物的差异。前者主要是种类上的差异，而后者主要是状态上的差异。前一种可称之为是什么的差异，后一种可称之为是什么样（或是如何）的差异。进一步考虑则还可以看出，前者涉及种类之间的差异，后者涉及个体之间的差异。

从残篇8来看，尽管巴门尼德尚未做出这样比较细致的区分和考虑，但是他确实看到了事物是不同的。特别是，他认识到不同事物的不同状况有一些共同的特征，并且试图对它们做出说明："它要么完全是，要么不是。"事物状况是如此，"对这些问题的判定就在于：是或不是"，而"做出肯定就已经判定"。从这些论述我们大致可以看出，巴门尼德的意思还是可以看清楚的：1）通常的情况是，事物是如此这般的或不是如此这般的；2）我们做出的相应判断也会是这样，即事物是如此或事物不是如此；3）肯定的判断是，事物是如此这般的。如果我们依照区别语言与语言所表达的东西这一认识来考虑，则可以看出，1）是外界的情况，2）是思考层面的情况，3）是语言表达层面的情况。由此可见，语言与语言所表达的东西的区别是清楚的，因为它们处于两个不同层面。它们之间的联系也是密切的,因为它们的对象是共同的。

应该承认,巴门尼德没有清晰地区别语言与语言所表达的东西,因而他的一些论述看上去不是那样清楚。但是经过我们的分析则可以看出,他对语言与语言所表达的东西的区别并不是没有认识的,比如他谈论说与思考,把它们既相联系,又相区别,而且他关于二者的论证主要围绕着"是"来进行。他甚至说到,"在所有说过的东西中,你不会发现脱离'是'的思维活动"(残篇8尾),这就明确表明,说与思考的联系就在于这个"是"。认识到这种联系,尽管思考中的情况可能不是那样清楚,但是至少语言中的情况是清楚的。这样,借助语言的考虑,我们就可以获得对于思考中的东西的认识。

4. 是与真

综上所述,巴门尼德大致谈到如下一些内容:其一乃是"是"与"不是",其二乃是"真",其三乃是"说"与"思考"。此外,这些内容是相互联系的。比如,是与真乃是联系的,因为是乃是确信的道路,从它可以得出真。又比如,说与思考乃是相互联系的,因为它们有共同的对象,即所说和所思考的乃是是。不仅如此,在这些论述中,真、说与思考等等都是辅助性的,最主要的乃是是。也就是说,巴门尼德通过前者来说明后者。基于这一认识，我们就要考虑，巴门尼德所考虑的"是"究竟是什么？他为什么要这样来考虑它？

巴门尼德的残篇是散文体，缺乏充分的论证，甚至没有什么举例说明，因此他的论述有些是清楚的，有些不是那样清楚。在我看来，由于他的论述是相互联系的，因此我们可以借助清楚的论述来理解不清楚的论述，借助一些比较清楚的论述来理解那些不太清楚的论述。经过以上分析讨论可以看出，在有关是的说明中，语言层面的说明和考虑是比较清楚的，而思考层面的说明是不太清楚的。因此，语言层面的说明可以成为我们考虑的出发点，并以此为线索来探讨巴门尼德的思想。

从语言层面出发可以看出，巴门尼德所说的"是"乃是一种省略的表达，相当于一个句子框架。它可以被看作一种系词意义上的东西，相当于后人通常所说的"S是P"。由于是省略的表达，无论被看作是句子框架，还是系词意义上的东西，它都不是一个句子。因此它所表达的就不是一个句子所表达的东西。那么，它所表达的是什么呢？在我看来，它所表达的乃是所有句子的抽象，即所有句子所表达的共同的东西。语言的使用是有例外情况的，因此，"所有句子"这一说法太强了。弱化一些则可以说，它所表达的乃是一种普遍的情况。这是因为，是这个词的使用是普遍的，因而它所表达的东西也是具有普遍性的。巴门尼德通过它来谈论，也是要谈论一种普遍的东西或具有普遍性的东西。

思考是一种具体的思维活动，是有内容的。从巴门尼德的相关论述可以看出，他所谈的思考不是具体的，而是泛泛的，而与此相关的"是"，即所思考的"是"也不是具体的，而是泛泛的。由于他明确地说，可说与可想的都是是，因而是相同的。由此可见，他有关思考这种泛泛的谈论方式实际上也是一种关于普遍性的说明，即他想通过"是"而达到有关思考的普遍性说明。这样的考虑是符合直观的，因为人们的思考是要通过语言来表达的，反过来，语言所表达的东西则是要经过人们的思考的。

在巴门尼德的相关讨论中，他还谈到真。是真的乃是关于语言表达的一种断定，也是关于思考的一种肯定。语言表达的乃是思考的结果，因而会有真假对错。既然可以把思考和语言表达的东西集中在是上，即"是"体现的乃是语言表达的普遍情况，亦即是思考的普遍情况，真与它的对应也就是自然的。事物是怎样，我们通过思考会认为它是怎样，然后说它是怎样，这就是真的。否则就会是假的。所以，是与真乃是相联系的。这样一种联系实际上也反映出我们的思维活动和语言表达与外界情况的一种关系。我们的思维活动与语言表达乃是与认识相关的，因此是与真的联系实际上也反映出我们的认识与外界情况的一种联系。所以，巴门尼德的语言是诗化的，谈论方式是抽象的，表达的东西却是具体的：他实际上是在论述我们的认识，论述我们的认识与外界情况的关系。

有人可能会认为，以上论述基于一个前提，即关于语言的论述是清楚的，而关于思考的论述不是那样清楚，因而通过关于语言的论述来说明关于思考的论述。但是，巴门尼德是不是这样认为的？从他的论述似乎并不能清楚地看出这一点。既然如此，为什么不可以从关于思考的论述出发来考虑关于语言的论述呢？

假如从思考的角度出发，则可以看出，巴门尼德所说的"是"乃是一种抽象的表达，它是对思考的东西的称谓，相关的说明则是宽泛的，而不是具体的。从中文来看，将这样一种东西称之为"是"似乎有些不太容易理解。因为似乎字面上不太容易理解它是什么。在这种情况下，我们也可以保留它的英译文形式 being，或希腊文形式 einai 或 on，看一看是否可以从这个角度获得对它的理解。通过阅读可以看出，巴门尼德不仅谈到思考的东西，还谈到说的东西，而且把二者看作相同的东西。这样，我们可以将他关于说的论述看作是关于思考的论述的东西的进一步说明，因而我们可以借助说的东西来进一步考虑思考的东西。这样就需要从语言层面来考虑这个问题，因而会看到动词表达的"是"。它是语言中使用的一个词，因而是具体的，可以把握的。它是一个普通而常用的词，它的使用方式表明它的含义，说明它的普遍性。由于巴门尼德明确地将"可说的与可想的东西"并列而论，因而可以认为，既然说的乃是"是"，思考的也应该是是，即以语言所表达的东西。因此可以认为，从思考的东西出发，最后落实到语言上，把思考的东西表达出来，这似乎也是一个自然的过程。认识到二者是同一的，也就可以看到，既然语言层面上乃是"是"，思想层面上当然是由语言层面的这个"是"所表达的东西，所以也是是。

所以，无论是从语言还是从思考层面出发，巴门尼德所考虑的东西乃是是，乃是以语言中通常使用的那个"是"所表达的。

也许这里还有另一种理解的思路。残篇 1 谈到真，并且把真与是联系起来谈，因而按照论述的顺序，应该把真看作是首要的，即应该从真出发来理解可说与可想的东西。在这种情况下，首先我们看到，真与是乃是密切联系在一起的，因为从是之路得出真。其次，思考一定有真假。而真乃是人们通常所追求的东西。常识上说，人们赞同、相信、表达真的东西。尽管人们赞同、相信、表达的东西并不一定是真的，但是至少人们通常是这样认为的，也是这样做的。所以巴门尼德多次谈到真信念。关键在于，信念与认识相关，乃是要通过语言表达的，并且主要是通过句子表达的。因而从思考的层面说，真乃是与认识或信念联系在一起的，从语言层面说，真乃是与句子或句子所表达的东西联系在一起的。由此可见，真乃是对一类句子的认识，一如"雪是白的"只是其中的一个句子。因而真乃是抽象表达。与它相应，有关句子的认识也应该是抽象的。所以巴门尼德所说的"是"正是这样一种东西，它与真对应，因而相当于所有表达真子句的抽象。与之相关的思考也是同样，它不是关于一个具体事况的思考，而是对一类事况、一类与真相对应的事况的思考，因而是对所有真句子所表达的情况的思考。

综上所述，巴门尼德的论述尽管不是那样清楚，但是至少以下几点是清楚的。其一，谈到了是、真、说和思考。其二，所谈这几点乃是相互联系的。其三，所谈的东西有些直观上是清楚的，比如真，有些通过分析也是清楚的，比如是。因此我们可以清楚地看出，在巴门尼德的论述中，是与真乃是清楚的或者至少通过分析而是清楚的。认识到这一点，我们可以进一步深入思考，为什么巴门尼德要思考是与真？通过是与真，他想说明的是什么？

是与说和思考相关，真也与说和思考相关，而思考与认识相关，因而可以看出，巴门尼德字面上谈是与真，实际上谈论的却与认识相关：他把有关认识的讨论集中在是与真上。换句话说，他通过谈论是与真来探讨认识。这样，直观上我们可以问：探讨认识为什么会考虑是与真？与认识相关，通过是与真，巴门尼德究竟想讨论些什么？

巴门尼德在谈论是的时候往往同时也谈到不是，并且把它看作与是对立的另一条道路，告诫人们远离它。因为"这是完全走不通的路"（残篇2），"它是不可思考的和无名的"，"它不是真之路"（残篇8始）。以上我们的讨论主要集中在是上，现在我们可以联系巴门尼德有关不是的论述来进一步思考，他通过是与真想探讨些什么？我认为，在这一问题上，我们可以借助巴门尼德关于不是的论述来讨论。

纳入有关不是的讨论，我们可以扩大考虑的问题范围，获得更多一些考虑要素和线索，因而有助于我们更清楚地理解巴门尼德的思想。当然，很可能这同时也会给我们的讨论带来更多的困难和问题：既然有关是的论述存在一些不清楚的地方，有关不是的论述同样可能存在不清楚之处，这样就会有更多的难题需要解决。前面在讨论是的问题时我们区别了三个层次，现在我们依然可以按照那三个层次进行讨论。

"不是"乃是"是"的否定：二者的区别在于前者增加了一个否定词"不"。这一点直观上是清楚的，在语言层面也是清楚的。因此，巴门尼德在一开始就把它们并列提出来讨论，乃是非常容易理解的。但是在巴门尼德的论述中，似乎有时候也不是这样。如前所述，他说"是"乃是可说的，这在语言层面当然是清楚的。但是他明确地说，不是的东西乃"是不可说的"（残篇2），"不是乃是不能说的"（残篇8始）。假如将不是看作是的否定，为什么可以说是而不能说不是呢？"是"乃是一种基本的语言表达方式，难道"不是"不同样也是一种基本的语言表达方式吗？比如，"雪是白的"是通常的说法，但是"雪不是黑的"难道不能说吗？

在思考层面似乎也有同样的问题。如前所述，"是"乃是一种对思考的东西的抽象的称谓，借助语言层面的说明可以更清楚地看出它的这种意思。字面上看，"不是"不过是加了一个否定，因而它应该具有与"是"同样的作用，区别仅在于它是否定的。但是巴门尼德明确地说，"不是……也是不能思考的"（残篇8始）。这似乎是说人们只能思考是的情况，而不能思考不是的情况，换句话说，只能思考肯定的情况，而不能思考否定的情况。这当然是难以理解的。但是，如果把巴门尼德关于说的论述结合起来，他的意思似乎又是一致的：由于"不是"乃是不能思考的，因而也是不能说的。而这种意思与我们通常的认识也是相符合的：我们如何思考，也就怎么说，亦即我们表达我们思考的东西。只是我们难以理解，我们为什么就不能说"不是"，我们为什么就不能思考不是的情况。

假如我们联系巴门尼德有关真的论述一起考虑，则会发现这些问题似乎又都不是问题了。是与真相关，由是得出真。由于不是乃是对是的否定，因而它不会与真相关。因此，从真的角度出发，让人们考虑是，而不考虑不是，似乎也就是自然的。

面对这样的论述，即有的清楚，有的不清楚，有的经过分析似乎是清楚，有的经过分析似乎又是不太清楚的，有的分开看是不清楚的，而联系起来看似乎又是清楚的，我们该如何考虑呢？这里可能会有多种考虑的途径，在我看来，有一条途径可以考虑，这就是将是与不是联系起来考虑。这是因为，不仅巴门尼德自残篇2就把它们并列提出，而且它们拥有共同的"是"，因而字面上就是有联系的。关注它们之间的联系，我们还会看到，巴门尼德对这一点也有不少论述。比如，他明确地说，"是则是，非则不是"（残篇6），"不是的东西是乃是永远无法证明的"（残篇7），他批评一些人"相信是与不是乃是相同的而非相异的"（残篇6）。在他看来，如果从不是出发来考虑事物，则"它必然要么完全是，要么不是"（残篇8）。将所有这些论述联系起来，我们就会发现一件事情，即巴门尼德反对将是与不是混为一谈。

从他的论述可以清楚地看出，一些人相信是与不是乃是相同的而不是相异的，对这一点他是不赞同的。在他看来，是与不是乃是相异的，即根本不同的，而不是相同的。那么，他是如何知道这样的信念的呢？信念来自于认识，但是要通过语言表达出来，因此一定是有人有这样的表达，或者是言语的，或者是文字的。假如没有人这样表达，他自己又不赞同这样的信念，因而也不会这样表达，他大概也就不会提出这样的批评，甚至可能想不到这样的问题。由此可见，是与不是乃是相同的，这首先是在语言层面上表达出来的，其次它表达了人们的一种认识。在古希腊遗留下来的残篇中，我们确实可以读到这样的表达，比如赫拉克利特的名言：人不能两次踏进同一条河。在他看来，一切都是流动的，因而"我们踏进又不踏进同一条河，我们是在同一条河中又不是在同一条河中"。① 假如给他说的这条河命名，比如 a，这相当于说，我们所踏进的、我们所处的既是 a（这条河）又不是 a（这条河）。这里，我们清楚地看到了"是……又不是……"的明确表达。赫拉克利特的话充分显示出，他将是与不是看作相同的，没有什么区别。巴门尼德的表达则是针锋相对，认为这是错误的，即不是真之路。

巴门尼德反对是与不是这样的认识，但是并没有充分说明为什么这样。在他的论述中，我认为有两句话可以看作

---

① Diels H.: *Die Fragmente der Vorsokratiker*, Griechisch und Deutsch, neunte Auflage herausgegeben von Kranz W., Weidmannsche Verlagsbuchhandlung, 1960, Erster Band, s.161.

他的理由。一句是："是则是，非则不是"，另一句是"不是的东西是乃是永远无法证明的"。前一句直观上容易理解，"非"即"不是"，因而是与不是泾渭分明。后一句字面上意思也很清楚：谈及的对象乃是"不是的东西是"，关于它的说明则"无法证明"。从谈论的方式可以认为，这两个表达都是自明的概念，即说者认为它的意思人人理解，没有什么需要说明的。依据常识，我们可以把证明理解为提供理由和说明。但是对于"不是的东西是"这一表达，却需要做深入的分析和理解。

一方面，我们可以把这看作是语言层面的考虑。假如是如此，"是"与"不是"明显是矛盾的表达，因而说它无法证明也就不难理解，甚至是不言而喻的。另一方面，由于巴门尼德的表达方式并不是那样清楚，我们难以确认这就是关于语言层面的考虑，因而可以认为这是关于思考层面的考虑。在这种情况下，这里表达的意思就需要认真分析。思想与表达中常常会出现对立的情况。巴门尼德谈到一些，比如事物的"产生或消亡"、"生成或毁灭"、"变换位置和色泽"等等（残篇8）。这些其实只是最一般性的说明，而不是具体的说明。人们通常思考和表达的往往是一些具体的情况。对立的情况在语言层面并非以是和不是这种形式表达出来，比如赫拉克利特所说的"神是日夜，冬夏，战和，是饱饥"。[①] 字

[①] Diels H.: *Die Fragmente der Vorsokratiker*, Griechisch und Deutsch, neunte Auflage herausgegeben von Kranz W., Weidmannsche Verlagsbuchhandlung, 1960, Erster Band, s. 165.

面上都是"是",如是日,是夜,但是意思却完全不同。谁都知道,白天不是黑夜,战争不是和平,同样,消亡不是产生,毁灭不是生成。不仅如此,这种不同又是比较极端的,以致可以被看作是对立的、否定的、矛盾的。由此可见,巴门尼德的意思大致可以有两个,一个是字面上的,一个是思考层面的。由于不能证明"不是的东西是",因此在表达时字面上不能相互矛盾,比如不能说"既是又不是";同样,也不能肯定相互对立的情况,比如不能说"既是白天又是黑夜",因为这相当于说"白天是黑夜",而二者是对立的。

联系真,以上分析也很容易理解。在两种对立的情况中,只能有一种情况是真的。如果一方是真的,另一方就是假的。是之所以与真相联系,大概主要在于它表达我们关于世界的认识,并且在这一过程中表达对我们认为正确情况的肯定。不是则表达对我们认为错误情况的否定。比如"雪是白的",这是我们的常识认识,它是真的,而"雪不是黑的"也是常识认识,不同之处在于,它是我们对"雪是黑的"这种错误情况的否定。也就是说,雪是黑的乃是假的,由于否定的增加,因而雪不是黑的同样是真的。用巴门尼德的话说,我们认识不了雪是黑的(雪不是白的)的情况,因而也就不能说雪是黑的(雪不是白的)。

经过以上对残篇的分析可以看出,巴门尼德看到人们在表达认识的过程中存在一些问题。这主要表现在混淆是与不是的情况。在思想层面上,这使两种对立的情况得不到明确区分,因而得不到区别对待。在表达层面上,也会造成矛盾。尤其是，这样的问题与真相关，所以非常重要。他的努力主要表现在：第一，区别是与不是，明确说明二者的不同；第二，说明是与真相关；第三，说明是与认识相关，因而是我们要考虑的东西。经过分析还可以看出，他试图通过是与真的联系来说明我们的认识，因而把关于认识的说明提升到是与真的层面。这样我们可以看出，是与真乃是一种抽象，是关于认识的抽象。如前所述，真乃是一个常识概念，是容易理解的。是究竟是一个什么样的概念，乃是需要考虑的。在思考的层面，它似乎不是那样清楚，但是在语言层面，它是清楚的。联系这两个层面可以看出，通过语言层面的东西可以更好地认识思考层面的东西。因此在巴门尼德这里，关于思考的说明，因而关于认识的说明，已经集中在是这个概念上，而这个概念首先是通过这个词表达的。尽管一些说明不是那样清楚，但是关于这个词以及由它所表达的东西的考虑，已经初步展现在我们的面前。这样，人们至少可以沿着这个线索做进一步的思考和研究。

附录：巴门尼德的 esti

在西方哲学史上，巴门尼德关于"esti"和"ouk esti"的论题非常出名，他大概也是第一个将 esti 作为一个独立的概念提出来进行讨论的人，因此他的相关文献一直受到人们的高度重视，当然也会受到国内学界关于应该如何理解和翻译 being 的讨论的重视。以前我曾专门讨论过这个问题，[①] 这里我想围绕聂敏里先生的译作《前苏格拉底哲学家》[②] 中的相关译文进一步探讨这个问题。

《苏》关于巴门尼德的论述在第 8 章（第 364－407 页）：内含巴门尼德残篇的希腊文，英译文，英译者研究注释；此外还有巴门尼德残篇的中译文，英译者的研究注释的中译文，中译者的注释。这样，我们获得一份非常宝贵的文献。首先，它将希腊文、英译文和中译文同时摆放在一起，使我们可以将它们对照着理解。其次，由于英文解释和讨论涉及关于希腊文的理解，因而相应的中译文不仅可以使我们看到英译者的理解，而且有助于我们进一步考虑有关希腊文本的理解。最后，它提供了一些中译注释，使我们可以明白中译

[①] 参见王路：《"是"与"真"——形而上学的基石》，第三章，人民出版社，2013 年。
[②] 基尔克、拉文、斯科菲尔德：《前苏格拉底哲学家》，聂敏里译，华东师范大学出版社，2014 年。以下简称《苏》，引文简称"聂注"、"聂译"，只注页码。该书译自：Kirk, G.S., Ravan, J.E., Schofield, M., *The Presocratic Philosophers*, Cambridge University Press, 1982.

文的理由,更好地判断提供的中译文是不是有道理,理由是不是充分。这三个层次涉及很多问题,需要也值得认真讨论一下。限于篇幅,我们不可能逐段讨论,但是为了不至于断章取义,我想完整引用几段中译文和两个中译注,并主要围绕它们来进行讨论。

1. "是"还是"存在"?

英译者将巴门尼德的 esti 译为 is。在关于残篇的导论性讨论中,中译将英文"is"译为"存在",并附加一个很长的脚注,阐述了中译的理由。为了方便,我们先讨论其中第一小段,其他三小段放到第 3 节讨论。

[聂注 1.1]

原文为"is"和"is not",KRS 之所以采取这样一种意思含混的翻译,如后面所表明的,他们自己也感到在究竟是把 esti 翻译成"存在"还是"是"的问题上颇难取舍。这里翻译成"存在"和"不存在",而不是翻译成"是"和"不是",主要的考虑是,对这一章通篇加以考察可以发现,KRS 主要是在"存在"和"不存在"的意思上来理解巴门尼德的 esti 和 ouk esti 的。例如,就在下面两行,"如果有物存在"这句话中的"存在",KRS 就使用的是 exist。而在上面两行,"研究的主题存在或者它不存在"这句,KRS 使用的也是 exist 和 not exist,而且这就是 KRS 对巴门尼德残篇 2 中关键的两句话,即"一条路……另一条路……"的理解。所以,在本章针对 KRS 英文的翻译中，我就一以贯之地把凡是出现"is"和"is not"的地方都翻译成"存在"和"不存在"，而非"是"和"不是"。（第 368 页）

从这段话可以看出，巴门尼德的 esti，在英译文中乃是"is"，在中译文中是"存在"。聂注从英译文出发进行讨论，因而它给出的两个理由都与英译相关。一个是英译者对"存在"和"是"的翻译难以取舍，另一个是英译者通篇是在存在的意义上理解的，而且有例句为证。

这两个理由显然是自相矛盾的。既然英译者通篇是在存在的意义上理解，为什么还会对"存在"和"是"的翻译那么难以取舍呢？此外，既然英译者通篇采取存在的理解，为什么却不这样翻译，而采取了"is"这个"意思含混的翻译"呢？我们看到的结果是，中译文改变了英译者的做法，依据所谓他们的通篇理解而修正了他们的最终翻译。这样的翻译难道是符合原意的翻译吗？尽管如此，我们暂且不深究这一点，而是具体探讨一下这两个理由。字面上看，"如后面所表明的"一句提示的第一个理由依赖于另一处的说明：

［聂译 1］
女神是以说明那些唯一的应该被沉思的研究道路开始的。它们显然被认定在逻辑上是相互排斥的：如果你选择这一条，你因此就不能选择另一条。同样明显的是，它们相互排斥是因为它们是矛盾的。（参考第 296 条第 16 行："关于

它们的判断便在于此：存在还是不存在"。）我们的翻译作为语法主语为巴门尼德的动词 estin 所补充的那个"［它］"是什么呢？大概是不管怎样的任何一个研究的主题吧——在任何研究中，你都必须设定，要么你的主题存在，要么它不存在。在这里被笨拙但却被中立地翻译成"is"的 estin，对它本身的解释更为困难。两个明显的解释是表存在的（"存在"）和作谓述的（"是［这个或那个］"）。要试图在它们之间做出决定，我们需要考虑 estin 最显著地出现在其中的那些论证，尤其是反驳第 291 条第 5 行到第 8 行中那条否定性的研究道路的论证。（第 376 页）

我的理解若是不错，聂注 1.1 的提示指的应该是这里所说的"笨拙但却被中立地翻译成'is'的 estin，对它本身的解释更为困难"这一句。就翻译本身而言，这句话表明了两个意思。一是"笨拙"，即翻译得不是那样美、那样好，引申一步，英译者对它似乎并不十分满意。但是，它有"难以取舍"的意思吗？另一个意思是"中立"。这一说明肯定没有贬义。表示让步转折的"但却"一词则突出了它的重要性，至少表明对它的强调胜过"笨拙"。这难道不是英译者在表明，"is"这一译语尽管不是那样漂亮，却没有什么问题，至少没有什么太大的问题吗？基于这一考虑，难道还会有"难以取舍"的问题吗？我认为没有，或者我看不出这样的意思。

英译者随后对 estin 给出两个解释，一个是存在含义，另一个是作谓述使用，即通常所说的系词含义。"更为困难"这一表达能够成为聂注所谓"颇难取舍"的原因吗？字面上非常清楚，这里的取舍困难指的不是对"is"这个英译文，而是指对 estin 这个希腊文的两种解释。这里的意思是说，因为它本身可以有两种解释，因而在具体的上下文中，很难看出它是哪一种意思。认识到这一点也就可以看出，英译者强调 is 一词的中立性的意义所在。因为 estin 有两种含义，所以才要用 is 来翻译它。也就是说，即使如聂注所说难以取舍，他们还是取了 is，而舍了 exist。不仅如此，这里还可以看出英译者强调 is 的中立性的意义。正是由于这种中立性，对英文 is 难道不是同样可以有上述两种解释吗？所以，以 is 来翻译 estin 乃是没有问题的，因为它保留了 estin 可以有两种含义理解的可能性。认识到这一点也就可以看出，英译者指出了 estin 翻译的难点，也说明了将它译为 is 的理由。而聂译采用"存在"这一译语，实际上是改变了英译者的认识和做法，并替他们做主，选择了一种他们认为无法确定或不容易确定的含义解释，并且使这种含义解释通过中译文"存在"一词呈现出来。这样一来，聂译同时也就消除了 estin 一词的两种解释的可能性，消除了英译者以 is 一词所体现的对这种可能性的认识和对其中存在的困难的认识。这样的中译及其理由难道会是正确的吗？

换一种方式也可以说清楚这里的问题。"笨拙但却被中立地翻译成'is'的 estin……"这句话并不是完好的中译文，因为其中还保留了英文 is。作为完好的中译文，这句话根据聂注应该改为"笨拙但却被中立地翻译成'存在'的estin……"。这时我们立即会发现，这是有问题的。因为是不是笨拙姑且不论，"存在"一词显然不是一个中立的译语：它的意思是非常明确的。我想，聂译也许是忽略了这里的问题，因而保留了英文，也许是认识到这里有问题，觉得不好翻译，因而以保留英文的方式来弱化这里的问题。在我看来，这句英文是非常清楚的，中译文翻译本该非常简单，① 即"笨拙但却被中立地翻译成'是'的estin……"。许多人认为"是"这个词作名词别捏，不是正好对应英译者这种"笨拙"的认识吗？而且，"是"一词是中立的。即使与后面的解释结合起来，也不会有任何问题，一如括号中的"是 [这个或

---

① 我将聂译1修正如下：
［聂译1*］
　　女神是以说明那些唯一的应该被沉思的研究道路开始的。它们显然被认定在逻辑上是相互排斥的：如果你选择这一条，你因此就不能选择另一条。同样明显的是，它们相互排斥是因为它们是矛盾的。（参考第296条第16行："关于它们的判断便在于此：它是或它不是"。）我们的翻译作为语法主语为巴门尼德的动词estin所补充的那个"[它]"是什么呢？大概是不管怎样的任何一个研究的主题吧——在任何研究中，你都必须设定，要么你的主题是，要么它不是。在这里被笨拙但却被中立地翻译成"是"的estin，对它本身的解释更为困难。两个明显的解释是表存在的（"存在"）和作谓述的（"是 [这个或那个]"）。要试图在它们之间做出决定，我们需要考虑estin最显著地出现在其中的那些论证，尤其是反驳第291条第5行到第8行中那条否定性的研究道路的论证。（参见 Kirk, G.S., Ravan, J.E., Schofield, M.: *The Presocratic Philosophers*, p.245）
这样可以看得非常清楚，聂译1*根本不形成对聂注1.1的支持。

那个]"的表达。

所以，聂译1（*）只是说明了翻译 estin 的困难和将它译为 is 的理由。即便这可以看作是为"颇难取舍"提供了说明，无论如何也不能看作是对"存在"这一译语提供支持。所以，以它做支持聂注1.1的理由乃是有问题的。

[聂译2]

不幸的是，对这论证的考察不是决定性的。确实，要认识或者指出那不存在的东西看来是不可能的：没有一个人能够熟识匹克威客先生，或者向别人指出他来。但是对巴门尼德的前提的一种谓述性的解读也是可能的：要认识或指出那不是这个或那个、亦即那不拥有任何属性、没有任何对它真实的谓述的东西，看起来也是不可能的。更为清楚的是第296条第5—21行，在那里，一个类似的前提——第8—9行，"既不可说也不可想的就是非存在"——被用来反驳生成或毁灭的可能性。巴门尼德要说的是，如果有物生成，那么它必定以前尚不存在——而且在那时对它说"它不存在"就会是真的了；但这个前提却恰恰禁止那样说；所以绝不可能有生成。如果在那一语境中"生成"（come to be）应该明显地被解释为"去存在"（come to exist），那么在这里，"is not"就意味着"不存在"（does not exist）。（第376—377页）

这段译文紧接上一段，直接对上一段提出的判定 estin 一词含义的方式提出负面性意见，加上以举例方式对判定存在含义与谓述含义的补充性说明，进一步说明判定 estin 一词含义的困难。这再次说明，在英译者看来，若想在 estin 区别出存在含义和谓述含义乃是困难的。这就更加说明，他们并不是随意强调 is 一词的中立性，他们这样做乃是有用意的。因此，我实在是不明白，中译文如何能够根据这样的说明和认识"一以贯之地"把所有"is"都译为"存在"呢？因为英译者的说明明显不支持这样的做法。即便这里有聂译独特的认识和意愿，因而对巴门尼德残篇可以做这样的翻译，表示出对巴门尼德文本的一种理解，但是这样做至少有两点是不对的：其一，不应该对英译者的解释说明也这样做，因为这样做无疑曲解了英译者对巴门尼德残篇的解释说明；其二，不应该以英译者的认识作为聂注翻译残篇的理由，因为英译者的认识显然不支持这样的翻译。

聂译 2 的最后几句又出现了英文。在我看来，这又不是完好的中译文，因为含英文。不过，借助它们，我们可以更清楚地看出聂译的问题，因而看出聂注 1 的问题。"'is not'就意味着'不存在'（does not exist）"这句话的意思非常清楚。后者是前者的解释。也就是说，"is not"是字面的东西，即言语表达式，而"does not exist"是对它的解释。这显然是两个层面的东西。由于中译文夹杂着英文，因此这两个层面似乎是清楚的。但是假如把其中的英文译为中文又该如何呢？按照聂译，它应该译为："'不存在'就意味着'不存在'。"① 我们还能够看出英译者这里说的是什么意思吗？在我看来，这句话可以译为："'不是'就意味着'不存在'。"② 后者与前者的区别是明显的，它是对前者的解释。难道我们会不明白这是什么意思吗？更为关键的是我们应该考虑，这样

---

① 这其实是一个具有普遍性的问题。按照通常的做法，这段译文会是这样的："'不存在'就意味着'不实存'（或'不生存'）"。在我看来，这同样是有问题的。"存在"与"实存"、"生存"字面上其实没有多大的区别。即使有，也不会是存在含义与谓述含义之间的区别。
② 顺便简单说一下，"不是"与"是"相关，乃是它的否定。二者密不可分。在自然表达中，"是"一词会多么频繁地使用，"不是"也会。由于"是"与"不是"涉及真假问题，因此会带来许多问题。在有关是的讨论中，许多问题与不是相关。一如聂译 1 最后所说，判定 estin 的意思要从考察否定情况着手。与此相关的问题还有很多，比如生成和毁灭、一和多，等等。这些问题从巴门尼德到柏拉图都是常见的，因为他们尚未从逻辑的角度做出说明。在亚里士多德那里，由于有了逻辑的说明，则变得不同。

此外，这里说的生成和毁灭，学界总认为与存在相关，而非与是相关。在我看来，其实不是这样。比如聂译 2 中的相关译文也可以修正如下：
[聂译 2*]
更为清楚的是第 296 条第 5-21 行，在那里，一个类似的前提——第 8-9 行，"既不可说也不可想的就是（那）不是"——被用来反驳生成或毁灭的可能性。巴门尼德要说的是，如果有物生成，那么它必定以前尚不是——而且在那时对它说"它不是"就会是真的了；但这个前提却恰恰禁止那样说；所以绝不可能有生成。如果在那一语境中"生成"（或"变为是"）应该明显地被解释为"变为存在"，那么在这里，"不是"就意味着"不存在"。(参见 Kirk, G.S., Ravan, J.E., Schofield, M., *The Presocratic Philosophers*, pp.245-246.)

可以看出，用不着保留英文，这里的意思也是清楚的。由于这不是我们讨论的重点，因此仅对相关译文做出简要说明。

两种译文究竟哪一种才是符合原文的。

以上我们讨论了聂注 1.1 的第一个理由，现在我们讨论它的第二个理由：在相关的上下文英译者使用了"存在"一词。其实，看到第一个理由是有问题的，因而是站不住脚的，也就可以看出，第二个理由同样会是有问题的。因为即使英译者使用了"存在"一词，也并不意味着他们用它来翻译巴门尼德的 estin。如同前面讨论中看到的，他们以"是"来翻译 estin，这并不妨碍他们有时候用"存在"来解释它的意思。因为词与词所表达的意思乃是两个层次的事情，是两回事。但是，既然是理由，我们最好还是做一些具体的分析。这两个理由的表述如下：

[聂译 3]

巴门尼德声称在任何一种研究中都有两种而且只有两种在逻辑上彼此相关的可能性，它们是相互排斥的——即研究的主题存在或者它不存在。……在第一部分的最后一节，他探讨了一条可靠的道路，"存在"，并且以令人称奇的演绎论证，如果某物存在，它不可能生成或毁灭，变化或运动，也不从属于任何不完满。（第 368 页）

以删节号为界，它们即是聂注 1.1 所说的前后出现"存在"一词的两处。按照聂注 1.1 的次序，我们先看后一处。字面上看，它的理由似乎是有道理的，这里的谈论明显与存在相关。但是，这种相关是从中译文看出来的，英文并不是这样：引号中的"存在"在英文中并不是exist，而是is。① 也就是说，英译者在称谓巴门尼德之路的时候使用的乃是"是"（is），而在解释它的过程中使用了"存在"（exist）。如前所述，这当然是根本不同的。因此我们看到，假如把引号中的"存在"译为"是"，这里才会符合英译者的意思。巴门尼德之路乃是"是"，因为这是巴门尼德自己的称谓，而英译者在这里对这条路提出了一种解释，在解释中出现了"存在"这一用语。我们还看到，在使用"存在"一词进行解释的时候，涉及生成和毁灭。有了前面的讨论，这也是容易理解的，存在无疑可以是对生成的一种解释：即过去尚不是而现在变为是，即变为存在。

删节号前一处没有"is"出现，因而没有上述问题。但是"存在"一词出现在破折号之后，因而是用来解释此前的表述的。这就说明，"存在"一词同样是用来解释的，而不是用来翻译和表述的。破折号前面表述的是巴门尼德关于两种逻辑可能性的看法：相互排斥。确切地说，这是英译者关于巴门尼德的看法的表述。因此我们要考虑，这种逻辑可能性会是什么呢？在我看来，它只能是：一事物不能既是又不是，或者一事物要么是要么不是。反映在巴门尼德那里，即他说的两条对立的路，两条相互排斥的路。英译者是现代

---

① 这句译文可以修正为："在第一部分的最后一节，他探讨了一条可靠的道路，'是'，并且以令人称奇的演绎论证，如果某物存在，它不可能生成或毁灭，变化或运动，也不从属于任何不完满。"（参见 Kirk, G.S., Ravan, J.E., Schofield, M., *The Presocratic Philosophers*, p.241.）

人,无论对巴门尼德的思想如何理解,对逻辑关系肯定是清楚的。关于这一点,联系聂译1可以看得更加清楚。

应该看到,聂译3是英译者对巴门尼德残篇导论性的说明,聂译1是对残篇2以及英译文的研究说明。所以,聂译3笼统,而聂译1具体。若是将其中"is"译为"是"(聂译1*),则可以看出,除了关于逻辑上相互排斥的明确说明外,其中还有关于研究主题的说明。从给出的说明看,尽管提到存在含义的理解,但是,这仅仅是将它与谓述含义的理解并列,作为对estin一词的理解困难提出的。而在涉及关于具体英译文的说明时,用语乃是"是"(is),而不是"存在"(exist)。对照聂译1*与聂译3则可以看出,依据后者说的"主题存在"来理解巴门尼德所说的estin,这显然是有问题的,而依据它来理解英文以"is"对esitn的理解,则肯定是错误的。

2. 如何理解"是"

以上讨论主要集中在聂注1.1,它是在英译者关于巴门尼德残篇的导论性说明时做出的。由于它涉及残篇2的核心表达,而残篇2又是残篇中的重点,因此应该结合残篇2及其译文以及相关解释和说明来讨论。在残篇2,我们看到另一个中译注释:

[聂注2]

这是残篇2,也是全诗的关键词。围绕这个词向来存在两个争议：1. 究竟应当把它译成"它是"还是"它存在"？ 2. 其中的人称后缀"它"指代的是什么？研究者们围绕这两个问题提出了各种各样的解释。但是假如我们认识到，巴门尼德通过对这个词的分析不过是强调了系词"是"的绝对肯定的逻辑功能，和与之相反的"不是"的绝对否定的逻辑功能，强调了"是"就是"是"，"不是"就是"不是"，"是者"不能"不是"，"不是者"不能"是"，那么关于人称后缀"它"究竟指代什么的问题就不存在了。实际上，巴门尼德正是运用无明确人称所指来突出 esti 作为逻辑判断谓词的功能。此外，假如我们认识到，"是"就是"存在"，"存在"就是"是"，只有"是"的东西才存在，而"不是"的东西绝不存在，这个表示绝对肯定的逻辑判断谓词"是"的对象所指就是"存在"，那么争论它究竟应当被译成"它是"还是"它存在"就没有任何意义了。事实上，我们看到，无论是后来的柏拉图还是亚里士多德的哲学著作中，对于所有和 esti 相关的词，仅仅按照"是"或者仅仅按照"存在"来处理，都注定是行不通的，对于古希腊哲学乃至整个西方哲学，"是"和"存在"在根本上是相通的。鉴于以上考虑，同时考虑到"存在"在汉语中具有名词特征，可以单独成词，因此，本着"如无必要，勿增实体"的原则，我把这个词以及和它相关的其他词，主要是按照"存在"（或"不存在"）来翻译。我认为，对于一个西方哲学的深入研究者来说，它不会带来和"是"不同的理解。同时，可以指出的是，即便是巴门尼德,也不完全是在单纯"是"的逻辑判断的功能上来对这个词的逻辑内涵进行分析,它也同样在对象存在的意义上来对这个词的逻辑内涵加以分析,详见后面的残篇8,因为在残篇8中论述到了生成和消灭的主体。很显然,尽管巴门尼德否定生成和消灭,但是生成和消灭只能就对象存在而言才可能被谈及,即便是否定性地谈及。(第375页)

这个注释很长,意思也很多。我们可以大致将它们分为三部分:1)指出争论的问题;2)给出理解的原因;3)关于汉译的理由和引申讨论。为了便于讨论,这一节我们仅讨论其中与巴门尼德论述相关的内容,下一节再讨论其他内容。

如前所述,有关巴门尼德的思想,争论最多的是关于残篇2的论述。关于巴门尼德的表达方式前面我们介绍了三种不同的观点,并认为它们可以简单地分为两大类。一类认为estin表达一种句子框架,可以简单称之为系词解释。另一类不是这样,它又可以分为两类,一类认为estin无主语,另一类认为它有主语,因而要对其主语是什么进行讨论。现在可以看出,《苏》的看法属于后者。比较前面几种观点可以看出,无论怎样理解,真正以"存在"来理解巴门尼德所说的esti的只是极少数,绝大多数学者还是在is(ist)的意义上理解和翻译它。① 认识到这一点则可以看出，《苏》中关于主题的讨论表明，它的理解与大多数学者的理解是一样的。因此，它在讨论中使用了"存在"这一用语乃是与主题相关，而不是与表示主题的那个 estin 相关。对照聂注 1.1 和聂译 1*也可以看出，《苏》在关于巴门尼德残篇的一般性讨论中谈及主题的时候说到它存在或不存在，而在关于残篇 2 的英译文"[it] is"的说明中，则还是说"要么你的主题是，要么它不是"，即没有使用"存在"一词。所以，只要认真阅读《苏》的翻译及其解释，那么看懂其中的意思并不难，识别其关于 [it] 的理解和说明与关于 is 的理解和说明也不是不可以做到的。由此可以看出，以"存在"来理解巴门尼德所说的 estin 与以"存在"来翻译它所说的 estin，乃是根本不同的。前者并不构成后者的理由，即使有这样做的，也是极少数。聂译的做法属于极少数，却认为它的依据来自大多数。

应该指出，《苏》关于 esti 主语的讨论，反映了近几十年来人们关于巴门尼德所说的 esti 的研究的深入和进步。这在

---

① 比如卡恩指出：

声称 einai 本质上是一个谓述性动词，我的意思是说，esti 的每一种哲学用法——并且不仅是巴门尼德的著作中——都是潜在地谓述性的。这就是为什么存在这个概念作为翻译的基础能够是如此误导人的。在英文（以及在大多数现代语言）中，存在和谓述被看作是相互排斥的，因为一个"它存在"（It exists）这样的表达式并不承认系词构造。如果我们把这种意义上的一种存在用法看作是排除了谓述补充的，那么这样的 einai 用法很可能是不会在希腊文中发现的。(Kahn, C.H., Parmenides and Plato Once More, in Kahn, C.H.: *Essays on Being*, in Oxford University Press, 2009，p.202.）

很大程度上也与卡恩在二十世纪六、七十年代的研究成果相关。如前所述，卡恩的研究表明，早期希腊文献中einai一词的三种动词用法中最主要的是系词用法。实际上，关于being一词的系词用法及其含义，人们几乎看法一致。不同的看法主要在关于它的非系词用法，即being一词不是以系词方式出现。比如巴门尼德的表达。这样的表达很多，比如普罗泰戈拉所说的人是万物的尺度。① 根据卡恩的看法，being的这种用法就不是系词用法，而是断真用法。它的意思是说，"（情况）是如此的"，或"是事实"。无论如何，在古希腊哲学翻译中，字面上保留being的系词特征，乃是一个基本认识。我们看到，《苏》也是这样做的，如它所说，这样即保留它的"中性"特征（聂译1.1）。更为重要的是，这样的译文并不妨碍在一些地方做出存在含义的理解，比如"'不是'就意味着'不存在'"（聂译2*）。

认识到这一点也就可以看出，聂注2对相关问题的归纳过于简单了。由于它仅仅是一个注释，因而我们可以原谅它的精简：只要它可以得出正确的结论，这样的精简就是可行和允许的。问题是，它的结论对不对？

聂注2的两个理由都是以假设的方式给出的。我们不考

---

① 英译文如下：Man is the measure of all things that are they are, and of the things that are not that they are not（Guthrie, W.K.C., *The Sophists*, Cambridge University Press, 1971, p.183.）. 字面上看，其中多次谈到的"they are"就不是系词结构。我把它译为："人是万物的尺度，既是那是的事物是的尺度，也是那不是的事物不是的尺度。"

虑它的论证方式，①只看它的具体讨论。第一个理由强调了系词的逻辑功能，所得结果是：那个［it］指代什么不重要。第二个理由将"是"等于"存在"，所得结果是：关于将 esti 译为"它是"还是"它存在"乃是"没有任何意义"的。这两个结论显然都是有问题的。限于篇幅，我们只讨论后一个理由。我的问题是："是"是不是等于"存在"？

在我看来，"是"显然不等于"存在"。原因很简单，它们是两个不同的词，表达的意思也不同。因此二者不是等价的。汉语中理解是如此，外文中也是同样。比如"being"和"existence"是两个不同的词，表达的意思也不同。因而二者同样不是等价的。所以，聂注 2 的假设是错误的。更为严重的是，它只是假设，没有给出解释。当然，由于是假设，也可以不做解释。但是这样一来如何能保证论证的有效性呢？假如"事实上，我们看到……"这一句可以算作是相关解释，那么其后的论述就需要认真考虑。聂注 2 给出的说明是，柏拉图和亚里士多德的著作中 esti 及其相关词，既不能只译为"是"，也不能仅译为"存在"，因为行不通。我的问题是，即便这一说明是正确的，是不是就可以得出"是"等价

---

① 我们知道，运用假设来进行论证乃是常有的事情。但是这种方式的有效性在于，要么得出假设的前提蕴涵结论，要么得出否定结论蕴涵着否定假设，要么通过得出矛盾而得出与假设相反的认识。但是聂译 2 的方式不是这样。它的方式是：首先提出一个假设，由此得出一个结论；然后肯定该假设。它认为这样就肯定了该结论。这显然不是有效的论证。

于"存在"呢？在我看来，它似乎至多只能说明，在柏拉图和亚里士多德的著作中，esti 有时候要译为"是"，有时候要译为"存在"。这同"是"与"存在"等价乃是根本不同的。如果二者等价，说法似乎应该变为，对于柏拉图和亚里士多德著作中的 esti 及其相关用语可以随便处理，即怎么翻译都可以。但是，我从聂注 2 看不出这样的意思。所以，聂注 2 充其量只是给出一个断言，尽管是以假设的方式给出的。而对这个断言，要么它没有给出论证，要么它的说明并没有提供支持。所以，它的第二个理由是根本就站不住脚的。

也许聂注 2 的意思并不是说"是"与"存在"乃是等价的，而只是想说它们"在根本上是相通的"。如果是这样，则它的假设就是有问题的。"相通"是一个日常表达，似乎可以表示你中有我，我中有你。这种意思用在"是"与"存在"这两个词，不管是不是合适，至少绝不可能是聂注 2 以两个含"是"和两个含"不"的句子所表示的那种等价意义①。

由于聂注 2 是在残篇 2 的核心表达处做出的，因此我认为，这是一个非常不恰当的注释。它的潜台词似乎是说，只要考虑它给出的译文就可以了，其他考虑都是没有意义的。我想，聂注 2 针对的可能是国内学界关于 being 的讨论，尤其是针对一是到底论的看法。但是，它的这种看法肯定是错误的。不仅对国内相关讨论而言是错误的，对国外已有的研

---

① "只有'是'的东西才存在"相当于说："不'是'的东西则不存在"。

究同样是错误的。

3. "是"的意义何在？

现在我们可以回到聂注 1.1，接着讨论其他三小段：

[聂注 1.2]

实际上，在接触大量英语研究文献后，我们可以清楚地看到，有很多英语研究者就是从"存在"和"不存在"的角度来理解巴门尼德的 esti 和 ouk esti 的，从而，那种认为只有中国学者由于自己语言的局限性而从"存在"和"不存在"的角度来理解"esti"和"ouk esti"的观点就是不正确的。

在这里，我要明确地指出的是，"是"作为一个肯定，同时是对一个对象存在的肯定，从而，无论是东方还是西方，"是"和"存在"都是根本相关的，因此，那种将"存在"和"是"根本割裂开来的认识就是不正确的，而那种甚至企图在语言上就将二者根本割裂开来的想法则是甚至在语言上也是行不通的，因此，尽管对于汉语而言，"存在"、"是"、"有"是完全不同的三个词，但是在西方语言中，它们只是同一个词的三种不同的内涵而已。

因此，我的观点很明确，究竟选择"是"或"不是"、还是"存在"或"不存在"、还是"有"或"无"来翻译"esti"或"ouk esti"及其相关派生词，完全应当视乎语境和作者本人的意指而定。但是，另一方面，考虑到对于汉语而言，单字难以成词，现代汉语已经形成了以双音节成词的习惯，因此，以"存在"来翻译"esti"系列的词，就应当是一个基本的选择。关于这一点，读者可进一步参考我在下面翻译残篇 2 时的注释。（第 368 页）

字面上可以看出，这三小段已经不是关于巴门尼德思想的说明，而是关于国内学界有关是与存在的讨论的论述。也就是说，它的看法已经从一个具体的关于巴门尼德的研究延伸到普遍的关于西方哲学的研究。不仅如此，由于它紧接第一小段（聂注 1.1），因此似乎给人一种感觉：它的这种过渡，包括从个别到一般，从国外到国内研究，乃是有充分依据的，因而是可信的。这样，它最后所陈述的观点也就有了充分的理由。基于前面的讨论，现在我们要看一看，这三小段的论述是不是有道理。

第一小段的意思很简单，主要是诉诸英语研究来说明把 esti 理解为"存在"乃是正确的。但是从前面的讨论可以看出，聂注根本没有考虑有关句子框架的文献。而就它所考虑的那一类情况，即便如它所说有大量英语文献是这样的，恐怕还有更大量的英语文献不是这样，而是把 esti 理解为"是"。或者最保守地说，后者至少不会比前者少。最重要的是，问题的关键并不在于是不是或能不能以存在来理解 esti，而在于把 esti 译为"存在"还是译为"是"。我们看到的是，聂译不仅把巴门尼德的 esti 译为"存在"，而且把英译者的相应译文 is 也译为"存在"，甚至在英译者讨论 is 的存在含义和谓述含义的地方也把 is 译为"存在"。而这样做显然是有问题的，这与英译者的本意即使不是完全不同，至少也是有重大差异的。

第二小段主要是关于"是"的解读：说它是对一个对象存在的肯定。在我看来，这句话不是很清楚。"是"无疑是一种肯定。但是，如何能够说它是对一个对象存在的肯定呢。"独角兽是一只角的"，难道肯定了独角兽存在吗？我想，聂注 1.2 也许是考虑到英译者强调的那个 [it]，也许是为自己将 esti 译为"存在"寻找理由，因而要使"是"与"存在"联系起来。但是，"是"的表达和使用方式显然不是这么简单。尽管如此，我们仍然可以不纠缠这个解读是不是清楚，是不是有道理。我们要考虑的是它由此得出的几个结论。第一个结论由"从而"一词引出："存在"与"是"乃是"根本相关"的。我赞同"相关"的说法。通俗地说，只要沾边，就可以算相关。人们一般认为"是"一词有存在含义，因此说"存在"与"是"相关乃是可以的。但是我不太明白前面"根本"一词的用意。字面上看，"根本"乃是一种程度的描述，意思是从根上说，与"相关"的意思几乎是南辕北辙。问题在于，这一组合表达直接导致第二个结论："存在"与"是""不能根本割裂开来"。字面上这个结论甚至可以说是自然的：既然二者根本相关，当然也就不能断然分开，更不用说割裂了。但是这并不是这个结论的主旨。它的主要目的在于指出，不能"企图在语言上就将二者根本割裂开来"。这句话令人费解。"存在"与"是"乃是两个不同的词，字面上当然是分立的，因而是可以分开的。怎么就不能这样做呢？"'存在'不是'是'"难道不能说吗？"'是'不是'存在'"这种说法难道会有什么问题吗？不知聂注3是不是想说，它们表达的意思是不能根本割裂的。假如是这样，我认为它的看法有道理，只是没有表达清楚，但是从它的第三个结论来看，情况并非如此。

第三个结论说，"'存在'、'是'、'有'是完全不同的三个词，但是在西方语言中，它们只是同一个词的三种不同的内涵而已。"非常明显，这个结论混淆了语言与语言所表达的东西，就是说，它没有区分"是"和"存在"这两个词与它们所表达的含义。一方面，它承认"是"和"存在"是不同的词。这难道不是语言层面的东西吗？另一方面，它又说它们是 esti 一词的不同含义。这难道不是含义层面的东西吗？二者怎么能够混淆起来呢？由于是词，因而可以问：esti 这个词是什么意思。但是难道我们不能问：是这个词乃是什么意思、存在这个词乃是什么意思吗？难道"esti"是词而"是"和"存在"不是词吗？难道前者作为词有含义，而后者作为词会没有含义吗？由于这里把后者说成是前者的含义，这样就涉及两种语言，因而问题似乎复杂一些。但是在我看来，只要区别或者认识到应该区别语言和语言所表达的东西，这里的问题就非常简单。这里，我们可以将第三个结论表达为如下几个意思：

其一，esti 是一个词，可以有存在和是这样两种含义。

其二，esti 是一个词，可以译为"存在"和"是"。

其三，esti 是一个词，它的含义是"存在"和"是"。

其四，"存在"和"是"乃是两个不同的词，可以翻译 esti 这同一个词。

其五，"存在"和"是"乃两个不同的词，可以表达 esti 的两种含义。

其六，"存在"和"是"只是 esti 的两种不同含义。

在这六个意思中，前三个是从希腊文角度说的，后三个是从汉语角度说的。一、二、四、五是清楚的，也是正确的。它们区别了词和词所表达的含义。特别是，二和四区别了两种不同的词，即希腊文的 esti 和汉语的"存在"和"是"，并且说明了它们之间的翻译关系。这显然只是句法层面的说明。还可以看出，一和五涉及词和词所表达的含义以及它们之间的区别。这显然涉及词和词所表达的含义这样两个不同层面之间的区别。

相比之下，三和六是不清楚的。它们同时涉及词和词所表达的含义。由于引号的使用，我们不知道它们所说的"存在"和"是"究竟指的是这两个词本身，还是指它们所表达的含义。如果指这两个词本身，则它们是有问题的，因为这样引号中的就不会是含义，而是词本身，因而与说明不符。如果指含义，则它的表达方式是有问题的，因为引号使其中的表达成为名字，因而不表达含义。现在我们可以看出，聂注 1.2 的表达方式恰恰是三和六，因此是有明显问题的。

最后一小段强调要依据不同语境来翻译。我认为这一说法本身是正确的。问题在于在不同语境下该如何理解。尤其是,区别语言和语言所表达的东西,即区别 esti 或 is 及其所表达的含义,乃是任何语境都会面临的问题。关于这个问题,我们可以暂且不做深入讨论,但是可以看出,聂译显然不是这样做的,因为它"一以贯之"地将 is 译为"存在"。也许聂注也意识到这里的问题,于是又给自己加了一条理由:要考虑汉语特点。它的意思似乎是说,"是"不是词,"存在"才是词。我认为这是一个非常牵强的理由。聂注中使用的"字""词"难道不是单字吗?它们难道不成词吗?这个理由的坏处在于,它将一个如何理解西方哲学的问题转化为如何符合汉语表达习惯的问题。不仅如此,它甚至搬出"如无必要,勿增实体"的原则。这似乎是说,在理解西方哲学的时候,人们只能使用已有的用语、概念和理解。这肯定是不对的。① 我一直认为,有关 being 的问题,归根结底是如何理解西方哲学的问题。相关的翻译,说到底则在于是不是正确地理解了西方哲学,是不是有助于理解西方哲学。因此,不从如何理解西方哲学这一角度出发来探讨这一问题,注定是不得要领的,也是不对的。

面对聂注 1.2 的结论,联系它建议参照的聂注 2,还可以看出一个十分明显的问题:用语歧义。由于"相关"一词的宽泛性,说"存在"与"是""相关"不会有什么问题。而由于"根本"一词的狭义性,说"存在"与"是""根本相

---

① 语言有命名功能。而哲学讨论中,总是首先要为讨论的东西命名,然后才能称谓它。因此,奥卡姆剃刀无论如何出名,注定是行不通的。参见王路:《语言与世界》,北京大学出版社,2016 年,第 265-268 页。

关"就有了问题。这里的问题不知是有意还是无意造成的。聂注的目的大概不是为了说明它们之间的"相关",而是为了说明它们之间的"相通"。"相通"显然比相关的意思要强很多。很明显,相通的一定是相关的,而相关的不一定是相通的。从聂注的用语和相互参照看,这里暗含着一个从"根本相关"(聂注1.2)到"根本相通"(聂注2)的过渡。从前面关于聂注2的讨论可以看出,那里暗含着从等价到"根本相通"的过渡。这就表明,"根本相通"才是聂注要得到的结论。而为了得出这个结论,它既使用了修辞方式,也使用了证明方式。遗憾的是,这两种方式都是有问题的。

既然聂注这么重视"相通"这一结论。我们也可以不在乎其得出这一讨论的方式方法问题,而只关注它本身。我们看到,与此相关,聂注谈到柏拉图和亚里士多德,也谈到整个西方哲学。它的目的是想说明,由于"存在"与"是"乃是相通的,因而也就没有必要争论is究竟应当译为"是"还是译为"存在",因而也就不必对它采用的"存在"一词提出质疑。所以我们不得不问:"相通"究竟是什么意思?限于篇幅,我们不可能谈及整个西方哲学,让我们以聂注2提到的亚里士多德为例来讨论一下这个问题。

我曾经明确说过,亚里士多德逻辑的核心句式乃是"S是P",因而"是"乃是其核心概念;亚里士多德形而上学的核心概念则是"是本身",因此他的逻辑和形而上学字面上就是"相通"的。我的意思是说,由于他的逻辑和形而上学乃是围绕着一个共同的东西,因而我们可以借助他在逻辑中与"是"相关的论述来理解他在形而上学中与"是"相关的论述,并且反之亦然。我们在研究中可以相互参照他围绕"是"的不同论述,从而更好地理解他在这两个领域中的论述。聂注说的"相通"显然不是这样。它不否认 esti 的"逻辑谓词功能",即系词功能,因而它不会否认它的系词含义(假如它承认系词也有含义),但是它更强调 esti 的存在含义。问题是,这种存在含义究竟是如何体现的? 在涉及亚里士多德对 to on 一词的含义说明处,我们看到如下论述:

> 对 to on 的多种意义的分析是一种纯粹的语义学的分析,他主要分析的是系词"是"在谓述判断中的谓述功能。在这里,丝毫也不涉及存在是怎样的……更深入的思考会表明,上述判断是表浅的,因为,恰恰对于亚里士多德,我们不能仓促地断定,他所进行的语义学的研究不能同时是存在论的研究,他对系词"是"的谓述功能的分析不能同时就是对存在的分析。实际上,对于亚里士多德来说,语义学的研究同时就是存在论的研究,对系词"是"的谓述功能的分析同时就是对存在的分析。……与系词"是"的不同谓述功能相对应的正是不同意义的存在,在这里,"是"和"存在"是相通的,"是"所判断的就是"存在","是"描述"存在"。①

---

① 聂敏里:《存在与实体——亚里士多德〈形而上学〉Z 卷研究(Z 1-9)》,上海,华东师范大学出版社,2011 年,第 46-47 页。

不用深入讨论，字面上可以看出，明明认为亚里士多德的说明是系词意义上的，与存在没有什么关系，但是依然会认为，这样的认识是肤浅的。根据则是，"是"与"存在"乃是相通的。在没有关于存在论述的地方能够读出存在含义，可见"相通"这一观念至关重要。我的问题是，这里关于存在的认识是从哪里来的？它究竟是亚里士多德阐述出来的，还是论者从基于有关存在的认识而竭力从其相关论述中读出来的？仅仅是因为"存在"与"是"相通吗？这里，我想仿照聂注的方式提出问题：假如没有关于存在含义的认识，我们是不是就不能从亚里士多德的论述中读出关于系词含义的论述？事实是，我们能够读出来。那么这是为什么呢？同样，假如没有"相通"的认识，我们还能从亚里士多德关于系词含义的论述读出存在含义吗？事实是，聂注说能，而我认为不是这样。这种关于存在含义的认识并不是亚里士多德告诉我们的，而是持这种看法的人依据自己的理解强加给亚里士多德的。"相通"本是一个常识概念，我们认为是理解它的，而且理解它也是没有问题的。但是情况并非如此。在上述引文中，要么它的含义被假定为自明的，要么关于它的说明是有问题的。因此，"相通"一词在聂注说明中实际上是一个有问题的用语，表达了一个有问题的概念，所以以它做出的说明是不可靠的。顺便说一句，有了前面的讨论现在很容易看出，以上引文最后一句"'是'所判断的就是'存在'"，问题也是非常清楚的：它同样混淆了语言与语言所表达的东西。引号中的"是"无疑是词，问题是，引号中的"存在"是什么呢？

在西方哲学讨论中，有关 esti（being）及其相关用语的系词含义，人们的看法大致是一致的。因为这从其句法形式乃是可以看得非常清楚的。而关于其存在含义，人们往往是有分歧的。这主要是因为其句法形式乃是非系词的，因而是不清楚的。绝大多数人采用"is"（ist）来翻译它，这说明他们在 esti 的翻译上并没有难以取舍的问题。他们的问题主要在于，当 esti 一词出现在一个系词含义不是那么明显的上下文时，如何区分和识别它的含义。巴门尼德的核心表述只有一个"esti"，我们该如何理解它呢？在我看来，由于它是动词形式，因而应该从其具体的动词使用方式来理解。在日常表达中，"S 是 P"乃是最自然的表达方式。无论是不是还有其他表达方式，考虑 esti 的含义，至少这种表达方式乃是不能不考虑的。汉语翻译的首要任务是将 esti 这个词翻译为一个相应的词，这个中译要体现 esti 所具有的含义和可能具有的含义。所以，它只能翻译为"是"，而不能译为"存在"。这主要是因为，"是"一词是不是有存在含义，乃是可以讨论的，但是它无疑具有系词含义，因而保留了与系词相关含义的所有可能性。相比之下，"存在"一词不是系词，因而消除了系词含义并且割裂了与系词含义相关的所有可能性。这个问题在巴门尼德的残篇中不仅存在，而且非常突出。不仅如此，它在西方哲学乃是一脉相承的。因此对于我们中国人理解西方哲学来说，如何理解巴门尼德的 esti，乃是一个至关重要的问题。

第三章　柏拉图论"是"与"真"

柏拉图是古希腊著名的、重要的哲学家。在他的著作中，我们可以看到大量关于"是"与"真"的讨论，既有偶尔提及，也有详细探讨。他留下的对话很多，若是如前逐篇详细援引他的话，则会造成极大的冗赘。本章探讨他在一些著作中的相关论述，下一章集中讨论他在《智者篇》中的相关论述。

介绍他的一般性的相关论述，可以展现他在相关问题上的一般看法，从而为揭示逻辑思想的起源提供一种基础性的说明。而讨论他在《智者篇》中的相关论述，则可以认识他在相关问题上所达到的高度和取得的成就。本书这样的考虑主要基于两点。

第一，《智者篇》是柏拉图晚期的著作，可以代表他的成熟的思想，也可以体现他最为成熟的认识和理论。尽管关于这部著作也有一些不同认识，比如有人认为它与《巴门尼德篇》、《斐莱布篇》和《政治家篇》属于同一组对话，有人认为它与《巴门尼德篇》、《泰阿泰德篇》和《政治家篇》属于同一组对话，也有人认为它与《泰阿泰德篇》属于同一组对话，还有人认为它与《克拉底鲁篇》、《政治家篇》和《巴门尼德篇》属于同一组对话。① 在这些对话中，有人认为它是与《泰阿泰德篇》联系最紧的对话。但是一个共同而基本的认识是，它属于柏拉图有关逻辑的对话，而且它是柏拉图有关逻辑讨论最多的著作，有人甚至认为，"《智者篇》的主要兴趣是逻辑的"。② 既然我们讨论逻辑的起源，当然应该讨论柏拉图相关的成熟思想，在这种意义上，必须认真讨论《智者篇》。

第二，集中讨论《智者篇》可以使我们的讨论具体而明确，从而依托一个相对完整的文本对柏拉图的相关认识做出说明。这里也包含着我个人的一点认识：假如柏拉图有一些关于逻辑的思想，则可以说在《智者篇》中得到了集中的体现。但是，假如把柏拉图的思想看作一个整体，把《智者篇》看作其晚期成熟的著作，那么他的相关思想也会有一个发展过程。这样，通过探讨《智者篇》，我们可以看出柏拉图的相关思想有没有发展或者有什么样的发展，由此可以有助于我们进一步思考：他的思想与巴门尼德的思想有什么关系，他的思想与亚里士多德的思想有什么关系。

除了《智者篇》，柏拉图还在许多著作中都谈到是与真。他在一些著作中谈得多些，在一些著作中谈得少些；在一些

---

① 参见 Tarrant, H., *Plato's First Interpreters*, Cornell University Press, Ithaca, New York, 2000, pp.183-184.
② 泰勒：《柏拉图——生平及其著作》，谢随知等译，山东人民出版社，1991年，第532页。

著作中,他的谈论随意一些,但是在一些著作中,他的谈论显然不是随意的,而是专门的,至少是有意而为。下面,我们先以他的《克拉底鲁篇》《理想国》和《泰阿泰德篇》为例,分别探讨他在这些著作中的论述,然后我们再基于这几篇对话并结合其他对话中散见的论述从整体上探讨他的相关思想。基于这样的讨论,我们试图说明,在《智者篇》之外,关于是与真,柏拉图都有些什么样的论述,形成了什么样的思想和认识,在理论上达到什么样的程度。

1.《克拉底鲁篇》中的论述

在柏拉图对话的研究中,《克拉底鲁篇》(以下简称《克》)过去一直不太被重视。① 这种现象直到近几十年才有所改观。有人认为《克》主要探讨语言,包括语言的起源、语词的变化、语词的作用,以及语言与实在的关系。《克》过去不太被重视,不知是不是与谈论语言以及谈论的方式相关,因为这些内容及其方式与其他对话明显不同。《克》近来引起人们关注,不知是不是与语言哲学的发展相关,因为语言哲学的发展使人们认识到可以通过分析语言来进行哲学研究,这样也就凸显了研究语言的重要性。而《克》的内容

---

① 参见 Ackrill, J.L., Language and Reality, in Plato's *Cratylus*, in Ackrill, J.L., *Essays on Plato and Aristotle*, Clarendon Press, Oxford, 1977, p.33.

这段话非常明确，没有什么歧义，也没有什么理解的问题。很明显，它讨论了名称的真假，命题的真假，因而涉及名称与命题的关系。这表明，在柏拉图时代，人们已经认识到命题是由命题部分构成的，命题与真假相关。这段话虽然意思明确，但是我认为有两个问题值得思考。

一个问题是字面上的。命题有真假，这个认识是正确的。但是，语词也有真假，这个认识却是有问题的。从引文讨论可以看出，命题被看作整体，语词或名称被看作命题的构成部分。这无疑是正当的认识。由此出发而认为，整体若是真的，部分就必须是真的，整体若是假的，部分也会是假的，这似乎也是正当的认识。直观上说，部分若是假的，整体怎么能够是真的呢？但是实际上，这样的看法却是有问题的。这是因为，命题有真假，因而命题的部分，比如语词或名称，也会与真假相关，这是正确的。但是命题有真假，因而命题的部分也有真假，这却是有问题的。这里的区别在于，即使命题有真假，命题的部分本身是不是有真假？或者我们换一种方式来考虑这个问题：命题有真假是什么意思？命题的部分有真假又是什么意思？说明这里的区别无疑涉及对真假的认识。而在《克》引文1中，显然看不到这样的说明和认识。由此可见，这里关于真假的说明，仅仅是一种直观的说明，是日常的理解，尚未形成理论的说明。

另一个问题与"是"相关。其中说道："真命题说的乃是是者如其所是，假命题说的乃是是者并非如其所是。"这一句表明：命题的真或假与命题的是或不是相关。随后的"此外还能有别的回答吗"一句则表明它们的关系是自明的。也许因为这一认识是自明的，所以柏拉图不做进一步讨论。但是，由于这里涉及"真"与"是"，也涉及"假"与"不是"，又是讨论的开始部分，所以值得我们认真对待。我的意思是说，柏拉图所认为的这种自明性，对于我们来说是不是自明的？因此我想探讨的是，为什么说这是自明的。

如前所述，《克》引文1的背景是讨论关于名称的认识。名称属于命题的一部分，因而关于名称的讨论与命题相关。这里可以清楚地看到关于命题与其构成部分的讨论。因此命题及其结构属于讨论的前提。那么，命题的结构是什么？或者，命题是以什么方式体现的？即使不预设巴门尼德和其他古希腊哲学家们的相关讨论，仅从《克》引文1所说的"是者"似乎看不出命题结构。但是，由于引文明确谈到命题的整体和部分，而它们若是可以看作命题结构的话，就需要把"是者"放在命题结构中考虑。字面上理解，所谓是者，指可以说是或可以通过是来表达的东西。由于"是"是系词，或者通常作系词用，由此也就可以看出，与"是者"相应的命题结构乃是"S是P"："S是P"相应于整个命题，其中的S和P相应于其构成部分，即名称。"是"联系这两个部分，从而使它们构成一个命题。"S是P"和"S不是P"乃是两种最基本的表达方式，所以是自明的。同时，"是"表示肯定，"不是"表示否定，这也是自明的。

应该看到，柏拉图没有使用"S是P"这样的表达方式，因此也就不能说他阐述了这样的认识。① 他只是说命题所表达的乃是"如其所是之物"。因此我们只能以此来理解他说的是什么意思。字面上看，希腊文 onta legei os estin② 这一表达式中的 legei（"说"）将 onta 和 os estin 分为两部分，onta 乃是说出来的，estin 则不是说出来的。estin 乃是希腊文"是"一词的第三人称动词复数形式，表示一种情况，os 表明，这种情况与 onta 乃是相应的。字面上人们当然可以认为，estin 所表达的乃是外界的或实际的情况，因而 os estin 的意思非常清楚：如同是如此这般的情况一样，即"如其所是"。问题是，前一部分 onta 如何理解？它是希腊文"是"一词动词的分词复数形式。由此可见，它与其后的 estin 乃是相对应的：onta 乃是说的，而 estin 不是说的，但是它与 onta 相对应，亦即与它所表达的东西相对应。句法清楚了，句子所表达的意思也就容易看清楚了：事物是怎样的（estin），把它说成是怎样的（onta），这就是真的。真的意思清楚了，假

---

① 研究柏拉图的对话，人们通常会根据对话者的不同来研究，哪些是苏格拉底的思想，哪些是其他参与对话者的思想，并基于这样的探讨来分析说明，柏拉图本人的相关思想是什么，在相关问题上有什么不同，有什么变化和发展。本书不考虑这样的问题，因而在论述中不对引文中不同对话者及其思想做出区别。本书旨在考虑，亚里士多德之前与逻辑相关的思想如何向亚里士多德逻辑过渡，如何为逻辑的产生和建立做出贡献。因此本书的做法是，将柏拉图对话中的思想都看作是柏拉图的，并按照陈述的口气和态度来判定他的取舍，即哪些是他赞同的，哪些是他反对的，以此展开我们的分析讨论。
② Plato, *Cratylus, Parmenides, Greater Hippias, Lesser hippias*, Greek-English text, trans. by Fowler, H.N., p.10.

的意思与此正好相反:事物不是那样,把它说成是那样,这就是假的。

现在可以问两个问题。第一,"事物是这样的"这样的表达方式是自明的吗?第二,事物是这样的,把它说成是这样的,这就是真的。这样的认识是自明的吗?在我看来,第一个问题中的表达方式无论是不是自明的,它首先是自然的:它是人们表达关于世界的认识的最基本的方式。比如:是人,是白的,等等。正因为如此,它也是人们习以为常的表达方式。因此,在柏拉图的论述中,他把这样的表达方式看作是自明的,在他看来,这是毫无疑问的。

第二个问题与真相关。较之第一个问题要复杂一些。无论表达是不是与真假相关,或者,无论表达与真假相关对人们的认识来说是不是自明的,至少有一点是非常自然的:表达有对不对、恰当不恰当、合适不合适等区分,而且这也是人们的习惯认识。这样的认识实际上是一种二值的认识,真假的区分体现了这样一类认识,说明的也是这一类认识。柏拉图把命题与真假的对应看作毫无疑问的,当然是有道理的:这样的认识是自然的,而在相关讨论中,这一认识乃是自明的。

基于以上讨论可以看出,命题是二值的,因而有真假,这是自然的,也可以被看作是自明的。柏拉图的论述表明两点,一是他从类乎对不对这种日常的理解明确地上升到真假这种二值的理解,或者说,他对命题提出真假二值的理解。这一点是他的重大进步。二是他对命题部分同样提出真假的理解，这样的理解显然是常识性的：部分若不是真的，整体就不是真的；在真这一点上，部分与整体相一致。这一点表明他对真假二值尚缺乏理论上的明确的认识。

苏格拉底与克拉底鲁的对话

[《克》引文 2]

苏：你坚持不可能有假吗？如果这是你的意思，我应当回答说，各个时代都有许多撒谎者。

克：为什么，苏格拉底，一个人怎么能说出不是的东西来——说了某事物但实际上什么也没说？假不就是说那些不是的东西吗？

苏：朋友，你的论证对我这把年纪的人来说太精细了。但我想要知道，有些哲学家认为假的东西可以说，但说了等于什么也没说，你是不是其中之一？

克：假的东西既不能说，也不能说出来。

苏：既不能被表达也不能对它讲话？举个例子吧，假如有人在国外和你打招呼，拉着你的手说，你好，雅典来的客人，赫谟根尼，司米克里翁之子这些话，无论能不能说、能不能说出来、能不能被表达、能不能对它讲话，都不是针对你，而是针对我们的朋友赫谟根尼，或者说根本不针对任何人？

克：在我看来，苏格拉底，讲这些话的人只是在说无意义的话。

苏：很好，如果你能告诉我这些话是真还是假，或者是部分真部分假，那么对我来说已经足够了，这就是我想要知道的全部。①

这段话的主要意思是对假提出质疑。如前所述，一事物不是怎样，而被说成是怎样，这就是假的。这里，"假不就是说那些不是的东西吗"表达的也是这个意思。有人说假话，这是常识，因而不难理解。引文中举的例子是对克拉底鲁说了一通与他无关而与其他人比如与赫谟根尼相关的话。苏格拉底似乎用这个例子表明，这样的表述都是假的。这些意思都是对假的正面陈述，没有什么理解的问题。

这段话对假的质疑主要有两点。一点是不相信人们能够说不是的东西。另一点是将例子中的话看作是无意义的话，而不是看作假话。语言表达中有真有假，但是也有一些表述无所谓真假，说它们是无意义的似乎也无不可。这些认识属于常识，大概也不难理解。所以我们可以不考虑第二点，而只考虑第一点质疑。

在柏拉图的对话中，常常会看到"说不是的东西"（mei to on legoi）②这样的表达，后面我们还会看到，柏拉图对这样的表达还会有专门的讨论。字面上看，这一表达可能会有

---

① 柏拉图：《柏拉图全集》，第二卷，第 119 页。译文有修正，参见 Plato: *Cratylus, Parmenides, Greater Hippias, Lesser hippias*, pp.154-155; Hamilton, E. & Cairns, H.: *Plato, The Collected Dialogues*, pp.463-464.
② 例如参见 Plato, *Cratylus, Parmenides, Greater Hippias, Lesser hippias*, p.154.

两种意思。一是字面上的,即说出"不是如此这般",二是意思上的,即所说的与实际情况不符。比如,事物是如此这般,却被说成不是如此这般,或者事物不是如此这般,却被说成是如此这般。《克》引文2说的看来是后一种意思。

在我看来,这里的困惑在于,人们在语言表达中有"是"与"不是"之别,"是"的表达可以是真的,含"不是"的表达也可以是真的,因而"是"与"不是"都是可以说的。但是在语言所表达的东西与实际情况之间还有一个是不是相符合的问题。通常的看法是,二者相符合了,所表达的东西就是真的,否则就是假的。简单地说,所谓真即说的是那么回事,所谓假即说的不是那么回事。因此,柏拉图所说的"说不是的东西"正是这后一种意思,或者,若是在这种意义上理解"说不是的东西",则会没有问题。

值得注意的是最后一小段。柏拉图明确提出要知道真或假,或者部分真部分假。不太清楚这里的部分真部分假是不是与《克》引文1中所说的部分有真假相关,是不是那种意思,但是非常明显,这里虽然是在对假提出质疑,真假问题再一次被明确提出来。由此可见,最重要或最主要的还是与真相关的考虑。

在接下来的讨论中,柏拉图探讨了什么是正确的指称方式,而且明确指出,"名称与被命名的事物不是一回事",正确的指称方式即是"把属于某个事物并与该事物相同的属性说成是这个事物的";"当这种方式只用于名称时,我称之为既真又正确",否则就是"既假又错误"。因此在用名称指称对象的时候,"我们称正确的指称为真,称错误的指称为假。现在如果有这样一种名称的错误指称,那么也会有错误的或不恰当的对动作的指称,有名词就有动词,句子就是由它们构成的。"这些讨论因循前面的讨论,得出的认识是关于名称的,即关于句子部分的,但是这并不妨碍把它施用于命题。不仅如此,这里还提到动词,并将从有关名称得到的认识施用于动词,由此也就表明,名称是句子的部分,动词也是句子的部分,是与名称不同的部分。它们一起构成句子,表达命题。

比较明显的是,柏拉图在这些讨论中明确区别了名称与名称所命名的事物,说它们不是一回事。这实际上是对语言与语言所表达的东西的区别。而与事物相关,柏拉图还提到属于事物的"属性"和"动作"。不太明显的是,动词表示动作,那么属性由什么表示呢?似乎也是由名称表示的。这一点没有得到明确说明,似乎给人的感觉又是自明的,不用多说的。由此可见,柏拉图所说的名称应该是一个宽泛的概念,而不是通常意义上的名字。名称可以表示事物,也可以表示事物的性质。经过对名称的诸多分析和讨论之后,得出了如下结论:

[《克》引文3]
苏格拉底:让我们假定,只要你喜欢,都可以通过名称的中介来学习事物;我们也假定你可以通过事物本身来学习事物。哪一种方式——一种方式学习表象,以表象作为真的

表达方式,看表象与真是否被正确地构想;另一种方式学习真,看真本身与其表象是否适当形成——可能是更好、更确切的方式呢?

克拉底鲁:我应当说我们必须学习真。①

这段话探讨名称。通过探讨认识到,一方面,名称构成命题,命题与真相关,因而名称与真相关。真与认识相关,因而名称与认识相关。另一方面,名称表达事物,事物与表象相关。现在,借助名称与事物的区别,柏拉图假定或者说认识到,可以通过事物来学习,也可以通过名称来学习。这样的认识大致是可以理解的,不会有什么问题。但是,《克》引文3说的却不是这样。它区分出来两种方式,一种是从表象出发,另一种是从真出发。虽然学习表象也涉及到真,学习真也涉及到表象,但是这两种方式显然是不同的。因为柏拉图明确问哪一种方式更好,而且给出的选择乃是真。这就说明,整个对话中有关真的讨论不是随意的,而是有意为之。

按理说,得出如此明确的结论,即"必须学习真",而且此前许多讨论都与真相关,接下来似乎应该探讨如何学习真,如何达到真。令人意外的是,有关真的讨论到这里就结束了。此后话题转到有关事物的情况上去了。比如谈到了

---

① 柏拉图:《柏拉图全集》,第二卷,第131页,译文有修正,参见 Plato, *Cratylus, Parmenides, Greater Hippias, Lesser Hippias*, pp.184–185; Hamilton, E. & Cairns, H., *Plato, The Collected Dialogues*, p.473.

事物是处于运动和变化之中的,还提到想追求一些绝对的东西,比如绝对的善和美,由此自然也就谈到事物永恒的性质和不断变化的性质以及对这样不同性质的看法,甚至还提到赫拉克利特的观点,最后讨论的结论是:这些都是难以确定的问题,是需要继续思考的问题。应该说,这些讨论尽管不长,内容却很丰富,但是非常明显的是,它们与真无关。

2.《理想国》中的论述

《理想国》(以下简称《国》)是柏拉图最著名的对话,其中第五至七章引起哲学家们的极大兴趣,这不仅是因为它们涉及柏拉图有关哲学王的政治理念,包含其著名的洞穴假说,还因为它们涉及柏拉图关于知识的讨论,以及知识与意见的区分,因而涉及柏拉图的理念说。与本书相关,我们这里只讨论第五章,而且我们假定上述理论和认识都是清楚的,因而不做深入讨论,我们只集中探讨柏拉图有关是与真的一些论述。

既然明确提出让哲学家来统治,当然需要说明什么是哲学家。在讨论这个问题的时候,柏拉图明确地说,他"心目中的真正的哲学家"是"那些热衷于关注真的人"。[①] 非常明

---

① 柏拉图:《柏拉图全集》,第二卷,第464页。译文有修正,参见 Hamilton, E. & Cairns, H., *Plato, The Collected Dialogues*, p.715.

显，他通过真这一概念来说明哲学家。但是他立即追问:"这话到底是什么意思呢?"① 也就是说，固然可以用"热衷于关注真"来说明哲学家，然而这究竟是什么意思仍然是需要说明的。下面我们就来看一看柏拉图进一步的说明:

[《国》引文1]

由于美与丑是对立的，因此它们是二；由于高尚与卑鄙是对立的，因此它们是二。

当然。

它们既然是二，那么它们各自是一。

当然是。

对于正义与不正义、善与恶，以及其他所有的形式来说，这个表述也能成立，也就是说，就它们自身而言，它们各自是一，但从它们与各种行为和物体相结合，以及从它们相互之间的结合来看，它们到处出现，各自呈现为一个多重的杂多。

他说，对。

我说，那么这就是我的划分。一边是你刚才说的看戏迷、艺术迷、爱干实务的人，另一边是与我们的论证有关的人，只有这种人才配称为哲学家或爱智者。

他说，你这是什么意思?

---

① 柏拉图:《柏拉图全集》，第二卷，第464页。译文有修正，参见 Hamilton, E. & Cairns, H., *Plato, The Collected Dialogues*, p.715.

我说，一种人是声音与颜色的爱好者，喜欢美丽的声调、色彩、形状以及一切由其组成的艺术品，但他们的思想不能把握和喜爱美本身。

他说，噢，对，确实如此。

另一方面，只有少数人能够把握美本身，凭借美本身来领悟美，是吗？

这种人确实很少。

如果有人认识许多美丽的事物，但他既不认识美本身，又不能追随他人的引导去认识美本身，那么你认为他的一生是在做梦还是清醒的呢？请你想想看，一个人无论是睡还是醒，只要他把相似的东西当成了事物本身，那不就等于是在梦中吗？

他说，我一定会说他一生如梦。

好吧，再说与此相反的情况，有人能够认识美本身，能够区分美本身和分有美本身的具体事物，而又不会把美本身与分有美本身的具体事物相混淆，那么在你看来，他的一生是清醒的还是处在梦中呢？

他答道，他清醒得很。

那么我们可以正确地把这种人的心智状态称作知道，也就是拥有知识，而把另一种人的心智状态称作有某种见解或看法，对吗？

肯定对。①

---

① 柏拉图:《柏拉图全集》，第二卷，第 465-466 页，译文有修正，参见 Hamilton, E. & Cairns, H., *Plato, The Collected Dialogues,* pp.715–716.

这段话通过举例论证，得出的结论也比较明确。若是细说，则它可以分为两个部分。第一部分是通过举例区分出两类人，一类是哲学家，另一类不是。第二部分则是进一步说明这两类人的区别：非哲学家能够认识美的事物，而哲学家能够认识美本身。哲学家的心智状态是拥有知识，而非哲学家的不是。这些内容都是清楚的，字面上没有什么理解的问题。

但是，联系这段话所要回答的问题我们却会发现，这段话并不是没有问题的。首先，它似乎并没有回答它所提出的问题。也就是说，字面上我们看不到有关真的论述，也看不出它说明了"热衷于关注真"这话是什么意思。其次，我们确实看到引文中区别出哲学家和非哲学家。假如我们认为柏拉图并没有答非所问，那么似乎可以认为，柏拉图的区别与回答上述问题并不是没有关系的。也就是说，回答上述问题似乎并非一定要借助"真"这个概念。这样我们就需要详细探讨柏拉图的论证方式。确切的说，我们需要分析一下柏拉图的举例和论证方式，还需要分析一下他的那些说明，由此来看一看，在不借助真这一概念的条件下，柏拉图是如何说明上述问题的，他是不是说明了上述问题。

举例是自明的，没有任何理解的问题。字面上可以看出，例子的一个显著特征是对立性：它们两个一组，都是对立的概念。另一个特征是常识性，即它们都是日常表达，属于常识概念,比如美与丑,好与坏,公正与不公正。①举例是为了说明问题的。那么这里是为了说明什么问题呢?从结果来看,它说明了对立的东西是二,而各自是一。这里隐含着古希腊关于一和多的讨论,不过由于没有展开,我们也就可以不做深入考虑,而仅考虑它们字面上的含义。那么,两个对立的东西是二,其各自是一,这说的又是什么呢?在我看来,这说的是,对立的东西是不同的。比如美和丑,它们乃是根本不同的。是丑的则一定不是美的,这是显然的。

在上述自明的论述之后,引文再次提到哲学家,说他们是与论证相关的人,而在进一步的说明中则基于前面的例子提到一个区别:认识美本身还是认识美的事物。美的东西到处可见,比如美的声音,美的色彩,美的形状等等,但是认识美的事物与认识美本身乃是不同的,只有认识美本身才叫

---

① 这里涉及译文。我在引文时对译文做出一些修正,但一般只限于"是"与"真"这两个用语,因为在我看来,有关它们的翻译会影响到对相关论述的理解。由于这里的讨论涉及例子,因此需要一些说明。"好"和"坏","公正"、"不公正"在英译文中分别是"good"和"bad","just"和"unjust"(参见 Plato, *Republic*, Books 1-5, ed.and tr. By Chris Emlyn-Jones and William Preddy, Harvard University Press, London, England, 2013, p.549; Hamilton, E. & Cairns, H., *Plato*, p.716)。仅以"好"和"坏"为例,它们无疑是日常语言中最常使用的表达,即对同一事物、同一情况、同一行为等等做出截然相反的两种判断(引文中明确提到它们与行为和物体相结合,说它们到处出现)。"善"和"恶"这两个译语显然不适用于它们,无疑极大地缩小了"good"和"bad"这两个用语的使用范围。所以,即使在引文中不做修正,在讨论中不得不做出修正,因为涉及到理解的问题。

拥有认识。这一说明至少有如下意义。

其一，它表明前面区别说明的美是一乃是有意义的。因为美的事物可以有很多，而美自身是一。美的事物与美本身不同。

其二，认识美本身与认识美的事物不同，前者才叫拥有知识，而后者不叫拥有知识。

其三，认识美本身是哲学家的事情。鉴于美这个概念只是一个例子，引申一步可以认为，哲学家的工作在于认识概念本身，这样的东西被称为"形式"（型）。

现在可以看到，这进一步的讨论确实与说明什么是哲学家相关，只是它同样没有使用真这一概念，因而似乎与真没有什么关系。既然这一讨论基于举例说明，而举例确实又是为了说明问题的，因此我们还是需要对举例做进一步的分析和思考。或者我们也可以换一种方式来思考。我们已经明确看到，柏拉图的工作是要说明什么是哲学家，与此相关，他要说明什么是热衷于关注真。至此我们看到他对哲学家做出一些说明，比如哲学家拥有知识，比如他们与非哲学家不同，他们认识美本身，而非哲学家只认识美的事物。但是我们尚看不到什么是热衷于真，或者说，我们尚无法明白，拥有知识、认识美本身这样的东西如何会与真相关。现在让我们把这个问题暂且存疑，继续阅读柏拉图的相关论述，从他随后的论述弄清楚这里的问题。

《国》引文1提出哲学家是拥有知识的，因而对拥有知识需要进行说明。柏拉图首先提出一个问题："一个有知识的人是知道某些事物还是一无所知?"然后他围绕这个问题进行讨论。

[《国》引文2]
他说,我会这样回答,有知识的人知道某些事物。
这是某种是的事物,抑或不是的事物?
是的事物。不是的事物如何能够被知道?
那么,无论从哪个方面对这个观点进行考察,我们都可以确凿无疑地断言,完全是的事物乃是完全可知的,完全不是的事物则是完全不可知的。
我们完全可以这样说。
好。如果有某个事物处于既是又不是的状态之中,那么这个事物不就处于绝对、无限的是和不是之间吗?
是的,它是处于二者之间。
那么,知识与是的事物相关,无知必然与不是的事物相关,而那些处于知识与无知二者之间的状态如果也有东西与之相对应,我们一定要把它找出来。
务必如此。①

这段话有非常明确的意思,也有令人不太明白的意思。

---

① 柏拉图:《柏拉图全集》,第二卷,第466-467页。译文有修正,参见 Plato, *Republic*, Books 1-5, ed.and tr. By Chris Emlyn-Jones and William Preddy, pp.552-553; Hamilton, E. & Cairns, H., *Plato, The Collected Dialogues*, p.716.

首先我们看明确的意思是。第一，有知识就是知道某物，而知道某物就是知道是的事物。第二，是的事物乃是可知的，而不是的事物乃是不可知的。第三，有些事物既非是，也非不是，而是处于是与不是之间的。第四，知识与是的事物相关，无知与不是的事物相关，还有一类处于知识与无知之间。认识到这些论述都是关于哲学家的，再联系《国》引文 1 就可以看出，它们所表达意思不过是说，哲学家是拥有知识的人，而拥有知识乃是知道事物是的人。而所有其他说明，包括无知和处于知识与无知之间，则都与哲学家无关或者不是关于哲学家的。在关于《国》引文 1 的讨论中我们曾经说，那里似乎看不出与真有什么关系，即看不出哲学家如何是热衷于关注真的。假如现在再来考虑这个问题，则可以看出，既然哲学家可以知道事物是，因而我们也就可以思考，这是不是与真相关？从常识考虑，事物是如此这般的，可以是真的，也可以是假的，因而事物是怎样的当然会与真相关。现在我们终于可以明白柏拉图讨论的主旨：事物是怎样的，这既是可认识的，也与真相关。他通过是来谈论真，而在讨论中不谈真。这大概是因为在他看来，这是显然的。或者按照我们的上述理解，这是可行的，也是自然而然的。

现在我们再来看一看不太明确的意思：不是的事物乃是不可知的。这一点似乎难以理解，比如，某物不是美的，这难道不是一种认识吗？知道某物不是美的，怎么会是无知呢?① 那么,"不是的事物如何能够被知道"这一句该如何理解呢? 让我们换一种方式来思考。为什么是的事物乃是可认识的呢? 比如,为什么一事物是美的乃是一种认识呢? 这大概是因为有关于美的认识,因而可以以美为形式或标准而得出这一认识。在这种情况下,一事物不是美的之所以不是一种认识,乃是因为只知道该事物不符合美的形式或标准,因而不是美的。但是它究竟是什么,即符合什么形式或标准,尚未被认识,因而是无知。当然,即使这种解释有道理,也是我们阅读文本的一种解释,因为柏拉图并没有这样说。正因为如此,我们对他说的"无知"产生了疑问。在这种情况下,如同有关《国》引文1中的"真"一样,我认为这个问题可以暂且存疑。

基于以上认识和假定,我们可以看出,柏拉图非常明确的论述如下: 事物是,这一点以认识来说明; 事物不是,这一点以无知来说明。"事物不是"恰好是"事物是"的否定,而无知恰好是认识的否定。此外,还有一种情况,即事物既是又不是,柏拉图称之为"意见"。可以看到,由于事物是

---

① 有译文将这里的 on 译为"存在",因而"不存在的事物是不可知的"似乎容易理解。相应地,存在的事物是可知的,似乎也容易理解。但是这样一来,《国》引文1的相关论述都无法理解。那里说美与事物结合,到处出现,美是一,而不是多,美的事物是多,而不是一,与所有这些相关的认识即与 on 的认识,难道是与美存在的认识吗? 一个人认识美的事物也好,认识美本身也罢,难道是认识美的存在,而不是认识什么是美的事物,什么是美本身吗? 同样的问题在其他引文的解读中同样会存在。这里不予扩展讨论。

与事物不是乃是泾渭分明的,而事物既是又不是则处于二者之间,因而与二者也是区别明确的。但是从说明来看,认识与无知是对立的,而意见与它们的区别则不是那样清楚。但是由于有关于是与不是的说明,进而也想到这一说明,因而这一点似乎也是清楚的。

《国》引文 2 的意思弄明白了。现在我们可以再联系《克》引文 1 来看一看。那里明确地说:"真命题说的乃是是者如其所是,假命题说的乃是是者并非如其所是",显然真与命题,因而与是紧密地联系在一起。区别似乎仅仅在于那里说的乃是"是者",《国》引文 2 说的则是"事物是"或"是的事物"。尽管字面上稍有不同,依然可以看出,意思其实是一样的。①

《克》引文 1 还谈到"假命题说的乃是是者并非如其所是",即也谈到真假两种对立的情况。仔细阅读可以看出,它没有谈及事物不是。因而与这里的《国》引文 1 不同。但是我们对那里关于真假的说明没有什么理解的问题。在我看来,假如可以把那里的说明看作是语义的,则可以把这里的

---

① 其实,这微小的差别还是翻译造成的,希腊原文都是 on。字面上看,它是其相应动词的分词形式。该动词是系词,如果考虑到其所表达的句子,则可以认为它说的乃是一事物是什么。与此相关,也可以认为它所表达的乃是"事物是"、"是如此这般"或"是者",或者更简单,即"是"。翻译固然可以按照自己的理解进行,因而有所不同,但是在我看来,一定要与"一事物是如此这般"这种句式相关,一定要体现出其基本含义,一定要在字面上反映出与这样的句式所表达的意思的联系。

说明看作句法的。是与不是乃是两种对立的情况。这种对立可以是事物层面的，也可以是语言层面的。而从语言层面看，它们是两种对立的表达，或者，它们是围绕"是"这一系词而表现出来的肯定和否定的表达方式。除此之外，还有第三种情况：既是又不是。从真假考虑也很清楚，是与不是乃是对立的，也是明确的：不能同真同假。但是第三种情况则不是如此简单明确。认识到这一点则可以看出，同样是关于真的讨论，《国》较之《克》有了明显的不同，也有了明显的深入和发展。即使认为柏拉图并没有如此明确关于句法和语义的区别和认识，我们也可以看出，在他的讨论中隐含着这样的意思和认识。因为至少字面上很清楚，明确谈论真与通过事物是来谈论真乃是有重大区别。不仅如此，所谈结果也和是与真密切相关。这就说明，柏拉图在不同著作中所关注和考虑的乃是相同的问题。

由于区别出事物既是又不是，并称对这样状态的认识为意见，因而要对它做出说明。在接下来关于知识与意见的讨论中，柏拉图明确了它们之间的区别：

[《国》引文 3]
……我们显然都认为意见和知识不是一回事。
……知识与是者相关，就是知道是者是怎样的。
……至于意见，我们认为它只不过就是产生见解。
……肯定不能将不是者表示为是某个东西，一定要将它表示为不是任何东西。

……我们必须把无知归于不是者,而把知识归于是者。

……是者与不是者都不是意见的对象。

……意见既不是无知,也不是知识。

……意见也介于知识和无知之间。

……

我们称之为意见的那个事物存在于知识和无知之间。

是的。

那么看起来,我们剩下要做的事情就是去发现这个分有二者的东西,即那分有是又不是的东西,既不能把它确定为绝对纯粹的是,又不能把它确定为纯粹的不是,所以我们要是能够正确地发现它,就可以公正地称之为可以对之产生意见的东西,这样一来,我们就可以把位于两端的归于两端,把介于两端之间的归于两端之间。①

在这段引文中,知识与意见的区别十分清楚,我们不用多说什么。但是需要注意的是,有关它们之间区别的论述始终与是联系在一起。比如,知识与是相关,就是知道事物是怎样的。无知与知识不同。这里没有说明无知与是如何联系,但是既然它与知识不同,而知识与是相关,无知就一定与不是相关。联系《国》引文 2 也可以看出这一点。意见与

---

① 柏拉图:《柏拉图全集》,第二卷,第 468–470 页,译文有修正,参见 Plato, *Republic*, Books 1-5, ed.and tr. By Chris Emlyn-Jones and William Preddy, pp.554–561; Hamilton, E. & Cairns, H., *Plato, The Collected Dialogues*, pp.717–718. 限于篇幅,引文做了一些删节。

知识和无知不同，因而它既不与是相关，也不与不是相关，而是另外一种情况，即介乎知识与无知之间。

还需要注意的是，这一段同样没有提及真。但是我们已经知道真与是相关，因而与知识相关，而与无知无关。现在的问题是，意见处于知识与无知之间，因而处于是与不是之间，那么它与真是什么关系？柏拉图在这里没有说，但是这并不意味着他的讨论中没有隐含对这一问题的认识。非常明显的是，柏拉图明确指出，意见乃是那分有是又不是的东西，因而我们既不能把意见确定为绝对纯粹的是，又不能把它确定为纯粹的不是。是乃是一端，不是则是另一端，意见则处于两端之间。因而相应的，真是一端，假是另一端。假如这同样是关于真的考虑，或者会暗含或涉及有关真的考虑，那么这里的意思不过是说，不能把意见确定为真，也不能把它确定为假，而是要把它确定为介乎真和假这两端之间的东西。

假如以上理解是正确的，我们就可以看出，柏拉图实际上是依据人们有关是与不是的日常使用和理解，依据人们有关真与假的常识信念，区别出二者之间的东西。在他看来，这似乎是一种发现，是一种进步，因而需要对介乎是与不是之间的情况做出说明：由于将它称之为意见，由此与知识与无知相区别，因而要对意见继续做出进一步的说明。

[《国》引文4]
承认了这些原则，那么我会说，让那位喜爱观看美景

的人来回答我的提问，他不相信有永远不变的美本身或美的型，而只相信有许多美的事物。我的意思是，他绝对不能容忍任何人说美本身是一，正义本身是一，以及其他事物本身是一，等等。我们要这样问他：我的好朋友，在如此众多美丽而又高尚的事物中，难道就没有一样事物会在某个时候看起来是丑陋或卑鄙吗？在诸多正义的事物中，难道就没有一样事物会显得是不正义吗？在诸多虔敬的事物中，难道就没有一样事物会显得是不虔敬吗？

他说，不，这些情况是不可避免的，它们都会以某种方式显得是美丽的，而又会以另一种方式显得是丑陋的。你涉及的其他事物也莫不如此。

还有，许多事物是其他事物的两倍，但却又显得是另一些事物的一半，对吗？

没错。

大事物与小事物、轻事物与重事物也一样，这些性质也都可以接受与之相对立的性质吗？

他说，每个事物都将一直拥有或分有对立的性质。

一个人肯定为是的难道是如此众多事物中各种是的情况而非不是的情况吗？

他答道，这很像那些在宴席上用模棱两可的话语来逗趣的把戏，或者像给儿童猜的那个太监打蝙蝠的谜语，他用什么去打，蝙蝠停在什么上面，等等*。这些事物都非常晦涩，无法确定它们到底是抑或不是，也无法确定它们二者都是或二者都不是。

我说，那么你有没有对付它们的办法呢？除了位于是与不是之间，你还能找到更好的位置去安放它们吗？因为我们肯定找不到比不是更加黑暗的地方了，也肯定找不到比是更加明亮的地方了。

他说，你说得极是。

那么我们似乎已经为许多关于美丽、高尚的事物，以及关于其他许多事物的传统看法，找到了一个中间的位置，位于真正的、绝对意义上的不是与是之间。

没错，我们已经找到了。

但我们在前面已经同意，如果我们找到了这种东西，那么必须称之为可以对之产生意见的东西，而不可称之为对之可以产生知识的东西，这种东西游移于是与不是之间，由一种游移于知道和无知之间的能力来把握。

我们同意过。

那么我们要肯定，一方面，那些只看见许多美的事物但看不到美本身的人不能跟随他人的指导看到美本身，那些只看见许多正义的事物但看不到正义本身的人也不能跟随他人的指导看到正义本身，其他各种情况亦如此——对这样的人我们要说，他们对各种事物都拥有见解，但他们对他们自己拥有见解的那些事物实际上一无所知。

这是必然的。

另一方面，对那些能在各种情况下对永恒不变的事物本身进行沉思的人，我们该怎么说呢？我们难道不应该说他们拥有知识而非只有意见吗？

这也是一条必然的结论。

我们不是还得说，一种人思考和关注的是作为知识对象的事物，而另一种人思考和关注的是作为意见对象的事物吗？你还记得吗，我们曾经说过有些人喜爱和关注声色之美，以及其他相似的事物，但他们绝对想不到美本身的真是？

是的，我还记得。

那么我们得冒昧地称他们为爱意见者，而非爱智者。如果我们这样说，他们不会生气吧？

他说，如果他们听从我的劝告，那么他们不会生气，因为对真生气是不合理的。

那么对那些在各种场合下以各种方式欢迎真是的人，我们必须称之为爱智者而非爱意见者。

务必如此。①

这是《国》第五卷最后一段话，也是关于意见的最终讨论。字面上它没有什么理解的问题。但是与我们的讨论相关，有两点却值得认真考虑。一点是，如同《国》引文 1 一样，这里又有大量举例说明。不同之处只是在于那里是举例说明对立的情况，而这里是说明处于对立之间的情况。另一点是，最后提到了真。这回答了我们前面的疑惑，解决了我

---

① 柏拉图:《柏拉图全集》，第二卷，第 470 - 472 页，译文有修正，参见 Plato, *Republic*, Books 1-5, ed.and tr. By Chris Emlyn-Jones and William Preddy, pp.562–567; Hamilton, E. & Cairns, H., *Plato, The Collected Dialogues*, pp.719–720. 引文中的星号处是该谜语的注释。

们存疑的问题。尽管柏拉图在讨论过程中没有怎么使用真这一概念，但是他的讨论确实与真相关。由于这两点非常明确，也非常明显，因此我们可以依循这两点为线索来思考这段话，并与前面的几段引文联系起来，由此思考柏拉图在《国》第五卷的基本思想和论证是什么。

从举例的情况看，这里无疑更多：不仅谈到前面所举的美和公正，而且还提到两倍和一半、大和小、轻和重等等。这些新举的例子与此前举的例子的相同之处在于它们都是常识性的，不同之处在于，与美和公正这样具有主观因素的性质不同，它们是可量化的。柏拉图补充它们进行说明，大概是为了增加论证的客观性，主旨依然是要说明，事物有对立的性质。这些是自明的，它们所显示出来的对立性质也是自明的，因为是常识性的。这些似乎是不用思考的。但是假如我们把它们与柏拉图所说的"是与不是"或"不是与是"对应起来考虑，似乎就会感到有些问题。

字面上看，是与不是，一个是肯定，另一个是否定，二者明显对立。但是，它们的对立与那些举例的对立乃是不同的。"是美的"与"是丑的"是柏拉图的举例，由此可以看出，"是大的"与"是小的"、"是重的"与"是轻的"等等乃是其他举例，尽管柏拉图没有这样说。如果以"是与不是"为标准来谈论对立，那么与"是美的"对立的应该是"不是美的"，而不是"是丑的"。柏拉图之所以这样说，显然是因为"是丑的"意味着"不是美的"，因而与"是美的"乃是对立的。所以，以美和丑为例来说明对立，甚至说明是与不是，似乎是不错的。但是这并不意味着这里就没有区别。理论上的区别姑且不论，即使仅从理解柏拉图的论述来看，似乎也是有问题的。如前所述，他认为知识与是相关，而无知与不是相关。"是丑的"难道不同样是认识吗？假如它隐含着"不是美的"，难道可以说"是"也隐含着"不是"，因而知识隐含着无知吗？这里柏拉图没有做更多的讨论，从他的论述来看，这里似乎没有什么区别。他似乎认为，这些例子是显然的，以它们能够说明问题，并且不会造成理解的问题。

在关于举例的讨论中，对立的意思是清楚的，而在是与不是的讨论中，字面上看，对立也是清楚的。不仅如此，举例是个别的，而关于是的讨论则具有普遍性。由于举例与是的讨论乃是对应的，而且柏拉图把这种对应看作是自明的，因而经过举例，他就可以过渡并集中到关于是的讨论上来。

明确了是与不是，也就明确了人们对事物可以有非常明确的认识和表达。但是柏拉图指出，除了这样明确的认识和表达之外，人们还会说一些模棱两可的话，事物还会有些含糊不清的情况，而这些情况人们无法确定它们到底是抑或不是，也无法确定它们都是或者都不是。由此也就出现了与是和不是不同的第三种情况：处于是与不是之间。我们暂且将后一种情况称为既是又不是。这样，柏拉图就通过举例说明了三种情况：是、不是、既是又不是。相应于这三种情况，他区别出三种认知状态，或者说他为这三种情况赋予三个称谓：知识、无知、意见。前面我们曾对"无知"产生疑惑，不太理解为什么不是的事物乃是不可知的。假如这里的说明是正确的,则可以看作一种解释:"无知"乃是对"不是"这种情况的称谓。

举例是为理论说明服务的。柏拉图想要说明的东西似乎也并不复杂:知识与是相关,无知与不是相关,而意见则与既是又不是相关。但是仔细阅读这段引文,我们就会发现,这一说明实际上涉及另外两个问题。一个问题与形式相关,另一个问题与真相关。

我们看到,在有关意见的说明中,柏拉图提到美的事物和美本身。由此出发,他称看到美的事物的人可以有意见,但是没有知识。以此类推,看到大的事物、重的事物的人也是同样,他们可以有意见,但是没有知识。非常明显,这里的讨论又回到《国》引文 1 所谈的有关美的事物与美本身的区别。那里通过这一区别引出关于哲学家的说明,这里通过关于是与不是的讨论,带着新的认识又回到这一区别。由此可以看出,柏拉图似乎是想说明,认识与是相关,与形式相关。以美为例,后者的意思是说与美本身相关。

我们还看到,在说明了知识与意见的区别之后,柏拉图进一步说明哲学家与非哲学家的区别,他称后者为爱意见者。不仅如此,他将哲学家与真联系起来,称哲学家为爱智慧,而认为非哲学家不同,他们不是爱智慧。这样的说明似乎带有贬义,从柏拉图的表达方式似乎也可以看出他好像意识到了这一点,因此口气尽量缓和。

从《国》第五卷的讨论可以看出几点基本认识。其一,关注真或求真乃是好事情，否则柏拉图不会在区别出哲学家和非哲学家之后会用那样的口气说话，因为他通过真这一概念来说明哲学家，以此区别出非哲学家，这样可能会使后者"生气"。其二，是与不是，乃是最基本的认识或表达认识的方式。这一点从举例可以看得非常清楚。其三，是与真相关。这一点通过整个论证可以看得非常清楚：说明的乃是关注真，论证的方式却是探讨是与不是。其四，是与不是乃是最基本的认识和表达方式。此外还有一种介乎二者之间的情况：既是又不是。

以上几点比较清楚，但是也有一点不是那样清楚。在论述过程中，柏拉图区别出美本身与美的事物。他似乎是想说明，哲学家追求的乃是关于美本身的认识，而不是关于美的事物的认识。他似乎认为，只有认识美本身，才能获得有关是的认识。他把这样认识的东西称为形式。

3.《泰阿泰德篇》中的论述

《泰阿泰德篇》（以下简称《泰》）讨论什么是知识，并且明确地说，"当一个人不知道某个事物是什么的时候，你不会设想他能理解这个事物的名称。"[①] 由此可见，《泰》讨论的主旨与我们前面的讨论相关，而且它有关知识的论述显然

---

① 柏拉图：《泰阿泰德篇》，载《柏拉图全集》，第二卷，第 658 页。

与某物是什么相关。《泰》首先从讨论知识是不是感觉出发，最终得出感觉和知识不是一回事这样的结论。在这一过程中，有许多有关是的论述：

[《泰》引文1]

你提出的关于知识性质的解释无论如何都不会被轻视。你的解释与普罗泰戈拉的解释是一样的，只不过叙述方式有些不同。他说，你要记住，"人是万物的尺度，乃是（那）是的事物是的尺度，也是（那）不是的事物不是的尺度。"①

我们喜欢说"是"的一切事物，实际上都是处在生成的过程中，是运动、变化、彼此混合的结果。说它们"是"乃是错误的，因为没有什么东西是永久的，一切事物总是在生成的。……万物都是流动、变化的产物。②

所以我的感觉对我来说是真的，因为它的对象在任何

---

① 柏拉图:《泰阿泰德篇》，载《柏拉图全集》，第二卷，第664页，译文有修正，参见：Page, T.E., *Plato*, II, Greek-English text, trans. By Fowler, H.N., Harvard University Press, 1952, pp.40–41; Hamilton, E. / Cairns, H., *Plato, The Collected Dialogues*, p.857; Otto, W.F. / Grassi, E. / Plamboeck, G., *Platon, Saemtliche Werke* (4), Rowohlt Taschenbuch Verlag GmbH, Hamburg, 1958, p.116.
② 柏拉图:《泰阿泰德篇》，载《柏拉图全集》，第二卷，第666页，译文有修正，参见：Page, T.E., *Plato*, II, Greek-English text, pp.42–43; Hamilton, E. / Cairns, H., *Plato, The Collected Dialogues*, p.857; Otto, W.F. / Grassi, E. / Plamboeck, G., *Platon, Saemtliche Werke* (4), p.117.

时候都是我的现实情况,如普罗泰戈拉所说,我是一名判断者,如果事物对我而言是,我就判断它是;如果它对我而言不是,我就判断它不是。①

它们(事物)的是、它们是什么、它们之间的对立,以及这种对立的是,当心灵对这些事情进行反思和相互比较时,它们都是心灵本身为我们作出的判断。②

苏格拉底:不能达到是的人有可能达到真吗?
泰阿泰德:不可能。
苏格拉底:如果一个人不能达到某事物的真,他有可能认识那个事物吗?
泰阿泰德:不,苏格拉底,这怎么可能呢?
苏格拉底:如果这样的话,那么知识并不在于印象,而在于我们对印象的反思。似乎在反思而非在印象中,才有可能把握是与真。

---

① 柏拉图:《泰阿泰德篇》,载《柏拉图全集》,第二卷,第678页,译文有修正,参见:Page, T. E., *Plato*, II, Greek-English text, pp.72–73; Hamilton, E. / Cairns, H., *Plato, The Collected Dialogues*, p.866; Otto, W.F. / Grassi, E. / Plamboeck, G., *Platon, Saemtliche Werke* (4), p.126.
② 柏拉图:《泰阿泰德篇》,载《柏拉图全集》,第二卷,第666页,译文有修正,参见:Page, T. E., *Plato*, II, Greek-English text, pp.42–43; Hamilton, E. / Cairns, H., *Plato, The Collected Dialogues*, p.856; Otto, W.F. / Grassi, E. / Plamboeck, G., *Platon, Saemtliche Werke* (4), p.117.

泰阿泰德：显然如此。①

苏格拉底：我们开始谈话时的目的并不是发现知识不是什么，而是知识是什么。可是我们现在却已经进到这一步，明白了我们根本不能在感觉中寻找知识，而应当到心灵被事物充满时发生的事情中去寻找，而无论你把这种事情叫什么。

泰阿泰德：苏格拉底，我想它的名称是"作判断"。

苏格拉底：……请再次告诉我们什么是知识。

泰阿泰德：我不能说所有判断都是知识，因为有假判断；但也许真判断是知识。……

苏格拉底：……现在你说有两种判断，一种是真的，另一种是假的，你把知识定义为真判断，对吗？

泰阿泰德：对，这是我现在的看法。②

字面上可以看得十分清楚，前五小段引文和是与真相关。不仅如此，它们与前面讨论的许多内容也相关。第二小

---

① 柏拉图：《泰阿泰德篇》，载《柏拉图全集》，第二卷，第713页，译文有修正，参见：Page,T.E., *Plato*, II, Greek-English text, pp.164–16; Hamilton, E. / Cairns, H., *Plato, The Collected Dialogues*, p.891; Otto, W.F. / Grassi, E. / Plamboeck, G., *Platon, Saemtliche Werke* (4), p.153.
② 柏拉图：《泰阿泰德篇》，载《柏拉图全集》，第二卷，第714–715页，译文有修正，参见：Page,T.E., *Plato*, II, Greek-English text, pp.166–169; Hamilton, E. / Cairns, H., *Plato, The Collected Dialogues*, p.892; Otto, W.F. / Grassi, E. / Plamboeck, G., *Platon, Saemtliche* Werke (4), p.154.

段与《国》引文 4 的一些内容相关,谈论的事物属于介乎是与不是之间的状况。第一、三两小段明确谈论普罗泰戈拉的话,讨论人是万物的尺度,涉及事物是的情况与对这种情况的表达(判断)之间的关系。第四小段集中强调"是",尤其是"是什么"及其对立,因而涉及"不是"。第五小段不仅谈论是,而且谈论真,不仅将是与真联系起来,而且将真与认识直接联系起来。这些意思是清楚的,与前面其他著作的引文也是相关的,可以联系起来做更为深入的探讨。但是,由于这些内容基本相同或相似,限于篇幅,我们不对它们展开讨论。列出它们,为的是以下讨论,即在这些论述基础上,《泰》还有一些什么样的讨论。

相比之下,最后一小段引文的论述有所不同,它说出一些新的东西。它提出要在判断中寻找知识。由于区别出两种判断:一种真的,一种假的,从是和真到真判断,因而把知识定义为真判断。此前说知识与是相关,与真相关,这里则说知识与真判断相关。这无疑是不同的。即使这里只是字面上的区别,我们也应该思考,为什么会有这样的区别。实际上,这一区别恰恰反映出柏拉图在是与真这一问题上思考的深入和发展。让我们看柏拉图接下来一大段完整的讨论。由于比较长,我们将它分为三段引文。

[《泰》引文 2]
苏格拉底:……我们断定所有情况下都有一个假判断,我们之间有人会作出假判断,有人会做出真判断,而且这就

是事物的性质，对吗？

泰阿泰德：我们确实这样说过。

苏格拉底：在个别事例中或在所有事例中，我们可以既知又不知某个事物吗？在这里我不想解释当下熟知然后遗忘这种居间状况，而只涉及知与不知。因为我们现在的问题与居间状况无关。

泰阿泰德：好吧，苏格拉底，除了知与不知，在任何事例中都没有第三种可能性。

苏格拉底：由此马上可以推论，当一个人在思考时，他一定在思考着他知道的某些事物或他不知道的某些事物，对吗？

泰阿泰德：必然如此。

苏格拉底：进一步说，如果你知道某物，你不能也不知道它，如果你不知道某物，你不能也知道它，对吗？

泰阿泰德：当然对。

苏格拉底：假定一个人在思考假的事物，而又设想他知道的事物并不是这些事物，而是他知道的其他事物，因此，当这个人知道两种事物时，他实际上对两种事物都不认识？

泰阿泰德：不，这是不可能的，苏格拉底。

苏格拉底：好吧，这个人会设想他不知道的事物是他不知道的另一些事物吗？一个人既不认识泰阿泰德又不认识苏格拉底，他会认为苏格拉底是泰阿泰德，或泰阿泰德是苏格拉底，这有可能吗？

泰阿泰德：不可能。他怎么会这样想？

苏格拉底 所以一个人确实不会想象他知道的事物是他不知道的事物，或者他不知道的事物是他知道的事物？

泰阿泰德：不会，否则的话简直是个奇迹。

苏格拉底：那么，对假地作判断来说，还有其他出路吗？我们推测，一切事物或是被我们所知或是未被我们所知，此外没有别的可能性，两者之间没有给假的判断留下任何余地。

泰阿泰德：相当正确。（187e–188c）

非常明显，这段话是在讨论假判断。引人注意的是一开始即排除介乎真判断与假判断之间的情况，即只讨论真假判断两种情况，不考虑其他情况。不太明显的是，这一段没有排除真判断，但是也没有对它进行讨论，而是借助它来讨论假判断。这似乎表明，真判断是自明的，或者，柏拉图把它当作自明的。这与常识无疑是相符合的。基于这两个认识，我们来看一看这里有关假判断的讨论。

字面上看，关于假判断的考虑从知与不知开始。这使人感到，从真假判断过渡到知与不知，或者直接通过知与不知来讨论真假判断，在柏拉图那里似乎是自然的事情。在他看来，思考活动和知与不知相关，即要么思考知的东西，要么思考不知的东西。由此可见，在相关讨论中，他实际上引入思考的因素。在借助思考来谈论知与不知的过程中，柏拉图考虑了两种假的情况。一种情况是关于知道的情况：一个人知道两种不同的事物，但是他把其中一种事物当作了另一种事物来思考。另一种情况是有关不知道的情况,一个人根本不知道两种不同的事物,但是他把其中一种当作了另一种来思考。由于这两种情况都是不可能的,因此必须被排除。简单地说,一个人不可能思考他不知道的东西,也不可能在思考过程中把他知道的此东西当作他知道的彼东西。因此假判断一定不能指这样的情况。

以上的论证看似非常简单。思考是一个常识性的概念,谁都知道什么是思考,因而可以看作一个自明的概念。思考的东西可能很多,但是一个人思考的乃是自己知道的东西,这一点也是常识,不用多说什么。但是如何通过思考来谈论知与不知,尤其是谈论假的情况,却不是常识的事情。柏拉图既讨论了知的情况,又讨论了不知的情况。由于他的结论是否定性的,因此必须寻找其他办法来论证假判断。

[《泰》引文3]

苏格拉底:那么,我们最好还是换一个办法来接近我们想要寻找的东西。不用"知或不知",而用"是或不是"。

泰阿泰德:你这是什么意思?

苏格拉底:一个人无论处于什么样的心灵状态,他对任何不是的东西的思考只能是对是假的东西的思考,这不是很简单吗?

泰阿泰德:这个说法有些道理,苏格拉底。

苏格拉底:那么,泰阿泰德,如果有人问,"你们所说的这种情况是否对任何人都可能?关于是或绝对是的东西,人有可能思考不是的东西吗?"对此我们该怎么说?我想,我们必须这样回答,"是的。当他相信某事物,而他所相信的又不是真的时,他就是在思考不是的东西。"或者,我们还会有别的回答吗?

泰阿泰德:我们必须这样说。

苏格拉底:那么这种事情在任何情况下都是可能的吗?

泰阿泰德:哪种事情?

苏格拉底:一个人看见某物,然而他看见的东西却什么也不是。

泰阿泰德:不。这怎么可能呢?

苏格拉底:然而,如果他看见的是某物,那么该物一定是一个是的某物。或者难道你假定可以把某物算作根本什么也不是的东西吗?

泰阿泰德:不,我不这样想。

苏格拉底:那么,如果他看见的是某个事物,他就看到了一个是的事物。

泰阿泰德 显然如此。

苏格拉底:如果他听见一个事物,那么他就听到了某个事物,并且听到了一个是的事物。

泰阿泰德:对。

苏格拉底:如果他触到一个事物,那么他就触到了某个事物;如果是某个事物,那么一定是是的。

泰阿泰德:这也是对的。

苏格拉底:如果他在想,那么他一定在想某个事物,对吗?

泰阿泰德:必然如此。

苏格拉底:当他想某个事物的时候,他在想某个是的事物吗?

泰阿泰德:我同意。

苏格拉底:所以想不是的事物就是想什么也不是的东西。

泰阿泰德:这很清楚。

苏格拉底:但是,想什么也不是的东西和不想不就是一回事吗?

泰阿泰德:这似乎是明白的。

苏格拉底:如果这样的话,关于任何是的东西,或者绝对是的东西,想不是则是不可能的?

泰阿泰德:显然如此。

苏格拉底:那么假的思考必定与想不是的东西不同。

泰阿泰德:似乎如此。

苏格拉底:除了我们正在追踪的这些线路外,假的判断对我们来说没有其他可能产生的途径。

泰阿泰德:没有,确实没有。

(188c-189b)

这段引文的特点也很明显,它一开始就提出改变考虑的方式:把考虑知与不知改为考虑是与不是。由此要考虑的问题就变为:对不是的东西的思考乃是对假的东西的思考。因此这段引文与前一段引文的区别十分清楚。那里是借助

"不知"来说明假判断,而这里是要借助"不是"来说明假判断。

关于思考不是的东西,这里的说明也很明确:一个人相信某种情况,而他所相信的又不是真的。这个说明不仅没有什么歧义,而且非常直观。但是如果仔细考虑一下它为什么是直观而清楚的,我们就会发现,这里借助了真这一概念,而这一概念是清楚的没有歧义的。一个人相信某种情况,这是常识。但是他所相信的可能是真的,也可能不是真的,这也是常识的。这里的说明主要在于:借助这两种常识情况的组合来说明"思考不是",即一个人形成一个不真的信念。在柏拉图看来,这样的说明应该是清楚的。直观上看,它似乎也是清楚的。但是在我看来,情况并非如此。

柏拉图用"是与不是"来替换"知与不知",固然是因为利用后者的讨论未能如愿,更主要的原因大概还在于,在他看来,前者是更自明的概念。即使不联系他在其他地方的相关考虑和论述,仅看这里的使用方式也可以看出,"是与不是"乃是常识性的东西:既然对它没有任何解释说明,也就可以认为它不需要任何解释说明。问题在于,"是与不是"字面上是清楚的,实际上却不是特别清楚。因为它会涉及语言和语言所表达的东西的区别。让我们用柏拉图的例子来说明这里的问题。

例1)一事物是美的。

例2)一事物不是美的。

这两个例子都是常识性的认识,也是正常的思考。它们可能是真的，也可能是假的，这也是常识。假如一个人相信例1，而他的信念不是真的，这一定是因为该事物不是美的。在这种情况下，所谓思考不是的东西指的是：一个人思考一事物是如此的情况，而该事物不是如此。假如一个人相信例2，而他的信念不是真的，这一定是因为该事物是美的。在这种情况下，所谓思考不是的东西指的是：一个人思考一事物不是如此的情况，而该事物是如此。由此可见，假是一种语义说明，而所谓思考不是的东西也是一种语义说明。它实际上指对一种与实际情况相反的情况的考虑。但是由于"不是"如同"是"一样，也是句法层面的东西，可以用来表述具体的认识，因而也会形成相应的语义。所以，区别不区别句法和语义，或者区别不区别语言和语言所表达的东西，终归有很大不同。柏拉图没有做出这样的区别。他只是依据日常认识做出相应的说明，他的说明符合常识。这样的说明在直观上似乎没有什么问题，其实却隐含着问题。

接下来柏拉图通过一系列论证得出如下结果：假思考与思考不是的东西乃是不同的，这样再次推翻了前面的论题。由此可见，即使借助"是与不是"也没有说明假判断是什么。下面让我们分析一个这个论证，由此来说明柏拉图说明中所隐含的问题。

柏拉图通过说明看见、听到、触摸一事物的情况进而说明想到一事物的情况。看、听、摸等等都是感知活动，想却不是感知活动。因此这样的类比方式是不是正确乃是值得考虑的。不过我不考虑这一点，而只探讨柏拉图关于想到某一事物的情况的说明。它可以归为如下几步：

1）如果某人想某东西，则他在想某个是的东西。（前提）
2）如果某人想不是的东西，则他在想什么也不是的东西。（根据1）
3）想什么也不是的东西等同于不想。（前提）
4）关于是的东西，想不是则是不可能的。（根据3）
5）有假的思考。（前提）
6）所以，假的思考不等同于想不是的东西。（根据4、5）

这几步在论证中陈述得比较清楚，因此讨论起来比较方便。经过如上整理可以看出，它们大体上比较规范，但并不是没有问题。1）是从前面讨论类比而来的结论，在这里被当作前提。2）是从1）而来的推论。3）是一个插入的前提。它是一种语词解释，但不是对2），而只是对2）中一个表达式的解释。所以，它与2）不是等价的。4）从3）得出，但又不是完全根据3），因为它含有"关于是的东西"，而这是3）没有的。5）是以前讨论的结论，在这里做前提。6）得自4）和5）。所以，对于这个论证，需要考虑的是3）和4）。如果它们没有问题［假定1）也没有问题］，该论证就不会有什么问题。

字面上看，3）似乎是一种同义性的解释。这一步非常重要，它是得出4），从而得出6）的重要依据。值得注意的是柏拉图对它的表述："似乎是明白的"。这显然是一种留有余地的断定,与对2)的表述("很清楚")形成鲜明对照。在我看来,3)说明"想不是"与"不想"等价,这实际上是有问题的。同样还是这个推理,如果以它为前提,则可以从2)推出"如果某人想不是的东西,他就是不想(即没有想任何东西)"。这显然是难以理解的。柏拉图没有推出这一步,因为他不需要这一步。但是这并不意味着他没有借助这一步所提供的意思。4)的意思实际上是说,或者从4)和3)可以得出:关于是的东西,不想则是不可能的。这当然是一个正确的结论,直观上也很清楚,因为是的东西无疑是可以想的。问题在于,想不是的东西怎样就等同于不想呢?对此,柏拉图只是给了一个留有余地的断定,没有做出任何进一步的说明。

在我看来,这个论证的特点在于借助了"是与不是"。它的方式不过是把"想"附加在"是"或"不是"上。假如对是与不是能够有明确的认识,因而有望借助相关认识来说明"想是"或"想不是"。"想"是一个常识概念,本身没有什么理解的问题。借助看、听、摸这样更加常识的概念,将它附加在"是"上,因而似乎同样没有什么理解的问题。一如"不是"乃是对"是"的否定,"不想"则是对"想"的否定。基于这样的认识,柏拉图大概是认为,正像"不想(是)"乃是对"想是"的否定,"想不是"同样是对"想是"的否定,因此"不想"与"想不是"乃是等价的。但是,他做出的如上论证,一如"似乎是明白的"这一断定,其实却是有问题的。问题就在于他没有区别句法和语义。

直观上确实可以看出，也可以理解，无论"不想是"还是"想不是"，都有对"想是"的否定意思。因而它们似乎都可以是对"想是"的否定，它们之间似乎也是等价的。但是字面上同样可以看出，尽管都含有"不"一词，它们却是有区别的：这个否定词的位置不同。人们一般知道，无论否定词出现在什么地方，否定的含义不变。因此，似乎否定词所处位置不同并不重要，重要的是它们自身的否定性含义。但是人们还应该知道，否定词位置的不同表明了句法的不同。正由于这种句法的不同，在有些情况下，它可能会造成语义的不同。"不想是"和"想不是"就体现了这种情况。

"不想是"乃是"不想"与"是"相结合，而"想不是"则是"想"与"不是"相结合。比如，结合例1和2，则会形成如下例子：

例3）某人不想（认为）某事物是美的。
例4）某人想（认为）某事物不是美的。

现在可以看出，"不想（是）"实际上是"不想"与例1相结合，而"想不是"实际上是"想"与例2相结合。假如把"不想"与"想不是"都看作否定，那么它们只能都是与例1相结合。因为它们只能是"想是"的否定，因而只能是

例5）某人想（认为）某物是美的

的否定。比较例1—5，可以清楚地看出，例1和2之间的对立关系是清楚的，因而例2是例1的否定。例5和3也是清楚的，即例3是例5的否定。之所以说这样的否定是清楚的，主要在于它们都否定在主句上，或者说否定在句子的主动词上。由此可见，例1—5可以分为两类。一类是例1和2，另一类是例3至5。它们是有区别的，而区别就在于，例3至5以例1和2作从句。形象些说，例1和2的句子是一个层次，而例3至5的句子是两个层次，它们包含前者作子句。认识到这种区别，也就可以看出，在例1和2中，"是"与"不是"乃是同一个层面的东西，而在例5和3中，"想"与"不想"乃是同一个层面的东西。假如可以把这种层面看作是句法的，则可以说，它们之间的对立关系在句法上是清楚的。相比之下，例4就不同了：它似乎是例5的否定。这是因为它含有否定，而例5没有否定。但是对照例3可以看出，它含有的否定词不是作用在"想"上，而是作用在"是"上。从句法层面上说，它是作用在从句上，而不是作用在主句上。正是这种句法的差异，最终会导致句子语义的不同。今天我们知道，例2和例3的否定是外延的，因为否定词作用在主句上，而例4的否定不是外延的，二者之间是有重大区别的。

柏拉图无疑没有认识到这里会有这样的区别。但是他似乎也意识到这里并不是没有任何差异或问题的。这从他的表述也可以看出来。比如关于从1到2的推论，他认为是清楚的。这一步大体上相当于假言易位推理，其否定都在子句上;① 而关于3，他认为"似乎是明白的"。在我看来，说明这里的区别确实不是容易的事情，当然有利于逻辑的研究。柏拉图能够探讨这里的问题，这本身就是巨大的进步。他之所以意识到这里的问题而允许讨论继续，大概主要在于两点。一点是，直观上这似乎是对的。因为从语义上说，例3和4都含有否定，因而都表达了否定。另一点是，这个推论的结论本身是正确的，而这也正是柏拉图想得到的。

因此，柏拉图用了一个有问题的论证，得到了一个正确的结论。尽管直观上论证有问题，但是这并不是柏拉图故意的，而是他尚无法清楚地认识到并说明其中的问题。在这一点上，柏拉图是如此，他的同时代人也是如此。

接下来柏拉图还有许多讨论，比如假判断是不是误解的问题，是不是可以真的思考假的问题等等。他最终没有说明什么是知识，但是与我们的讨论相关，他仍然明确地告诉我们，真判断和假判断都是存在的。尽管我们并没有探讨他的整篇著作，引文也只有几段，但是我们依然可以看出，他有许多关于是与真的讨论。不仅如此，这些讨论在不同程度上显示出柏拉图一些独特的思考。这些思考无疑是前人所没有的。

---

① 严格说这一步也是有问题的。这里含糊一些，可以去掉其中的"想"，因而把它们都看作如下推理：

    1*）某东西，则某个是的东西。（前提）

    2*）如果某个不是的东西，则什么也不是的东西。（根据1*）

显然，"什么也不是的东西"正好是"某东西"的否定。

4. 探索与问题

以上我们讨论了《克》、《国》和《泰》三篇对话中有关是与真的论述。柏拉图的相关论述绝不只这些。但是在我看来，以上引文可以大体上体现出柏拉图的相关思想。尤其是这些引文不是只言片语，而是大段甚至成篇的，因此可以使我们比较完整地理解和把握柏拉图的相关思想。延续前面关于巴门尼德思想的讨论方式，我们着眼于区别语言与语言所表达的东西，围绕这一思路展开讨论。

在上述引文中，有些论述明显与语言相关。比如，《克》引文1谈论命题与名称，谈论整个命题与其构成部分的关系，这无疑是从语言角度来思考问题。不仅如此，它还谈到命题和名称的真假。假如可以把关于命题和名称的讨论看作句法的，把真假看作语义的，则也可以认为，《克》引文1的讨论也涉及句法和语义两个方面。也许有人会认为，这里所说的"命题"尚未清楚地表明是句子还是句子所表达的东西，因此还不能确认这里的考虑显然就是语言层面的。即便如此，"名称"肯定是语言层面的东西。这一用语的使用充分显示出关于语言的考虑。[①] 认识到这一点也就可以看出，由于这里"命题"与"名称"乃是并列说的，而且二者还被看作是整体与部分的关系，因

[①] 我们的讨论主要围绕着引文。限于篇幅，引文的选择主要着眼于那些非常明显地涉及是与真的论述。实际上柏拉图关于语言的考虑是非常多的。

而"命题"也是语言层面的东西,相关谈论也是与语言相关的考虑。

在上述引文中,也有一些论述与语言相关,但不是那样明显。比如,《国》引文4谈到人们"肯定为是的"东西,《泰》引文1谈到人们"喜欢说'是'的一切东西",人们对有的事物"判断它是",对有的事物"判断它不是"等等。由于这些论述没有使用"名称"这样的用语,因而字面上似乎看不出与语言相关。但是在我看来,这些论述依然是与语言相关的,只不过不是那样明显。这些论述所谈的乃是"事物"、"东西",似乎与语言无关。但是与此相关,这些论述还谈到"肯定"、"判断",它们则是与语言相关的。因为它们至少是要用语言或者至少经过语言表达才会体现出来的东西。有人可能会认为,"肯定"和"判断"这样的用语尚不能表明是语言层面的考虑,因为它们也可以是思维活动或思想中的东西,是主观的东西。即便如此,我们仍然可以看出,"说"这一用语毫无疑问是与语言相关的。说乃是离不开语言的,说出的话一定是语言层面的。认识到这一点,也就可以看出,"说'是'(的东西)"与"判断(它)是"和"肯定为是(的东西)"等等,这些表达乃是相似的。既然"说"明显表明是与语言相关的考虑,那么"肯定"、"判断"等等也类似地显示出与语言相关的考虑。因此在我看来,这些表达方式同样是与语言相关的,只不过用语不同罢了。由于用语不同,它们与语言相关的关系尽管不是那样明显,但是经过分析,依然还是可以看出来的。

　　基于以上认识就会发现，柏拉图有关是与真的论述乃是与语言密切相关的。这主要是因为，关于"是"的论述与语言密切相关。首先，"是"乃是可以说的，因而它是语言层面的东西。与此相似，它也是可肯定和可判断的。其次，既然它是可说的，因而可以从语言的角度来思考它，或者，从语言的角度寻找考虑它的线索。这样我们就要考虑它在语言中的表现，包括它作为一个词，出现在句子中，占据某个位置等等。假如不联系其他引文，而仅局限于以上引文，则可以看出，"是"乃是系词，在表述中起联系主语和谓语的作用。这从例子可以看得非常清楚：比如"是美的"、"是丑的"。不仅如此，从柏拉图的用语也可以看出来：在谈论"是"的时候，柏拉图的用语不仅有 to on，而且有 einai。有人认为 on 乃是一个分词形式，起名词作用，因而不能将它的含义局限在动词上。但是应该看到，在谈论"说是"的时候，柏拉图主要用的乃是 einai，后者乃是动词不定式，因而当然能够表达其动词含义，即在语言中使用时的含义。有人可能会认为，即便如此，仍然不能充分说明这是语言层面的考虑，因为在语言的具体使用中大概不会是不定式，而是动词形式。在我看来，即便这样的看法是有道理的，我们还是可以看到，在柏拉图谈论"说是"的时候，除了使用 einai 一词，有时候也用 estin 一词,① 后者是第三人称动词形式。在这种情况下，我们除了认为"说 estin"乃是明确的关于语言的说明和考虑外，难道还能有其他什么看法吗？因为 estin 就是日常使用的形式，它本身即是日常使用的一个词，即被说出的一个词。

有了以上认识和理解，我们再来看柏拉图引文中那些没有谈论"说是"的地方的论述，就会发现，用语不同，意思其实是一样的或至少是相似的。

比如，"肯定不能将不是者表示为是某个东西"（《国》引文3），这里的"表示"若是换作"说"，意思也是一样的：一事物不是怎样，就不能把它说成是怎样。又比如，"真命题说的乃是是者如其所是"（《克》引文1），这里显然说了两个方面的东西，一个方面是命题所表达的，另一个方面是实际情况。"是者"无疑属于命题表达的情况，"（如其）所是"则指实际情况。它的意思是说：实际情况是怎样，命题表达它是怎样，这就是真的。"假不就是说那些不是的东西吗？"（《克》引文2）的情况则与此相似。再比如，人是万物的尺度，"乃是（那）是的事物是的尺度"（《泰》引文1）。表面上看，这个表述中没有"命题"、"表示"这样的用语，似乎

---

① 例如参见 Page,T.E., *Plato*, II, Greek-English text, trans. By Fowler, H.N. p.160. 对该处的 estin 和 ouk esti，该书英译为 being 和 not-being（参见同上书，第161页），有德译本为：es ist 和 es ist nicht（参见 Otto, W.F. / Grassi, E. / Plamboeck, G., *Platon, Saemtliche Werke* (4), p.152）。德译文 ist 为动词形式第三人称单数，与希腊文一致，英译文 being 为分词形式。由此可见，在译者看来，语法形式并不会影响对文本的理解。

没有迹象表明与"说",因而与语言的考虑相关。但是可以看出,它依然有两个方面的东西。一个方面是事物的,另一个方面是人的。"是的事物"属于前一个方面,"是的尺度"属于后一个方面。认识到这两个方面,也就可以看出,"是的事物"指实际情况如何,即事物是怎样的,而"是的尺度"则指人对实际情况的判定。这样就要想一想,人是如何判定事物情况的呢?一定也有两个方面,一个观察和思考,另一个是判断和表达。无论人如何思考,有什么样的看法,最终都是要表达出来的。否则,"尺度"如何体现出来呢?换句话说,一事物是怎样,如果一个人不说出它是怎样,他对该事物的看法是无法表达出来的,他人对他的看法也是无法知晓的,因而也无法表达意见。正像柏拉图自己所说:"我会把思维描述成谈话,把判断说成是宣布了的陈述——不是大声地对别人说,而是沉默地对自己说。"① 对自己说也是说,沉默地说也是说。这样的说会使自己获得认识,或者表达自己的认识。当然,一个人绝不会仅仅只对自己说的。所以,简单一个"尺度"其实包含着丰富的含义,涉及思维活动及其结果,归根结底是与语言相关的。

在我看来,基于以上认识,围绕柏拉图有关是与真的论述,我们可以讨论如下几个问题。

第一,前面的引文表明,柏拉图有大量关于"是"的讨论。因此我们会很自然地问,他为什么要讨论"是"?直观

---

① 柏拉图:《泰阿泰德篇》,载《柏拉图全集》,第二卷,第720页。

上看,是与真联系。哲学家求真,因而要讨论是,通过讨论是来认识真。这从柏拉图的论述看得非常清楚,比如,不能达到是的人不可能达到真(《泰》引文1)。那么,追求真为什么一定要探讨是呢?或者,探讨是为什么能够达到真呢?这从柏拉图的论述也可以看得非常清楚,比如,真命题说的乃是是者如其所是(《克》引文1)。命题有真假,是与命题表达相关,因而与真假相关。具体到命题上,问题似乎就比较简单了。从柏拉图举的那些例子可以看得非常清楚,命题是具体的,比如"是美的"、"是丑的"等等。它们是表达认识的基本方式,它们有真假。而就命题本身而言,无论是柏拉图的理论说明,还是举例说明,我们都会看到,"是"乃是其核心要素。仅从句法的角度看,它体现了命题的基本句式,即"S是P"。当然,这是亚里士多德后来的表达方式。"S"和"P"是两个字母变元或词项变元,表示两个空位,可以带入两个不同的表达式。柏拉图没有使用这样的方式。从他的举例来看,有完整的句子,如"许多事物是其他事物的两倍"(《国》引文4)①,也有不完整的句子,如"美与丑是对立的"。前者显然是一个句子,体现了"S是P"这种句式。后者则不同,"美"和"丑"只是一个概念,而不是句子。但是,它们之所以是对立的,主要是因为在描述事物的时候它们不能同时施用于同一个事物。也就是说,对它们的

---

① 在引文之外的例子更多,典型的例子如"风是冷的"(参见柏拉图:《泰阿泰德篇》,载《柏拉图全集》,第二卷,第666页)。

理解主要来自对它们的使用,而它们的基本用法则是"是美的"、"是丑的"。虽然这依然是不完整的表述,但是已经可以非常清楚地看出,补充主语它们就可以成为完整的句子,比如"玫瑰花是美的"。例子是自明的。举例的效用也是为了用自明的东西来说明不太明确的东西,或者借助常识性的东西来说明理论性的东西。认识到这一点也就可以看出,举例的时候是如此,脱离例子而进行理论说明的时候,比如他谈论是、是者、是的东西或事物的时候,也一定是如此。因此,是与真相关,归根结底,乃是因为前者乃是语言表达中构成句子的基本要素,而真与句子相关,或与句子所表达的东西相关,因而会与句子结构中的基本要素相关。用今天的话说,真乃是语义方面的东西,是则是句法方面的东西,二者乃是对应的。关于句法和语义,柏拉图尽管没有做出清晰而明确的区别,但是他毕竟是有一些直观认识的,而且这些认识大体上没有什么问题。句子的表达离不开是,句子表达才会有真,因而追求真要考虑是。由于是乃是最基本的句子要素,因而讨论起来也很具体,可望由此达到真。因此在探讨哲学家热衷于关注真的时候,柏拉图可以直接从讨论是出发。与此同时还可以看出,这样的有关求真的考虑不是虚空的,而是具体的,是实实在在的。从另一个角度看,句法比语义似乎是更加明确的东西,而借助比较明确的东西来说明不太明确的东西,这也符合常识性的认识。所以柏拉图借助是来谈论真,不仅是可行的,似乎也是有充分理由的。

第二,在有关是与真的讨论中,柏拉图有许多关于"不是"的讨论。直观上看，不是与是乃是对立的，假与真乃是对立的，因而讨论是与真的同时讨论不是与假，似乎是再自然不过的事情。但是我们看到，在有关不是的讨论中有一些不太容易理解的问题。比如，不是的事物如何能够被知道？为什么不是的事物是不可知的？（《国》引文2）由此我们会问，既然是与不是的对立、真与假的对立直观上就是清楚的，为什么不仅仅围绕着真，因而围绕着是来讨论呢？因为有关是与真的问题清楚了，借助对立的考虑，有关不是与假的问题似乎也就清楚了。当然，不是本身假如是清楚的，也完全是可以讨论的，因为把它讨论清楚了，借助对立的考虑，有关是的问题似乎也就清楚了。但是，不是本身似乎并不是清楚的，有关它的讨论还带来一些问题，包括论证中的问题，甚至柏拉图本人也表现出一些疑惑。既然如此，在讨论是的过程中为什么还要讨论不是呢？

从语言的角度考虑，是与不是乃是两种最基本的表达方式，一种是肯定，另一种是否定。比如"是美的"，"不是美的"。从真假的角度考虑，它们一个是真的，另一个是假的。由此可以看出，是与不是体现了一种对立，而这样一种对立，或者说它们所表达的肯定与否定乃是句法层面的，而不是语义层面的。从上述引文很少看到这样的探讨，这似乎表明，柏拉图尚未获得有关句法和语义的详细区别，因而尚未获得有关这样区别的明确认识。

是与不是表示对立，同样一个"是"也可以表示对立，比如"是美的"，"是丑的"。从真假的角度考虑，它们一个是真的，一个是假的。它们之间的对立不是句法层面的，而是含义层面的。因为"是丑的"意味着"不是美的"。大量举例都是这样的对立。由此可以看出，尽管柏拉图并没有从句法层面做出非常明确的说明，这并不意味着他不知道"是"与"不是"之间是对立的。因为他不可能不知道"是丑的"不是"是美的"。这在直观上就是非常清楚的，而且是常识。因此，认识这种表述之间以及它们所表达的认识之间的对立，由此来说明真假的对立，进而通过是来说明真，这一企图和思路还是非常清晰而明确的，也是可行的。

是与不是固然表示对立，它们并不是全部表达。谁都知道，除了是与不是这样明确的事物状况外，也会有一些临界的、模糊的事物状况，即不是那样明确的事物状况。这些情况被称为介于两端之间的（《国》引文3），对于这些情况，一如柏拉图所说，无法确定它们是抑或不是，也无法确定它们都是或都不是（《国》引文4）。由此可见，在柏拉图看来，是与不是乃是两端的情况，是可以确定的，而介于两端之间的情况乃是不容易确定的。

事物是怎样，这是一回事，说事物是怎样，这是另一回事。它们至少是两个层面的事情。人是万物的尺度实际上就体现了或者至少隐含着这样两个层次。语言固然可以表达事物的状况，但是与事物的状况毕竟还是有区别的。这一点在"是"这个用语的表达上也体现出来。事物总是处于变化之中，而且事物还会有生成和毁灭，而说事物"是"怎样的时候往往体现不出其流动、变化的特征。不仅如此，希腊文"是"一词是有时态变化的：不同时态本身就表明了不同含义，比如现在是、过去是、将来是等等。正是这样的认识和实践，使得有人认为，说事物是怎样的乃是错误的（《泰》引文1）。在这种情况下，如何能够认为是与真就一定是相联系的呢？又如何能够通过是而达到真呢？

综上所述，无论是从语言的情况看，还是从事物的情况看，还是从对事物的表述与事物本身的状况相结合的情况看，仅仅考虑"是"似乎都是不够的。要想说明"是"，不仅要考虑"不是"的情况，而且还要考虑介乎二者之间的情况。是乃是确定的情况，不是则是与是对立的情况，而二者之间的情况则是与它们不同的情况，但是后者一定会涉及不是的情况。因为无论怎样考虑，它们都会涉及与是的差异。在这种意思上说，考虑不是乃是一个出发点。因为"不是"乃是明确的，由它得到与是的明确区别，然后在此基础上再进一步探讨和说明那些既非是也非不是的情况，或者那些是抑或不是的情况。相应地，也就可以更好地说明真与假的情况，从而更好地说明真。

第三，以上引文并不多，但是足以看出，柏拉图的讨论涉及古希腊的许多看法，包括人是万物的尺度，万物都是流动的等等。这些看法实际上都涉及到是与不是的问题。人是万物的尺度是普罗泰戈拉的观点，引文中已经说过。万物都是流动的，乃是赫拉克利特等人的观点，其表述是：人不能两次踏进同一条河，亦即人所踏进的既是这条河，又不是这条河。因而这和是与不是也是相关的。这里需要考虑的不是他人是不是探讨以及如何探讨是与不是的问题，而是要考虑柏拉图是如何探讨这个问题的。

从前面的引文可以看出，在有关是与不是的讨论中，柏拉图既有关于语言的考虑，也有关于认识的考虑。在关于语言的考虑中，柏拉图主要有几个特点，一是借助命题形式和结构来探讨，二是借助"说"的方式来论述，三是借助举例的方式来论述。这三个特点体现了柏拉图相关探讨的区别。举例是最简单的方法。然而，这种方法最直观，似乎最有说服力，因为例子来自日常表达，意思也明白易懂。但是例子是具体的，充其量只能提供一些辅助性的说明。比如，"是美的"与"是丑的"之所以是对立的，主要在于"美"与"丑"这两个词所表达的意思是对立的。由于这种对立的含义，因而可以使人想到"是丑的"也表示"不是美的"。即便如此，这也不会形成对是与不是的说明，而只能形成对是美的与是丑的说明。当然，由此也可以与真联系起来：如果"是美的"所表达的情况是真的，"是丑的"所表达的情况就是假的。由此可见，例子不是理论，无法达到普遍性。柏拉图探讨知识、探讨真，绝不会满足于这样的举例说明，而是为了形成理论，或者说，至少要寻求具有普遍性的说明。因此，尽管举例是柏拉图贯彻始终的方法，却不是我们考虑的重点。我们要考虑的还是他在理论上做出的努力。与柏拉图的考虑方式相一致，在有关理论的考虑过程中，关于举例的考虑可以作为辅助手段。

在我看来，上述第二个特点清晰地体现出理论的追求。

"说"虽然仅仅是一个词,却具有理论特征。这是因为它所表达的乃是人表达看法的基本方式:无论人有什么样的看法,都是要说出来的。而当"说"与"是"联系在一起的时候,实际上是利用这个"说"字将"是"凸显出来,从而将人表达看法的基本方式揭示出来。"是"是一个词,不能孤立地使用,而总是联系主语和谓语来使用。在表达中,主语和谓语千变万化,而这个起联系作用的"是"却是恒定不变的。这个"是"可能会有语法形式的变化,比如单复数、人称、时态等等的不同,但是无论什么形式,它本身总是需要的,否则无法形成表达。因而,当谈论"说是"的时候,这体现了一种理论的升华,由此表明,不必再考虑一个个具体的例子,而是考虑所有例子,即它们所共同具有的东西,即一种句式。我认为,这种理论性的说明是重要的。正是这样一种说明,开启了有关语言表达的思考,或者,开启了通过语言表达来思考问题的途径。认识到这一点也就可以看出,在柏拉图的论述中,"表示"、"肯定"、"判断"等等这样一些用语都是与句子相关的,因而都是与"说"相似的。由于"是"与"说"相关,因而也会与这些表达所表示的东西相关。由于"是"与真相关,因而这些表达也会与真相关。这样就为探讨真确立了方向。

"说"与表达相关,因而与"是"相关,这样的认识或多或少还是需要一些理解和说明的,也就是说,这样的理论说明似乎还不是那样直接。相比之下,"命题"则直接与句子相关。尤其是谈论语言,又是从"语词"出发来谈论"命题"(《克》引文1),这时关于句子的考虑似乎是不需要什么解释的。即使认为"命题"与"句子"不同,因而这里所谈的究竟是句子还是句子所表达的东西,仍然是可以质疑的,但是起码可以认为,这样的论述至少是与句子相关的。尤其是柏拉图谈论整个命题和命题部分,将名称看作是命题所分解而成的部分,在这种情况下,关于句子的考虑,关于句子结构的考虑,已经十分清楚地显示出来。在我看来,这样的考虑虽然是从语言出发,却是理论性的,因为具有普遍性。特别是,它谈到真命题和假命题,这实际上是消除了各个具体命题所表达的具体含义,而从真假来考虑。这很像弗雷格所说的,在真假层面上,所有细节都消失了。在这样的考虑中,与真对应的乃是"是",后者是命题中的东西,是体现句子结构和基本要素的东西,因而是句子表达中核心的东西。这样,真与是的关系也就十分明确地凸显出来。柏拉图没有明确地区别句法和语义,但是,真与是乃是两个完全不同的方面,这一点在他的论述中,至少在有些论述中是非常清楚的。尽管柏拉图没有明确探讨是与真乃是如何相关的,论述似乎往往也仅凭直觉,比如句子整体是真的,因而部分一定是真的,但是他的论述至少向我们表明,可以通过句子来考虑真,可以通过句子来考虑是,是与真乃是相关的;句子是有结构的,因而可以通过句子结构来考虑是与真。

在有关认识的考虑中,柏拉图的主要特点是利用一些与认识相关的概念来探讨,比如借助"思考"、"相信"来讨论。"相信"、"思考"乃是日常用语,因而意思是常识性的,也是自明的，对它们的理解也没有任何问题。通过它们来讨论是与不是，显然是想借助对它们的理解来说明对是与不是的理解。直观上看，通过它们来说明是与不是，即对立性，大体上不会有什么理解的问题。除此之外，还有一些相关说明，比如变化、流动、生成等等，也是常识性的。即使不考虑它们究竟是事物层面的还是有关事物表达层面的，理解它们的意思大体上也不会有什么问题。比如，如果事物是怎样的，说一事物是怎样的，则是真的。然而如果认识到事物总是处于变化之中，又该如何看待一事物是怎样的呢？在这样的前提下，还能说一事物是怎样的吗？或者，这还是真的吗？通过这样的说明，我们看到，柏拉图区别出是的情况，并称之为知识，也区别出不是的情况，并称之为无知，还区别出处于是与不是之间的情况，并称之为意见。与此相应，是与真相关，无知与假相关，意见则与既非是亦非不是的情况相关。但是，仅就是与真相关这一点而言，这些说明并没有帮助我们获得进一步的认识，也没有帮助我们获得多少理论性的认识。

前面我们说过，在柏拉图的论述中，语言与语言所表达的东西常常是不分的。因而在有关是与真的论述中，"是"所表达的东西既可以是语言层面的，也可以是语言所表达的东西层面的，在这种混淆的说明中，我们充其量只能大致明白他说的是什么意思，但是就理性上的认识而言，较之前面提到的两个特点则相距甚远。

如果超出引文，其实还可以看到，关于是与真，柏拉图还有更多的论述,既有像巴门尼德那样诗或散文一样谈论真,谈论真与无色无形的是的实体相关,①也有与修辞学相结合的论述,谈论修辞学的范围和方式。②也就是说,我们还可以更多引用一些引文,做更多的讨论。但是,从理论说明的角度看,以上引文足以说明柏拉图所考虑的范围和角度以及形成的理论和结果,因此不必做过多讨论。相比之下,有关柏拉图与形式相关的论述,倒是可以多说几句。

《国》引文1谈到"形式",比如区别美的形式或理念本身与美的事物。这涉及柏拉图的理念说。众所周知,这是柏拉图最重要的哲学理论和思想,他在许多地方做过许多论述。限于篇幅和本书的目的,我们的讨论只限于引文。形式(或理念)与事物不同;形式是一,具有同一形式的事物是多,这是柏拉图相关思想的一个主要结果。问题是,这样的区别及其讨论为什么会出现在有关是与不是的讨论中?依据这样的区别及其讨论为什么能够说明知识?

直观上看,一种形式是一,但是它与各种事物相结合,

---

① 例如参见 Phaedrus,载 *Plato*, I: Euthyphro, Apology, Crito, Phaedo, Phaedrus, Greek-English text, trans. by Fowler, H.N., Harvard University Press, London, William Heinemann LTD, MCMLXIII, 1960, pp.474–477; Hamilton, E. & Cairns, H., *Plato, The Collected Dialogues*, Bollingen Series LXXI. Princeton University Press, 1978, pp.494–495; Otto, W.F. / Grassi, E. / Plamboeck, G., *Platon, Saemtliche Werke* (IV), Rowohlt Taschenbuch Verlag GmbH, Hamburg, 1958, pp.29–30.
② 例如参见《高尔吉亚篇》,载《柏拉图全集》,第一卷;《斐德罗篇》,《柏拉图全集》,第二卷。

到处出现，因而具有该形式的事物是多。比如美是一种形式（理念），它与各种事物相结合，因而形成美的声调，美的色彩，美的形状，以及美的艺术品等等。有人可以认识这些美的东西，但不能认识美本身，而有人则可以认识美本身，并将它与这些美的东西区别开来。这些在《国》引文1中可以看得非常清楚的。加上对立性的考虑，一种形式会有一种与之对立的形式，后者与事物相结合，也会形成多种具有该对立形式的事物。因此，这里的关键并不在于一种形式与另一种形式的对立，也不在于它们各自与众多事物的结合，而在于如何能够将它们自身与具有它们的事物区别开来。因而这里实际上至少有两个层面，一个是知道"是美的"，另一个是知道"美是什么"。这两个层面都与认识相关，区别仅仅在于前者是直观的、描述性的，它涉及与事物是怎样的相关的考虑，而后者是理论的、定义性的，因而涉及与"是什么"相关的考虑。所以，笼统地说，这样的考虑都与是相关，因而在谈论是或者借助是来谈论真的过程中谈到它们，乃是非常自然的。进一步说，柏拉图把关于形式的考虑看作哲学家的工作，与知道相关，因而与是相关，则表现出他本人独特的认识。因此不难理解，为什么他在谈论是的过程中会谈论形式（理念），因为归根结底对理念的思考与追问依然是以"是什么"的方式进行的。

第四章 柏拉图的《智者篇》

《智者篇》(以下简称《智》)主要讨论什么是智者,包括智者的划分和定义,与政治家和哲学家的区别。但是在有关智者的讨论中,有一段似乎偏离了讨论的主线。这一段讨论很长(标准页码236-269),主旨与智者相关,也属于书中的主要内容,但是与全书的讨论方式不同,独具特色。人们一般认为这部分内容属于柏拉图关于逻辑的讨论。我赞同这些看法。与本书讨论相关,我想说的是,这一段涉及大量有关是与真的讨论,内容同是与真的讨论密切相关,因而值得我们认真研究。

简要地说,柏拉图从巴门尼德反对"不是者是"的论述开始讨论,从而关于"不是"有许多论述,由此他论及"是"。为了更好地说明有关"是"的问题,他先是借助"运动"和"静止"来讨论,然后又加入"相同"和"相异"来讨论。在讨论的过程中,他从巴门尼德反对的论题出发,不断提出一些困惑和质疑,并且提出自己的一些看法。这些讨论可以看作是一个步步深入的过程,因此我们也可以按照这个过程来探讨柏拉图的论述,看一看最终会获得一些什么样的启示。

1. 关于"不是"

为了比较好地理解柏拉图的整个论述过程及其思想,我们完整地给出其开始部分的说明:

[《智》引文1]
客人:我的朋友,事情的真相是我们碰到了一个极端困难的问题。"显得像是",或者说"好像是"但"不是",或者谈论不是真的的东西,所有这些表达无论过去还是现在,总是令人深深地陷入困惑。泰阿泰德,要找到一个正确的术语来言说或思考假东西之是,同时又不会落入一张口便自相矛盾的境地,是极其困难的。
泰阿泰德:为什么?
客人:这个论断的大胆在于它蕴涵着不是者有是的意思,否则假没有别的方法可以成为是。但是,我的年轻的朋友,当我们像你这个年纪的时候,伟大的巴门尼德始终反对这种观点。他不断地告诉我们"不是乃是,这一点决不可能被证明,但是你们在研究中要使自己的思想远离这一途径",并且把这些话也写入了他的诗歌。
所以,我们有这位伟大人物的证言,而认信它的最佳方式可能是对这个论断本身进行适度的考问。如果你对此没有异议,让我们开始对这个论断本身的是非曲直进行研究。
(236e－237b)①

　　这段引文的意思非常明确:第一小段提到一个难题,第二小段解释它为什么是个难题,最后一小段说明下文讨论的方式。因而我们只需要考虑前两小段的内容。

　　第一小段提到的难题是:"显得像是"或"好像是"而"不是",或者,谈论不是真的的东西。这个问题的困难主要在于:一方面,如何说或思考假的东西实际上是,另一方面,如何这样说的时候不会陷入矛盾。这个难题提得明确,它的原因也揭示得简单。由于我们没有介绍《智》引文1前面的论述,直接谈论它就像没有任何背景依托一样。但是,由于已经有了上一章关于柏拉图相关思想的讨论,因而可以基于那些讨论来讨论它,这样我们的讨论就不仅不是没有背景的,反而是将这一段引文置于柏拉图整个思想框架之中,因而有助于我们更好地讨论和理解他的思想。

　　字面上可以非常清楚地看出两点。第一,这个难题与不是相关,因而与是相关,与真相关,因而与前面引文的内容

---

① 柏拉图:《柏拉图全集》,第三卷,王晓朝译,人民出版社,2004年,第31页,译文有修正,参见 Hamilton, E. & Cairns, H., *Plato, The Collected Dialogues*, Bollingen Series LXXI. Princeton University Press, 1978, p.979; Page,T.E., *Plato*, II, Greek-English text, trans. By Fowler, H.N., Harvard University Press, 1952, pp.336–339; Wiehl, R., *Platon: Der Sophist*, Griechisch-Deutsch, Felix Meiner Verlag, 1967, pp.64–65. 以下引文,只注标准页码。

密切相关。第二，这个难题与语言相关。"说"无疑与语言相关，"思考"乃是需要通过语言来表达的，因此，思考与语言即使不直接相关，也是间接相关的。这两点也正是前面讨论所涉及的最主要的东西。因此我们可以相信，基于前面的讨论，我们可以对这里的讨论获得更好的理解。

直观上，是与不是乃是对立的，真与假也是对立的。因而可以自然地谈论真与是。但是，《智》引文1并不是直接谈论是与不是，而是谈论"显得像是"或"好像是"而"不是"。不仅如此，简单的谈论方式似乎还表明，这是自明的。由于有前面的讨论，因此这些论述都是可以理解的。比如前面说过，万物是流动的，处于变化之中，因而说它们是乃是错误的（《泰》引文1）。又比如前面还说过，显得像是和好像是的情况乃是不可避免的，这样的情况既非是，也非不是，而是处于是与不是之间；这样的情况涉及知识与无知以及意见的区别（《国》引文4）。由于《智》引文1在谈论智者，而智者总是谈论好像是或显得像是的情况，因而这里的谈论可说是直奔主题。

第二小段进一步说明这个难题的原因。显得像是的情况实际上可能不是，好像是的情况其实也可能不是，因此这些说法隐含着矛盾，可能会导致矛盾：说的乃是是，其实却可能不是。由此引出巴门尼德所反对的论题："不是乃是"。这个论题是清楚的，因为字面上就是矛盾的。由此可以看出，问题本身是由一个不太明确的论题引出的："显得像是"和"好像是"与"不是"。它们之间的矛盾字面上并不是那样清楚，而是隐含的。由于揭示了它们所隐含的问题所在，因此可以从"不是乃是"这一明确的论题出发进行讨论。也就是说，以后的讨论乃是从一个明确的论题出发的。不仅如此，这个论题来自巴门尼德，是悠久的，重要的，是有意义的。

从"不是乃是"出发，自然要讨论"不是"。柏拉图的讨论方式非常有意思：

[《智》引文2]

客人：……现在请告诉我，我们敢以某种方式说出"绝不（以任何方式）是"（这样的话）吗？

泰阿泰德：为什么不敢？（237b）

值得注意的是，"绝不是"这一表达与"不是"（mei on）字面上并非完全相同。它的希腊文为 meidamoz on。meidamoz 是副词，表示"绝不"、"根本不"。相关的英德译文也不一样，比如：

So sagen mir also: Was auf keinerlei Weise ist, wagen wir das irgenwie auszusprechen.①

Now tell me, we do not hesitate to utter the phrase 'that has no sort of being'?②

---

① Wiehl, R.: *Platon: Der Sophist*, Griechisch-Deutsch, ss.66-67. 中译文主要参照了它。
② Hamilton, E. & Cairns, H.: *Plato, The Collected Dialogues*, p.980.

Now tell me, do we venture to use the phrase absolute not-being?①

以上几个不同版本的译文，无论是 auf keinerlei Weise 和 no sort of，还是 absolute not，都与希腊文 meidamoz 相符。当然，如果认为 absolute 是一个独立的副词，而 not-being 是一个组合表达式，则可以认为这里的英文翻译是与希腊文不太一致，或者至少是有歧义的，因为其中"-"所连接的究竟是 absolute not 和 being，还是 not 和 being，多少还是会有些区别的。不过这并不是我们要考虑的重点。给出这些译文，主要还是为了更好地理解这段话。由此至少可以看出两点。一点是这里的否定并非是通常的 mei（"不"），而是一个含有强调意味的表达。假如认为这一区别并不重要，只要看到所谈的乃是否定就足够了，那么也可以认为这些译文没有多大区别。另一点则不是这样简单。两个英译文尽管有所区别，但是有一个共同点，即使用了 phrase 这一用语，并随后使用了引号。② 这样，无论是"说出"还是"使用"一个 phrase，我们都可以清楚地看出，phrase 是语言层面的东西，引号甚至明确地表明它们是什么。因而这里有明确地语言层面的考虑。相比之下，德译文没有类似于 phrase 这样

---

① Page,T.E.: *Plato*, II, Greek-English text, trans. By Fowler, H.N., p.339，该引文后有对"not-being"加引号的表达。
② 第二句英译文字面上没有引号，但是在随后的讨论中加了引号，如"not-being"。

的译语，也没有使用引号来具体标明它表达的是什么，但是 aussprechen（"说出"）一词的字面意思则表明这里的论述与语言相关。因为说出任何东西都要使用语言，而说出的东西，虽然没有引号，从其表达方式来看依然是清楚的。对照希腊文，phtheggesthai 一词字面上有"说出"的意思，但是与它相关并没有与 phrase 相似的表达式。不过，既然有"说出"的意思，它也就与语言相关。因此，英译文虽然多了一些意思，却没有走样。如前所述，人们认为古希腊人不区别语言和语言所表达的东西。但是，从柏拉图的论述可以看得非常清楚，关于语言的考虑还是很多的。《智》引文 2 即是一个最好的说明。我们至少可以看出，"绝不是"乃是说出来的，尽管它并不是一个表达式，因为希腊文没有这样的意思，但是正由于它是说出来的，因而与语言相关。这样，我们就可以在语言层面上或借助语言表达来考虑它。

人们可以使用"不是"这样的表达式，但是在使用中似乎有许多问题。在接下来的讨论中，柏拉图不厌其烦的指出其中的问题。比如，不知道把"不是"用于什么东西，只知道"'不是'这个术语反正不能用于是者"（237c）。又比如，与"不是"的应用相关，还会涉及单数和复数的问题（参见 237d，238b）。再比如，谈论"不是"还会涉及说了还是没有说任何东西的问题（参见 237e）。不仅如此，与"不是"相关，还会涉及更重要的问题，即与"是"相关的问题。比如，对"是者"可以增加或附加更多的是者，但是"对是者可以增加任何不是的东西吗"？（238a）"把可以附加于是者的东西附加于不是的东西乃是不合理的"（238c）。经过这些讨论，柏拉图得出一个结论："不是乃是一种不可想象的、不可表达的、不可说的非理性的东西"（238c）。由此还会得出更糟糕的结论："当我把是这个动词加到不是上，我就与我前面说的形成矛盾"（238e-239）。字面上可以看出，柏拉图的这些论述表明，"不是"不能用于"是"，"是"不能用于"不是"，同时也暗含着一种意思：巴门尼德提到的论题"不是乃是"不仅是有问题的，而且是非常复杂的。这里我不想对柏拉图这些论证的细节逐一探讨，与本书相关，我只探讨其中几个与真、与是相关的论证。

[《智》引文3]

泰阿泰德：好吧，先生，如果形象不是另一个同类事物，那么我们除了说形象是对真事物的模仿，还能说什么呢？

客人："同类"？你指的是另一个真事物吗？或者说，"同类"是什么意思？

泰阿泰德：肯定不是指真事物，而是与之相似的事物。

客人："真的"乃是指实际是的吗？

泰阿泰德：对。

客人："不真"乃是与真对立的吗？

泰阿泰德：当然。

客人：如果你把"相似的"称为"不是真的"，那么它就实际上不是的。

泰阿泰德：但是相似的东西确实是。

客人：但是按你的说法，它并非真是这样。

泰阿泰德：不是，除非它确实是相似的。

客人：所以，我们称之为相似的东西，尽管实际上不是，但确实是，对吗？

泰阿泰德："不是"与"是"似乎确实相互纠缠在一起，实在令人困惑不解。

客人：确实令人晕头转向。通过把这些论点前后联结起来，你又一次看到，象许德拉一样长着许多脑袋的智者迫使我们违背自己的意愿，承认"不是"以某种方式是。

泰阿泰德：是的。（240a-c）

这段话从形象谈到同类，然后用"真"对它们做出说明，比如"形象是对真事物的模仿"，或者，同类指的是否"是另一个真事物"。从这些说明可以看出，真（事物）显然是一个自明的概念，是用来起说明作用的。既然真乃是自明的概念，因而在引入真这一概念之后，就可以集中考虑它了。我们清楚地看到，这里随即引入了"是"这一概念，并且围绕着是与真展开论述。从前面的引文可以看出，是与真乃是密切相关的，而且意思似乎甚至是明确的，因而通过它们来说明形象和同类，似乎就是自然而然的事情。

从有关是与真的论述可以看到，以下几点说明乃是非常明确的。其一，不真与真乃是对立的。这一点直观上就可以理解，字面上也仅仅是肯定与否定的区别而已。其二，"真的"乃是指实际是。从柏拉图的论证方式看，这一点乃是自明的。似乎人们对是与真的这种关系不会有什么理解的问题。其三,"相似的"被称为"不是真的",因而它实际上不是。这一点从一和二得出,因而是可以理解的。其四,"相似的"东西并非真是(那样),但确实是(那样)的。这一点从关于"同类"的说明可以得出,即有相似的东西,因而也是可以理解的。其五,所谓相似的东西,尽管实际上不是,但确实是。这一点可以从三和四得出,因而也没有什么理解的问题。由此可见,借助"真"来讨论"相似的",最终得出的结论是:相似的既是又不是。因而这段引文的最后结论也就不难理解了:不是与是相互交织,令人费解;人们不得不承认不是以某种方式是。

与这里的论述相关,我们再看下面的论述:

[《智》引文4]

客人:还有,假思考就是思考与是相反的东西?

泰阿泰德:是。

客人:那么,你认为假思考就是思考不是的东西?

泰阿泰德:必然如此。

客人:这岂不就意味着思考不是的东西不是,或者说那些根本不是的事物是以某些方式是?

泰阿泰德:就是说,如果任何人确实能够假思考,即使是最低限度的,那么这句话至少意味着不是的事物以某些方式是。

客人:还有,人们也会认为确实是的事物根本就不是吗?

泰阿泰德:会的。

客人:这也是一种假吗?

泰阿泰德:对,这也是一种假。

客人:我猜想,如果一个陈述声称是者不是或不是者是,它同样会被认为是假的。

泰阿泰德:对。否则它怎么会是假的呢?(240d-e)

这段话与上一段话明显不同,它不是借用"真"与"是",而是借助"假"与"不是"来论述。它的论证步骤非常清楚,我们可以把它们明确地归纳表述如下:

1)假思考乃是思考与是相反的东西。(前提)

2)假思考乃是思考不是的东西。(根据1)

3)假思考乃是思考不是的东西不是,或者,假思考乃是思考不是的东西是?(前提)

4)假思考乃是思考不是的东西是。(根据3)

5)人们能够假思考,这意味着,不是的事物以某些方式是。(根据4)

6)人们会认为是的事物不是,这也是一种假。(根据1)

7)一个陈述表示是者不是,这是假的;表示不是者是,这也是假的。(根据6、5)

从陈述方式看,1)是自明的,没有解释,毋庸置疑。2)从1)得出,从论证方式看,"必然如此"表示强调。当然,字面上确实不难理解:"不是"乃是与"是"相反的,因而乃是假思考所思考的。3）是一个插入的前提，它提供了两种可能性作为选择。4）从3）得出，选择了其中一种可能性。而从其论述方式看，这似乎是一种必然的选择。因此有必要对3）的两种选择做一些思考。3）的一种选择是说，不是者不是，另一种选择是说，不是者是。字面上看，这两种选择都以"不是"为对象。由于是与不是乃是对立的表达，因而似乎穷尽了有关"不是"的考虑。柏拉图选择其中之一，自然就会放弃另一个选择，而且给人一种印象：这是正确的选择。那么为什么这是正确的？字面上固然可以理解，说不是者是当然是假的，然而从前一种选择也可以看出，说不是者不是无疑不能是假的，因而不符合对假思考的说明，所以必须放弃。这样，从对假思考的说明来看，二选一乃是必然的结果，选择后一种情况也是必然的结果。有了这个结果，得出5）乃是顺理成章的。6）似乎是从1）得出来的，也可能是从前面关于真的论述得出来的：真思考乃是思考是的东西，假思考乃是思考与是对立的东西。因此认为是的东西不是，这自然就是假的。7）是从前两步得出来的，也是关于前面的前提和论证的总结。前面的步骤清楚了，7）也就不会有任何理解的问题。

  字面上看，柏拉图这个论证本身没有什么问题，关键是其中1）和3）这两个前提是不是正确，因为它们在论证中起了重要作用。前面我们对3）做过说明，还需要说明的则是1）。这一前提直观上没有什么问题。因为假意味着不真，因而与真对立。联系引文3，真与是相关。因而假思考乃是思考与是相反的东西。由此可见，1）的意思是清楚的，这是因为借助了有关真的理解。或者也可以认为，真假乃是自明的概念，柏拉图认为它们不会有理解的问题，因而借助它们来说明问题。

对照引文3和4，借助真和假的对立，是与不是的对立，则可以看出，这两段说法不同，意思其实差不了多少。它们都是为了说明，不是与是乃是交织在一起的，很难截然分开，由此也就对巴门尼德的论题提出了质疑。

假如把前面几段引文及其论证过程看作是柏拉图相关讨论的第一步，则可以看出，柏拉图从探讨巴门尼德反对"不是乃是"这一论题出发，最终得到了相反的结论：似乎必须承认"不是乃是"。这个结论虽然是从对"不是"的考虑出发而得出的，但是它同样涉及有关"是"的讨论，有关"真"的讨论。问题在于，"不是乃是"似乎字面上就是有问题的。由此也说明这个问题的复杂性，以及为什么智者能够借用它来进行讨论。就柏拉图本人来说，问题显然不是这样简单，还需要对"不是乃是"继续做深入的考虑。换句话说，以上讨论只是表明，从"不是"出发讨论遇到了问题，因此需要换一个思路来讨论。

2. 关于"是"

为了更好地说明柏拉图的思想，首先让我们看一看柏拉图是怎么说的,也就是说,我们要看一看,既然关于"不是"的探讨遇到问题,他的思路是如何转换的。

[《智》引文5]

客人:那么来罢,如此危险的论题该从哪里开始呢?我想我看到了我们不可避免要走的道路了。

泰阿泰德:那是什么呢?

客人:首先考虑一下现在看来相当清楚的事情,看看关于它们是否有什么混淆,不要太轻率地得出结论,认为我们对它们有了足够的理解。

泰阿泰德:请你更加清楚地告诉我你的意思。

客人:巴门尼德和其他一些人要确定有多少是的事物,或它们是什么样的。但令我惊讶的是他们对此进行的讨论却太简单、太轻率。

泰阿泰德:怎么会这样?

客人:他们似乎都把我们当作幼稚的儿童,给我们讲故事。一个人说有三种是的事物,这些事物中有些是在相互争斗,有些成为朋友、结婚、生子。另一个人告诉我们有两种是的事物:潮湿与干燥,或热与冷,他使它们结合,住在一起。在我们所住的世界的这个部分,爱利亚学派——其历史可以追溯到塞诺芬尼或更早一些时候——把他们的故事建立在"一切事物"只不过是一个事物的假设之上。后来,伊奥尼亚和西西里的某些缪斯感到把这两种解释结合在一起要更加保险,于是就说是的事物既是多又是一,并且是被敌对和友谊联系在一起的。这些缪斯中最严格的一位说,"它总是同时既分离又聚合的。"温和一些的则不那么死板,认为并非总是如此,而是提出另一种状态:这个世界通过爱的力量有些时候是处于和平状态的,有些时候由于某些纷争而是处于战争状态的。

……

客人:他们中的某个人或另一个人在论断中使用这样一些表达:"是"、"成为"、"正在成为"、"是多"、"是一"、"是两个"、"或者说热与冷混合"、"假定说结合与分离"。你泰阿泰德明白他说的每个词吗?拿我自己来说,年轻时有人对我讲"不是",我以为自己理解得很清楚,而现在它却使我们感到疑虑。你现在该明白我们的困惑有多么大了吧。

泰阿泰德:我明白了。

客人:那么我们的心灵对是也有可能处在相同的混乱状态。尽管我们对不是可能不太理解,但是我们承认在说是这个词的时候我们轻松地明白它的意思,而实际上我们对二者的理解同样处在黑暗之中。

泰阿泰德:可能是这样的。

客人:可以说,对刚才提到的其他一些表达法,我们也处于同样状态。

泰阿泰德:那当然。

客人:我们是否可以决定,我们将在晚些时候对这些表达法的一般用法加以考虑。而现在,必须从它们中最主要和最重要的开始。

泰阿泰德：哪个表达最主要、最重要呢？当然啦，你指的是我们必须从研究"是"开始，找出那些使用这个词的人认为它指的是什么。

客人：你准确地抓住了我的意思，泰阿泰德，我确实认为我们应当按照这条路线前进。假定那些人都在我们面前，让我们提出这样的问题：你们这些说冷与热或任何两个这样的（对子）乃是普遍的人啊，当你们说它们都是或它们各自是的时候，你们附加给它们的是什么呢？我们该如何理解你说的这种"是"？我们是否必须假定它是两样东西之外的第三者，因此一切事物不再如你们所说是两样事物，而是三样事物？因为当你只称二者之一是时，你并不表示它们二者同等地是；因为在这两种情况下，它们肯定是一，而不是二。

泰阿泰德：对，应该这样问。（242b-243e）

这段引文比较长，内容比较多，意思却不复杂。假如以一句话来表示它的主旨，则可以说：从关于"不是"的讨论转向关于"是"的讨论。这无疑是一个重要的转变。我们之所以完整地援引这段话，主要是因为它的一些论述有助于我们更好地理解柏拉图的思考及其相关背景。字面上看，柏拉图认为这是一个有些冒险的探讨。他要从前人的相关论述出发来讨论这个问题，在他看来，前人的讨论过于简单和轻率。从前面引文可以看出，柏拉图是从巴门尼德反对"不是乃是"这个论题出发来讨论的。而现在，他把前人、包括巴门尼德的讨论看作一体，而且他要探讨的不是他们关于"不是"的探讨,而是他们关于"是"的探讨。这无疑是一个明显的转变。具体而言,前人关于事物情况的看法各不相同,有人认为事物是三种,有人认为事物是两种,有人认为事物是多,有人认为事物是一,有人认为事物是混合的,有人认为事物是分离的,等等。必须注意的是,这些看法乃是柏拉图告诉我们的,换句话说,是经他总结概括而表述出来的。我们可以不必细究前人的论述究竟是什么,哪一派或哪个人的观点究竟是什么,与另一派或其他人的观点有什么不同,而假定柏拉图的总结概括是真的,这样我们只考虑他随后的讨论。

首先,柏拉图摘出前人在表述自己看法时的一些典型用语。其次,柏拉图问人们是不是明白这些用语的意思。然后,柏拉图表达了自己的观点:以前以为这些用语的意思是清楚的,现在发现它们其实是不清楚的。仔细一些则可以看出,在柏拉图摘出的用语中,使用最多的无疑是"是"这个词。因而柏拉图所问的乃是"是"这个词的意思,他要表明自己不清楚的实际上是"是"这个词的意思。再进一步,还可以看出,在说明不清楚"是"这个词的意思时,柏拉图以类比的方式借用了有关"不是"的理解。他的论证是,以前以为知道"不是"是什么意思,现在发现这是有问题的。同样,现在承认了有关"不是"的理解是有问题的,但是仍然会以为关于"是"的理解没有问题,然而这同样是有问题的。因为对"不是"与"是"的"理解同样处在黑暗之中"。从前面的引文及其讨论可以看到,由于从"不是"出发进行讨论，因而关于如何理解它已经做过许多讨论，但是关于如何理解"是"却尚未讨论。看到这一点也就可以看出，下一步自然是要对"是"进行讨论了。即便如此，柏拉图的论述方式还是值得仔细分析的。

字面上可以看出，之所以要对"是"进行讨论，柏拉图给出的说明是，在摘出的用语中，它是"最主要和最重要"的。当然，我们也可以看出，在摘出的用语中，尽管"是"是使用最多的表达，但是也有一些用语中没有"是"。柏拉图列出它们很可能是因为它们字面上不含"是"，但是语义上与是相关。比如，"成为"一词的意思指："尚不是，正在成为是"；"说热与冷的混合"意思指："是热与冷的混合"。此外，"是"与"不是"相关，而后者乃是柏拉图至此一直在讨论的。因此，这两点中的任何一点都可以说明有关"是"的理解和讨论的重要性。但是，柏拉图对此还有更多的说明。简单地说，他要说明，"使用这个词的人认为它指的是什么"。具体一些说，他要说明，当人们说事物是的时候，这个"是"是什么意思。这样，柏拉图就从有关"不是"的讨论顺理成章地进入有关"是"的讨论。

柏拉图关于是的讨论大致可以分为两类。他把一类称为"精确解释"（245e），把另一类称为"不同的方式"（246a）。我们可以因循这两种方式来探讨他的论述。

所谓精确解释，有些近似于语词解释。在这一类讨论中，柏拉图反复问"是"的意义，或者说，他实际上是通过问答的方式来确定"是"的意义。比如：

[《智》引文 6]

当你使用"是"这个词时,你想指的是什么。(244a)

还有一些人说一切事物是一。我们是否必须尽力找出他们使用"是"一词的意思来?(244b)

你们把"是"这个词给予任何事物吗?(244c)

字面上看,这三问都是关于"是"一词的含义或用法的,实际上却是有区别的。第一问是一般性的,不预设任何前提。第二问预设了一个前提,即"是一",因为它直接针对"一切事物是一"这一论题。第三问暗含着一个预设,即"是多",因为"是"一词如果可以用于任何事物,当然也就可以用于多个事物。由此可见,除了一般性的询问"是"一词的意思之外,柏拉图实际上还针对"是一"和"是多"这两种看法提出问题。从《智》引文 5 可以看出,在与是相关的观点中,这是两种主要的观点。柏拉图的讨论显然是有针对性的。

[《智》引文 7]

客人:那么,我们应该说是乃是一和一个整体,因为它有统一的性质,还是我们应该根本否认一乃是一个整体?

泰阿泰德:这是一个艰难的选择。

客人:你说的没错。因为,是如果具有强加给它的一这种性质,那么它与作为统一体的事物显然不会是相同的,这样一来，整体就会多于一。

泰阿泰德：对。

客人：然而，是如果不是由于具有强加给它的统一体性质而是一个整体，而绝对的整体又是有的，那么结果会是这样的：是乃缺乏是的某种东西。

泰阿泰德：当然。

客人：所以，按照这个论证的线索，是乃会被剥夺是，因而它就会是"不是"了。

泰阿泰德：对。

客人：再进一步说，一切事物不只是一，因为是和整体现在各据一方，都有了自己的特性。

泰阿泰德：对。

客人：但若根本就没有整体这样的东西，那么不仅对是来说也一样，而且除了是并非是一个事物外，它也绝不可能变得如此。

泰阿泰德：为什么不能？

客人：事物产生，乃是作为一个整体而产生的；同理，如果你考虑是的事物中的统一或整体，你就不能谈论是或生成。

泰阿泰德：这样说似乎完全正确。

客人：进一步说，不是整体的东西不可能有任何确定的数量，因为如果某事物有确定的数量，那么无论它是什么，它都必须作为一个整体具有那个数量。

泰阿泰德：肯定如此。

客人：如果你说是者是，无论它是二，或只是一，那么就会产生无数其他的困难，引起无限的困惑。(245b-e)

这段引文又是从一个选择出发。现在我们知道，这是柏拉图经常使用的方式。他给出的选择似乎是穷尽了可能性，因而假如可以证明其中一种可能性，也就得到相应的证明，而如果反驳了这两种可能性，也就反驳了相应的论题。这里需要考虑的选择是：应该承认还是应该否认是乃是一个整体。字面上可以看出，"整体"这一概念是为了说明"一"而引入的。从柏拉图的说明方式看，整体是一，一是整体，这似乎是自明的。他的解释也很简单：具有统一性。一和整体无疑是具有统一性的。这里我们不必质疑柏拉图为什么要从这样的前提出发，而只假定他的看法乃是当时普遍或流行的看法，因而他才能够这样做出解释并以这样的方式进行说明。认识到这一点也就可以看出，这个选择乃是关于"是一"的。如果回答是肯定的，则支持了"是一"的观点，如果回答是否定的，即并非是一，因而要拒绝是一，因而似乎就支持了"是多"的观点，当然也就需要对后一种观点做进一步的讨论。所以，柏拉图的这个选择乃是有深意的。明确了这个选择，接下来他的论证步骤也就清楚了：先考虑一种选择，再考虑另一种选择，然后再从所得结果做进一步的考虑。

因循这一次序，我们先看承认是乃是一个整体的论证。这个论证并不复杂，它的意思是说，如果是乃一，则它被赋予了一这种性质,而这是某种作为统一体的性质,因而与是乃是不同的。由于这里增加了这种不同的性质,因而是一的这个整体就多于一。因此不能承认是乃是一这种选择。

我们再看否认是乃是一个整体的论证。这个论证也不复杂。是如果是一个整体,而又是不具有统一性的,则它缺乏是的某种东西,即缺乏是统一性的东西。因此要否认是乃是一这种选择。

反驳了以上两种选择,也就反驳了是一这个论题。但是这样一来,是否就要支持是多这种观点呢?不仅如此,由此似乎还得出"是乃不是"的看法。对此无疑是需要做出解释和说明的。我们看到,在关于"是一"的论证中,柏拉图借用了整体和统一性这两个概念。而在进一步论证中,除了继续使用整体这个概念外,柏拉图又引入了新的概念。这就是"生成"这一用语。

一事物产生一定是作为一个整体而产生的,这是常识。而产生不过是一个结果,获得这一结果乃是有过程的,即生成,这大概也是常识。那么在这一过程之中,即形成结果之前乃是变化的,因而也就没有整体,也就没有一。所以,借助生成可以对整体提出质疑。所以柏拉图说,如果考虑是的事物中的统一或整体,就不能谈论是或生成。而形不成整体,也就无法计数,因而他说不会有确定的数量。这样,自然也就不会有多,也就不会有一。因此无论说是一,还是说是二(或多),都会引起问题。

我还是要说,我们不必追究柏拉图论述中是不是有问题，有什么问题。这里我们假定他的论述没有问题。我们关注的是他的论证方式，因为这与我们的研究主旨相关。我们需要知道他由此得出的结论，因为这会与后面的论证相关。以上讨论与被称为对是与不是的精确解释相关，讨论的结果表明这些解释有问题，因此需要从其他角度来考虑相关问题。

在接下来的讨论中，柏拉图主要考虑了两种观点。为了讨论方便，我们称其中一种观点为感觉派，称另一种观点为理念派。下面我们看一看柏拉图关于这两种观点的讨论。

感觉派的主要特征是认为一切事物都是有形体的，是可见的。柏拉图的相关讨论比较简单。他从有死的动物亦有灵魂出发，以正义、聪明、智慧等等为例来讨论。人们说一些灵魂是公正的，一些灵魂是不公正的，一些灵魂是聪明的，一些灵魂是愚蠢的。这些性质无疑是心灵中的，似乎也是可呈现的，但是如果说它们是有形体的、可见的，则是有问题的。而如果它们是无形体的，不可见的，则它们是不可感觉的。为了解决这里的问题，柏拉图在是可见和有形体与是不可见和无形体之间找到一个中介，称之为力量。他的"建议是，任何是怎样的东西总是具有某种力量"（247d），并把这作为一个定义：是（者）（onta）"无非就是力量"（247e）。

理念派与感觉派相对，认为是首先乃是无形体的理念。柏拉图之所以重点讨论这一派的观点，不仅因为这是他赞同的观点，还因为这一派与感觉派也可以找到共同点，因为感觉派也不能否认像公正、聪明、智慧等等乃是没有形体的东西。所以，柏拉图对理念派的讨论比较多，并且在讨论中引入了更多的概念。比如，柏拉图首先区别和谈论"生成"与"实体"，认为"我们通过身体，借助感知，分享生成；通过心灵，借助思想，分享是实体的东西"（248a）。非常明显的是，这里的说明引入了"分享"这一用语，柏拉图称它为"一种主动或积极的条件，而这种条件产生于通过一些要素的组合而获得的某种力量"（248b）。"生成"乃是前面引文提到的，与有形体的、可变化的感觉事物相关，实体（ousia）则与理念相关，它来自 einai 一词现在分词的阴性单数形式，因而字面上与"是"相关。这样，柏拉图就提出了一种新的说明："我们提出了一个有关是者的充分的标志：导致行动或受动的哪怕最微小的力量的出现"（248c）。"力量"一词表明与前面的论述密切相关，但是字面上可以看出，其中也出现了"受动"这一新概念。它与"行动"并列，意思却是对立的。"行动"与前面所说"主动或积极"相应，不会有理解的问题。由此引出与它对立的表达，似乎也不会有理解的问题。因为如前所述，引入对立的概念，借助对立的概念来说明是与不是，乃是柏拉图的一贯做法。有了这里的论述，在以后的讨论中也就可以使用"主动"和"被动"这一对对立的概念。

[《智》引文 8]

客人：好吧，你同意认知或被认知乃是主动或被动条件，还是两者都是？或者说，一种是被动，另一种是主动？

或者说，它们都不能分享这二者中任何一种？

泰阿泰德：显然都不能，否则的话，我们的朋友就会与他们前面说的话自相矛盾了。

客人：我明白你的意思。他们不得不这样说。如果认知是主动的，那么被认知必定是被动的。由于是者根据这个理论乃是被理性认知的，因而在这一点上它就是被认知的，由于它是被作用的，因而是被推动的，而后者我们也不能说成是处于静止状态的情况。

泰阿泰德：确实如此。（248d-e）

这一段明确讨论认知与被认知。"认识"是柏拉图讨论中早就有的概念，也是他一直在讨论的问题。这里不过是与它相关增加了"被认知"，同时把它们与主动与被动联系起来。有了前面的讨论，尤其是引文7，这一段讨论似乎是再自然不过的事情了。应该说，这里没有什么理解的问题，无非是在讨论认知与认知对象的关系以及这两种不同状态的区别，比如认知是主动的，被认知乃是被动的，被推动（运动）的等等。问题是这里最后突然引入了"静止"这一概念。字面上看，引入这一概念的目的似乎是为了称谓谈到的这些状态，然而这却是一种否定性的说明：它们不能被称为静止状态。从对立的角度看，它们无疑只能被称为运动状态，因为运动与静止乃是对立的，不仅如此，这里所谈的也都是运动，无论是主动的认识，还是被动的认识。直观上人们可能会问，为什么柏拉图要以这样一种方式来称谓认知状态?这个问题从这段引文无法找到答案,但是可以从下面的引文来寻找答案。

[《智》引文9]

客人:在这种情况下,我们必须承认运动和被推动的东西为是者。

泰阿泰德:肯定是这样。

客人:然而,泰阿泰德,从这一点首先就可推出,如果一切事物都是不能变化的,那么没有任何人会对任何地方的任何事物有任何想法。

泰阿泰德:是这样的。

客人:另一方面,如果我们允许一切事物都是流动的和运动的,那么我们同样也必须把理智从是者排除出去。

泰阿泰德:为什么会这样?

客人:你想,没有静止,还会形成任何事物的品质或本质或关系的相同性吗?

泰阿泰德:肯定没有。

客人:没有这样的事物,你能认为在什么地方会形成理智吗?

泰阿泰德:这是非常不可能的。

客人:好吧,对任何想要坚持对事物作论断,而同时又压抑知识、理智或智力的人,我们必须使用各种理由加以反对。

泰阿泰德:我们必须这样做。

客人：那么，根据这些理由，对把知识这些东西视为高于其他一切的哲学家来说，似乎只有一条道路敞开。他必须拒绝接受主张一切都是静止的学说，无论这种学说是一种形式还是多种形式，他也必须拒绝听取另一派的观点，是者乃是运动的。象一名乞求"两个都要"的儿童，他必须宣称，是的东西总是同时处在既不可动又运动两种状态下，一切事物既是不变的又是变化的。

泰阿泰德：完全正确。

客人：那么好吧，现在看来，我们的描述的罗盘似乎已经正确地捕捉到了探究是的困难，对吗？

泰阿泰德：确实捕捉到了。（249b–d）

从这段话可以看出，柏拉图对讨论的观点做了一个简单的归类，把一类看作是运动，把另一类称为静止。是者无疑与运动的东西，包括被推动的东西相关。此外，是者也与理智相关。而与理智相关，也有一些与本质相关的东西，如前所述，它们会涉及理念，而与生成没有关系。这样与理智相关的东西显然不是运动的，而是静止的。认识到这样两种情况，哲学家们所选择的考虑也只能是与它们相应的。一方面，既然有运动的情况，也就不能接受如下观点：是者乃是静止的。另一方面，既然有静止的情况，也就必须拒绝如下观点：是者乃是运动的。由此引发的认识似乎是：一事物似乎总是既运动又不运动的，一事物似乎总是既变化又不变的。现在可以看到，这些表述与前面所谈问题，即"是乃不是",乃是相悖的。当然,由此也就说明,前面那些说法乃是有问题的。但是在我看来,这并不是要点,因为这是在讨论以上问题过程中所产生的看法,而且问题并没有完结。重要的是,柏拉图明确地说,在这里找到了进一步讨论的方向。也就是说,前面一直在说有关"是"的问题如何难讨论。而现在则找到了讨论它的途径,这就是要从运动和静止这一对对立的概念入手来讨论这个问题。

简要回顾一下柏拉图的讨论:他从"不是乃是"这个论题出发,讨论"不是"这个用语如何难以理解以及所涉及的问题;然后转而讨论"是"这个问题,经过讨论认识到它们是同样难以理解的问题。在讨论"不是"与"是"的过程中,他既讨论了巴门尼德的观点,也讨论了其他一些人的观点,当然他的讨论方式是非常简略的,比如把众多学派分为两派:感觉派和理念派,把众多观点分为两个:运动论和静止论。基于这样的结果他指出,在运动论和静止论这里找到了进一步讨论这个问题的方向。因此也可以着眼于运动和静止,继续他关于是的讨论。

3. 关于运动与静止

如前所述,我们可以假定柏拉图的论述没有什么问题,他的假定、他的综述、他的归类总结,都没有什么问题。既然我们跟着他已经走到了这一步,即把与是相关的一切问题归结为与运动和静止相关的问题，就让我们跟着他继续前进，结合运动和静止进一步讨论与是相关的问题。

[《智》引文 10]

客人：那么来吧。当你谈到运动与静止的时候，你说它们是完全对立的，是吗？

泰阿泰德：当然。

客人：你同时说到它们都是，或者分别说它们各自是，对吗？

泰阿泰德：对。

客人：当你承认它们是的时候，你是指是运动的吗？

泰阿泰德：肯定不是。

客人：那么你说它们都是，意思是指它们都是静止的吗？

泰阿泰德：不是，我怎么会这样想？

客人：所以你把是当作高于这两者的第三者。当你说它们是的时候，你的意思是，它们既是运动的又是静止的，被是所包含，并且它们分享是，因而你说它们是，对吗？

泰阿泰德：当我们说运动和静止是的时候，我们确实好象把是当成第三样东西了。

客人：所以，是并非是运动与静止的组合，而是与它们有区别的东西。

泰阿泰德：显然如此。

客人：那么，按其本性，是既不是静止的，又不是运动的。

泰阿泰德：我想是这样的。（250a-c）

运动和静止这两个概念显然是这段引文中的主要概念。但是我们可以非常清楚的看出，这里并不是在讨论什么是运动，什么是静止，它们之间有什么同异和关系。这两个概念来自引文 9，而那里也没有这样的探讨，只是用它们概括出两种不同的看法，并认为由此找到了进一步探讨是的正确途径。从引文 10 的论述可以看出，这里主要是利用运动和静止这两个概念来谈是，由此说明与是相关的问题。认识到这一点，这段引文的意思就非常容易理解了。

字面上非常清楚，运动与静止乃是对立的。一事物若是运动的，就不会是静止的。一事物若是静止的，就不会是运动的。运动与静止这种对立的关系乃是自明的。从前面的讨论可以看出，是与不是乃是对立的概念，正是由于这种对立性，因而才会在讨论"不是乃是"的时候产生那么多问题，无论是支持还是反对这种说法。而在柏拉图舍弃讨论不是，转而讨论是之后，上述问题没有了，却产生了其他问题，尤其是"是乃不是"的问题。现在，柏拉图似乎是想彻底抛弃与是相关的不是，而直接讨论是，这样他需要借助运动和静止这两个概念。这两个概念字面上与是这个概念没有什么关系，似乎也可以概括有关世界的看法。因而似乎是讨论"是"一词的合适途径和方式。

但是我们依然可以看出，由于运动和静止本身是一对对立的概念，因而本身实际上包含着肯定与否定。在这种意义上说，借助它们来讨论是，字面上虽然不会涉及不是，语义上却依然会涉及不是。这是因为，是乃是肯定，而不是则是否定。但是，这种肯定与否定与是与不是之间的肯定与否定乃是不同的。前者乃是语义层面的，而后者不仅是语义层面的，也是句法层面的，而且首先是句法层面的。但是，正由于它们在句法上有这种差异，因而可以提供一种讨论的途径。

认识到这一点，也就可以看出，借助运动和静止来谈论是，就可以发现，不能说一切都是运动，也不能说一切都是静止，因为如果一事物是运动的，就不会是静止的，并且反之亦然。而单纯从肯定与否定的意义上看，这里实际上暗含着一种意思：不能说一切事物都是，也不能说一切事物都不是，因为如果一事物是，就不能不是，而如果一事物不是，则不能是。

同样可以看出，由于上述句法和语义的区别，也就是说，虽然运动和静止有相互否定的语义，但是没有相互否定的句法，因而它们表现为两种不同的东西。由于是与它们的结合会产生不同的结果，比如是运动的就不会是静止的，因而也就表明，是与它们乃是不同的东西，所谓"第三者"，意思无非是说，在它们之外，与它们分离、独立的东西。因而柏拉图说，是乃"是与它们有区别的东西"。这样，通过运动与静止，柏拉图似乎还是区别出是的一些独特性质。无论这种性质是什么，至少字面如同柏拉图所说，是既不是运动的，也不是静止的，它是与二者不同的东西。

[《智》引文 11]

客人：如果是这样的话，若有人想要达到对是的清楚确定的结论，心灵该向何处去寻求帮助呢？

泰阿泰德：确实不错，上哪里去寻找帮助呢？

客人：似乎在任何地方都难以找到帮助。如果事物不是运动的，它怎么会不是静止的？或者说，不是静止的事物怎么会不是运动的？然而，是现在向我们显示为二者以外的东西。这是可能的吗？

泰阿泰德：极不可能。

客人：那么关于这一点我们必须记住一件事。

泰阿泰德：什么事？

客人：当我们被问到"不是"这个名称应该用在什么地方的时候，我们困惑得完全不知所措。你还记得吗？

泰阿泰德：当然记得。

客人：而现在我们关于是的困惑绝不亚于对不是的困惑。

泰阿泰德：先生，我应当说，如果可能的话，甚至更大。

客人：那么，就让我们记住这个困惑，我们的困难已经完全得到说明。尽管是与不是同样令人困惑，但我们仍旧希望有一线光明照亮其中一个，这样就能启发另一个。另一方面，即使我们对它们都无法看清，在这种状况下我们也要尽力推进论证，从中发现出路。

泰阿泰德：很好。（250c–251a）

这段引文紧接上一段。一上来就是一个疑问。由此可见，尽管说明了是与运动和静止的区别，但是并没有说明对是本身的认识。不仅如此，似乎通过运动和静止的辅助说明，人们反而更不知道该如何说明是的性质了。这是因为，由于对立的性质，运动和静止似乎已经穷尽了对事物的说明。一事物若不是运动的，就一定是静止的。反过来，一事物若不是静止的，就一定是运动的。既然看到，是乃是与运动和静止不同的东西，因而以上分析和说明使人们在有关是的认识中产生了困惑。

既然遇到了困惑，就要想办法解决。不过，柏拉图并没有直接提出一个具体的解决办法。相反，他提到了此前在"不是"问题上遇到相同的困惑。并由此说明，眼下关于"是"的困惑乃是同等的，甚至是更大的困惑。在他看来，关于是与不是所遇到的困难已经得到说明，只是尚未说明如何能够解决在它们遇到的困难。

从这段引文可以非常清楚地看出柏拉图有关运动和静止的讨论意图。他引入这两个概念，并不是为了讨论运动和静止本身，而是借助它们来讨论是。最终还是为了说明是的一些特征，从而帮助人们认识是。值得注意的是，在最后的说明中，柏拉图提到了"不是"，从而再次把是与不是联系起来，并且希望在关于是与不是的说明中相互可以获得启示。他的意思明显是说，希望通过关于是的说明能够获得关于不是的启示，同样，希望通过关于不是的说明能够获得关于是的启示。在我看来，在前面关于不是的说明中，直接就涉及关于是的说明，而这里关于是的说明中，实际上也涉及关于不是的说明，因为运动和静止在语义上含有相互否定的意思，因而一方暗含着对另一方的否定。而在字面上，说一事物是运动的，就不会是静止的，或者，一事物若不是运动的，就不会不是静止的，则本身就涉及或可以涉及有关是与不是的说明。所以，柏拉图所说的从相互说明中获得启发，乃是有道理的。

[《智》引文 12]

客人：那么让我们来解释一下，我们如何能用几个名字称呼同一事物，无论它此刻指的是什么？

泰阿泰德：例如？请举个例子。

客人：行。当我们说到人，我们给他许多附加的名称，把颜色、形状、身材、缺点、优点归于他，在所有这些和其他无数的论断中，我们不只说他是一个人，而且说他是好的，以及其他许多说法。我们把某个给定的事物当作一，然而把它当作多来谈论，用许多名字称呼它。

泰阿泰德：对。

客人：我想，我们在此给那些年轻人和年老晚学的人提供了一种重要的娱乐。任何人都能参加这种游戏，并马上提出来反对如下看法：多不能是一，一不能是多；他们确实乐意禁止我们把一个人说成是"好的"，我们得说好就是好，人就是人。泰阿泰德，我想你经常碰到这种热情的人，有些是智力迟钝的老人，对这些发现惊讶不已，想象自己在这个巨大的智慧宝库前变得十分聪明。

泰阿泰德：我确实碰到过这种人。

客人：好吧，那么我希望我们的论证能让所有曾对是发表过某些意见的人听到。所以让我们把将要提出的问题不仅针对这些人，而且针对所有其他在前面与我们交谈过的人。

泰阿泰德：什么问题？

客人：我们不能将是附加于运动和静止，也不能将任何性质附加于其他事物，而应当在我们的讨论中把它们当作不能相互混合或相互分享的，对吗？或者说，我们得完全把它们混为一谈，当作能够相互联系在一起的？或者我们得说，有些是这样的，有些不是这样的？泰阿泰德，我们会说他们喜欢哪些可能性呢？

泰阿泰德：我没有准备代表他们进行回答。

客人：那么为什么不逐一回答这些问题，看各种情况下会有什么样的结果产生呢？

泰阿泰德：很好。（251a–e）

这段话与前面的讨论有了明显不同：先是脱离了与运动和静止相关的讨论，然后又回到与运动和静止相关的讨论。前一部分是一个举例说明，与运动和静止无关。我们先来探讨它。

这个举例是关于人的，目的是为了说明称呼一事物会使用多个名称。引文中围绕这个例子实际给出两个说法。一个是说"他是一个人"，另一个是说"他是好的"。但是非常明显，这显然不是有关人的全部说法。借用柏拉图给出的说明，还可以有关于颜色、形状、身材、缺点、优点等说法。此外，这些说法并没有穷尽，还有其他无数说法。这里我们至少可以清楚地看出，例子可以举一反三，由此很容易想到我们还可以说，他是白的，他是三肘长，等等。

通过这个例子，柏拉图似乎说明了两个问题。一个问题即是上述举例目的：用多个名字称呼一事物。另一个则是由此引发的问题，即一与多的问题：明明是一个事物，谈论起来却似乎成为多个。这是前人谈论的老问题，由此也就涉及到相关的不同意见，即第三小段所说的问题：一不能是多，多不能是一。在一些人看来，可以说好是好，人是人，但是不能说人是好的。因为这样说会涉及一是多的问题。讨论到这一步，柏拉图又回到有关运动和静止的讨论。他的意思似乎是说，运动和静止也有同样的问题。只要把一性质与一事物结合起来，就涉及一与多的问题。假如它们各自是各自，相互不混合，似乎也就不会有这样的问题。于是这里就有了三种情况：其一，性质与事物相互分离；其二，性质与事物相互分享；其三，性质与事物相互有的分离，有的分享。现在需要考虑的是，这三种情况，哪一种是有道理的。当然，区分出这三种不同的情况，也就为进一步讨论相关问题提供了思路。

应该指出，这还只是字面的意思。仔细分析其实还可以看出更多一些意思。按照柏拉图的说法，"不能将是附加于运动和静止，也不能将任何性质附加于其他事物"，后一句似乎是比附着前一句说的。因而所谓性质似乎与是相应或相关,似乎指"是"或它所表达的东西。而所谓事物指的则是以"是"所引导出来的表达及其表达物。在例子中,这是清楚的,每一个例子都要以"是"来表达,而所使用的名字各有不同,比如"是人"、"是好的"。从例子扩展到运动和静止,也就有了把是与运动和静止相结合的问题。因此,从例子看,所谓性质与事物的结合或分离,指的是"是"与名字之间的联系,所谓分享指的则是名字与"是"的关系。超出例子看,这里就涉及是与运动和静止之间的关系了。具体而言,一方面,分离与结合可以涉及"是"与运动和静止的联系,另一方面,分享可以涉及运动和静止与是的联系。而且应该看到,这是柏拉图一种专门的用语和表达方式。

区别出这些情况,就可以分别一一讨论它们了。

[《智》引文 13]

客人:如果你喜欢,那么首先让我们假定,他们说没有任何事物能够出于任何目的与其他事物结合。这样一来,运动和静止还能分享是吗?

泰阿泰德:不能。

客人:如果它们各自不分享是,它们各自还是吗?

泰阿泰德:不,不会是。

客人:承认这一点,似乎能迅速解决所有相关理论;它一举击败了那些认为世界是运动的人,还有认为宇宙是不动的一的人,以及所有那些说事物乃是具有持久而不变的形式的人,因为他们全都把是归于事物,有些说事物是运动的,有些说事物是静止的。

泰阿泰德：是这样的。

客人：还有，有些人认为事物有时聚合有时分离。无论是无数事物组合为一，还是一切从一获得；要么按一套确定的元素对事物进行划分和结合，无论他们假定这些事情是交替发生的还是在任何时候都一直在发生。无论情况如何，但若根本就没有什么混合，那么所有这些看法都是毫无意义的。

客人：还有，有些人不允许一事物分有其他事物的性质，并用该性质的名字称呼这个事物。如果追击一下这种理论，由此产生的所有结果都将是极端荒谬的。

泰阿泰德：怎么会这样？

客人：你问为什么，在提到某事物的时候他们不可能不用"是"、"除外"、"从其他"、"靠自身"，以及许多这样的词。他们无法不用这些表达法，也不能在作论断时不将它们联系起来，所以不需要等待别人来驳斥他们；如谚语所说，敌人就在他们自己家中，他们走到哪里，就把敌人带到哪里，就象那个古怪的家伙欧律克勒斯，总有反对他们的声音从他们腹中发出。

泰阿泰德：对，你的比喻非常贴切。（252a–d）

这段话是在考虑上述第一种情况，即事物是分离的。有意思的是柏拉图用了否定表达方式：假定事物之间相互不结合。不结合自然是分离的，也就是说，这与前面所说的第一种情况意思是一样的，表达却不是一样的。

假如这个假定可以被看作是一种归谬假定，则该证明思路应该如下：从这一假定出发进行推论，如果得出矛盾，就可以说明这一假定不成立，亦即事物乃是相互结合的，即它们不是分离的。我们看到，柏拉图在推论中得出：运动和静止不能分享是。我们还看到，前面（引文10）说过，运动和静止与是不同，它们分享是，它们各自是。这样就形成矛盾，因此反驳了假设的前提。应该说，在柏拉图的论述中，这个归谬证明是非常清楚的，找出它来也很容易。但是柏拉图并没有这样证明，也就是说，他使用的并不是归谬证明，而是用一种不同的方法。这样，我们还需要考虑柏拉图给出的证明方式。

从假定事物之间相互不结合出发，首先得出运动和静止不分享是。这里的意思是说，由于事物相互不结合，因而运动和静止也不能与其他东西相结合，因而它们不会分享是。由于它们不分享是，它们各自也就不是。换句话说，由于事物不与其他东西相结合，那么既不能说事物是运动的，也不能说事物是静止的。不仅如此，还可以更进一步。由于事物不相结合，也就不能用不同的名字称呼事物，因为在这样做的时候，实际上相当于将不同的事物与同一个对象相结合。此外，由于这样做需要与"是"相结合，即不同事物要由"是"来引入，所以，既然不能这样做，也就不能把是归于事物。所以，从该假定出发，过去所有的看法，包括事物是运动的，事物是静止的，同一事物可以有不同称谓的，可以将是归于事物的等等，都变得有问题了。而这一结论显然是有问题的。因此借助"分享"这一概念，柏拉图反驳了该假定。由此可见，柏拉图的做法实际上从假定推出了假结论，因为有问题的结论可以看作是假的结论，这实际上也就表明该假定不成立，因而反驳了该假定。

值得注意的是，在解释这里的原因的时候，柏拉图明确提到"不可能不用'是'"这个词。随后的比喻是不是有道理姑且不论，至少我们再次看到，在有关是的讨论中，柏拉图有非常明确的语言层面的考虑。由此出发，我们回过头来思考前面的论述，则可以更加清楚地看出，说一事物是运动的，则运动分享了是，因为运动乃是通过这个"是"引入的，也就是说，是与它一起表达的。同样，用一个不同的名字称谓同一个事物，也是通过"是"进行的，比如"他是一个人"，"他是好的"。例子中的"他"乃是同一的，而"人"和"好的"则是不同的名字，它们的表述都要通过这个"是"，因而它们分享是，而这个他也就分别与人和好的结合起来，因而与它们相结合。在哲学讨论中，例子不重要，重要的是理论探讨和说明。柏拉图的论述也是一样。所有这些讨论都是围绕着"是"进行的，都是关于它的说明和探讨。由此也就表明这个问题的重要性，以及这个问题在柏拉图的认识中的重要性。

在否定了第一种情况之后，柏拉图接着讨论第二种情况，并且经过简单论证就得到否定的结论。他的证明方式与前面相同。假定一切事物都能相互分享，就会得出运用与静止也会相互分享,因而运动就会是静止的,而静止就会是运动的。而这是不可能的。这样也就排除了一切事物相互分享这种情况。因此需要认真考虑的只有第三种情况:有的事物相互分离,有的事物相互分享。这种情况也被称之为如下情况:"有些事物能够混合,有些事物不能混合。"(252e)

值得注意的是柏拉图并没有接着讨论第三种情况,而是讨论了一些似乎与它无关的问题。比如通过字母的组合和连接方式谈到语法,通过音调的不同组合谈到音乐。然后由此就谈到技艺,并通过技艺来谈论种类的结合与匹配,以及种类的划分,由此谈到学问,甚至明确谈到论辩法,进而谈到理念与个体之间的区别和关系。这些论述与前面的论述不同,似乎有一些关系,但是也不完全相关。从它们的具体内容看,似乎是在谈论一种学科意义上的东西,因而似乎表达了关于一种学科意义上的东西的看法,[①] 但是实际上给人的感觉又不是那样明确。为了更好地理解这段论述,我们给出它的最后部分:

[《智》引文 14]

客人:如果想要寻找哲学家,那么我们在这样的地方或早或迟都能找到。也许有时候不容易看清楚,但寻找哲学家

[①] 这一部分柏拉图称之为辩证法,冯·弗拉森将它称为"逻辑研究"。但是他说,这不是逻辑,而是关于逻辑结构的研究(参见 Van Fraasen, B.C.: Logical Structure in Plato's *Sophist*, *The Review* of *Metaphysics*, vol.22, No.3, March 1969, 第 482 – 498 页,特别是第 492 页)。

的困难与寻找智者的困难是不一样的。

泰阿泰德：有什么区别？

客人：智者在不是的黑暗中藏身，他以此为家，摸索着度日。正是因为这地方太黑暗了，所以人们很难发现他。

泰阿泰德：可能是这样的。

客人：而哲学家通过理性献身于是的理念，他的领域如此光明，因而他难以被看到，因为普通心灵的眼睛难以持久地凝视神圣的东西。

泰阿泰德：这种情况的真实性并不亚于智者。

客人：那么，如果我们心里还想这样做，我们当前要更加紧密地盯着哲学家；同时，我们显然也一定不能放松对智者的把握，直至彻底地研究他。

泰阿泰德：我完全同意。

客人：我们现在同意，某些种类能够相互结合，某些种类不能，有些种类能结合的范围很小，有些种类能结合的数量很大，而有些种类渗透一切，没有任何东西可以抵挡它们与所有事物的结合。接下去，让我们按下面这种方式进行论证。我们不讨论所有理念，因为担心理念如此众多会引起混乱，而是选出某些被认为是最重要的或非常重要的种类，首先考虑它们的若干性质，然后考虑它们如何能够相互结合。以这样的方式，尽管我们不能完全清楚地把握是与不是，但我们至少可以在当前考察的基础上为它们提供一个令人满意的解释，看看是否可以说不是者实际上是（那）不是者，而这样做时又不会受到伤害。

泰阿泰德：对，我们最好这样做。（253e–254d）

这段话明显分为两部分。前一部分论述哲学家和智者的区别，后一部分论述随后论证的思路和方式。我们先看第一部分。

前面的讨论一直集中在智者。虽然也涉及哲学家，但是至少主要是与智者相关。这里言明在这样的讨论中会遇到哲学家，由此也就表明，哲学家与智者似乎会有一些相似之处。柏拉图无疑是要说明，哲学家与智者乃是不同的。但是他的说明方式却很独特。首先他用难度作说明：寻找智者很难，寻找哲学家也很难，这是他们的共同之处；不同之处在于，这种难处乃是不同的。然后他进一步说明寻找哲学家和智者的难处的区别。在柏拉图的说明中，"光明"和"黑暗"乃是比喻，用以表示难以发现的原因。我们明白它们的褒贬之意就可以了，不必太过当真。在我看来，真正值得重视的是柏拉图对哲学家和智者的具体说明：哲学家与是相联系，智者与不是相联系。从这些具体的论述可以看出，这一段说明并不仅仅限于此前类乎关于学科意义上的东西的探讨，而是与我们至此所讨论的所有问题相关。"不是"乃是前面讨论问题的出发点，字面上就含有"是"，因而与是相关。"是"则是在讨论不是的过程中提出并加以讨论的，特别是结合运动和静止来进行讨论。从前面的讨论可以看出，在这两个问题的讨论中都遇到了难题，柏拉图得出的结论是：不仅对"不是"的用法感到困惑，而且对"是"同样感到困惑，甚至更加困惑。这里的区别在于，由于对"不是"感到困惑，柏拉图转而探讨"是"，并且借助运动和静止来探讨它。现在，即使借助运动和静止来探讨是，依然遇到困难。但是柏拉图区别出与它相关的三种情况，已经排除了两种情况，还有一种情况没有讨论。正是在这种情况下，柏拉图指出关于是的讨论乃是与哲学家相关的，因而是需要我们"紧密地盯着"的。这就说明这种探讨乃是至关重要的。假如把这样的说明看作是有关第三种情况的探讨的铺垫，假如把此前那些类乎学科意义上的说明也看作是有关第三种情况的探讨的铺垫，我们就可以认识到，柏拉图似乎在努力提升这样一种探讨的价值和意义。他似乎试图从学科的意义上，从方法论的意义上阐明这样一种探讨的重要性。

　　第二部分主要有两个意思。其一是回到有关上述三种情况最后一种的讨论，这样就接续上前面的讨论。其二是说明后面的讨论方式。大体上说，这个说明是比较清楚的，比如它涉及有关是与不是的说明。但是在我看来，最重要的是这里有关目的的说明：尽管不能完全清楚地把握是与不是，但是至少在现有基础上为它们提供一个令人满意的解释。这就告诉我们，随后的工作依然会和是与不是相关，依然是为了提供有关它们的解释。不仅如此，它还告诉我们，此前的工作都与它们相关，并且为此后的讨论提供了基础和帮助。因此，我们可以把随后的讨论看作是已有讨论的继续和深入。

　　除此之外，我认为这里有关理念的讨论乃是值得深思的。柏拉图明确提出要选择所有理念中最重要的或非常重要的理念来进行讨论。字面上似乎看不出它们包含"是"这个理念。但是,由于柏拉图明确称"是"为一种理念,还以光明来描述它,将它与哲学家联系起来,因此我们可以认为它一定是最重要或非常重要的理念。理念说是柏拉图非常重要的理论之一。由于它不是本书讨论的内容,因而我们不做深入探讨。但是柏拉图有关是的探讨明显涉及他的理念论,这一点应该引起相关研究的重视,至少是不应该被忽视的。

4. 关于相同与相异

在说明哲学家与智者的区别,应该如何进一步探讨相关问题之后,柏拉图开始了下一轮探讨。

[《智》引文 15]
客人:在我们刚刚讨论过的种类中,是本身、静止、运动,是非常重要的。
泰阿泰德:确实如此。
客人:注意,我们说这三者中有两个是不能相互结合的。
泰阿泰德:对。
客人:但是,是能与二者结合,因为它们肯定都是。
泰阿泰德:当然。
客人:所以它们一共是三个。它们(是、运动、静止)中的每一个都是与其他两个相异的,都与自身是相同的。

泰阿泰德：是这样的。

客人：但我们刚才使用的"相同"和"相异"是什么意思？尽管它们总是与那三个结合在一起，但它们是与那三个相异的一对种类吗？所以我们是否一定得认为共有五类，而不是只有三类？或者说，当我们说"相同"和"相异"的时候，我们不自觉地说到属于这三类中的某一个类？

泰阿泰德：有可能。

客人：好吧，运动和静止无论如何既不是相同，也不是相异。

泰阿泰德：为什么不能？

客人：运动或静止都不能等同于我们说它们相同的任何东西。

泰阿泰德：为什么？

客人：因为这样一来，运动就会是静止的，而静止就会是运动的，它们中无论哪个（运动或静止）变得能够用于二者（通过等同于用于二者的相同或相异）都会迫使另一个（静止或运动）变成它的本性的对立面，由此分享它的对立面。

泰阿泰德：是这样的。

客人：但是它们确实分享相同和相异。

泰阿泰德：是。

客人：所以我们一定不说运动是相同或相异的，也不说静止是相同或相异的。

泰阿泰德：不能这样说。

客人：然而，我们会认为是与相同乃是一样的吗？

泰阿泰德：可能。

客人：但若"是"与"相同"在意思上没有差别，那么当我们说运动和静止是的时候，我们也得说，既然它们是，它们就是相同的。

泰阿泰德：但这是不可能的。

客人：那么是与相同不是一回事。

泰阿泰德：几乎不可能是。

客人：那么，我们可以在原有的三个种类之上，把相同确定为第四个种类。

泰阿泰德：当然可以。

客人：我们把相异称作第五个种类吗？或者说，我们得把相异和是当作一个种类的两个名字吗？

泰阿泰德：也许吧。

客人：但我想你会承认，是者有些是依自身被考虑的，有些是相对于其他事物被考虑的。

泰阿泰德：当然。

客人：被称作相异的东西总是与其他事物相关，对吗？

泰阿泰德：是这样的。

客人：是与相异若不是完全不同，情况就不会这样了。如果相异与是一样也分享这两种性质，那么在相异这类事物中有时候就会有一些东西，它们是相异的，但是与其他事物无关。但是事实上，我们无疑发现，无论什么东西只要是相异的，必然是相对于其他事物而言。

泰阿泰德：你说得对。

客人：那么，我们必须把相异这种性质称作我们已经指出过的第五个种类。

泰阿泰德：对。

客人：我们还得说这种性质渗透所有种类，因为每一种类都与其他种类不同，不是由于其本性不同，而是由于它分享不同的性质。

泰阿泰德：确实如此。（254d–255e）

这一段话很长。完整的引用它是为了准确地把握柏拉图的思想，不仅把握他随后的探讨，还要把握他随后的探讨与此前探讨的联系。这一段话大体上有三层意思，一是承上启下，二是提出两个新的种类，三是论证为什么这两个新的种类可以填列已有的种类。第一层意思直白而明确，再次提到前面提到的三个种类：是、运动、静止；并且简要概括了它们的性质和特征：它们是三个，每一个都是与其他两个相异的，都与自身是相同的。由于前面关于它们已经做过专门讨论，因此我们可以不再考虑它们，这样我们只需要考察后两层意思。

表面上看，概括已经说过的三个种类有两个用意。一是明确回到已经讨论过的三个种类上来，二是表明随后的讨论乃是有基础的，也是有延续性的。但是在我看来，这里还有一个用意，这就是为提出新的种类做准备。"相同"和"相异"是两个新的种类。它们是用一个问句的方式提出的："使用的'相同'和'相异'是什么意思?"这种提问方式要多自然有多自然,因为在关于是、运动和静止的概括说明中恰恰刚刚使用了这两个表达式。对照关于这三个种类的探讨可以看出,前面谈到运动和静止之间的对立,探讨它们对是的分享,通过它们谈论了事物的变化,等等,而这里把所有这些情况概括为相同和相异,难道不是非常自然的吗?前面我们曾经说过,运动和静止字面上不是对立的,但是语义上有对立的含义。这里的相同和相异同样是这样:字面上不是对立的,但是语义上有对立的意思。① 因此,用相同和相异来说明运动和静止,乃是非常自然的。再从这种自然的说明中引出"相同"和"相异"这两个用语,表示新的种类,似乎同样是自然的。因此可以说明,第二层意思与第一层意思是密切相关的,因为它提出的新的种类直接来自第一层意思表达时的用语。

提出相同和相异作为新的种类,自然要说明它们的合理性,因此第三层意思顺理成章。我们看到,有关它们的说明都与"是"这个种类相关。这一点不难理解。此前说过"是"与"运动"和"静止"乃是不同的种类,这里又刚刚说过,

---

① 也许有人会说,"同"和"异"字面上就是对立的。这里我只想说,"同"与"不同"字面上是对立的,它们的对立来自其中那个"不"字。也就是说,即使不知道"同"是什么意思,只要知道"不"是什么意思,就可以知道"同"与"不同"的意思乃是对立的。相比之下,如果不知道"同"与"异"是什么意思,或者哪怕只是不知道其中一个词的意思,也不会知道这两个词的意思是对立的。在后面的讨论中,我们还会结合"是"与"不是"进一步谈论这个问题,这里则不再谈论。

"相同"和"相异"与"运动"和"静止"不同，因此是不同的种类。还需要说明的就只有它们与"是"的区别。可以看到，柏拉图是将它们分别进行说明的。

在对相同进行说明的时候，柏拉图借助了运动和静止。此前已经说过，运动和静止可以说是，但是它们乃是不同的。假如现在说相同与是没有区别，前面的说法就有问题了。所以相同与是乃是不同的。这样，把相同确立为单独一类乃是可以理解的，说明也是有道理的。相比之下，在对相异进行说明的时候，柏拉图不再借助运动和静止，而是借助了是本身的性质。按照他的说明，对是的考虑可以有两种情况，一种乃是依自身，另一种则是相对于其他事物。这实际上相当于说，是乃是多义的。相异只满足是的两种情况中的一种，即相对于其他事物而言，而不满足另一种情况，即依自身。应该说，这些说明是有道理的，大体上说明了相异与是乃是不同的，因而可以成为单独一类。但是，对照有关相同和相异的说明，我们会发现一个问题：柏拉图在进行这两种说明时所依据的标准是不同的。

在我看来，这样做本来是不必要的。既然认为是有两种性质，并且借助这两种性质来说明相异，那么为什么不以此来说明相同呢？比如，既然相异满足相对于其他事物这种性质，相同肯定就不满足。同样，既然相异不满足依自身这种性质，相同似乎就应该满足。也就是说，确立相同和相异为两种不同的种类，不借助运动和静止来说明也是可行的。但是柏拉图没有这样做，而是依据了不同的标准，使用了两种不同的说明方式。那么这是为什么呢？

假如必须使用这样两种说明方式，我们大概可以认为，仅凭其中一种方式，比如是本身的性质，尚不足以说明相同和相异。也就是说，即使凭借"与其他事物相关"这种性质可以说明相异，也不意味着凭借"依自身"这种性质可以说明相同。事实是至少柏拉图没有这样说。在这一点上，我们可以假定柏拉图的做法是有道理的，因而不用多做考虑。①我们要进一步考虑的是：如果可以不必使用这样两种说明方式，而只使用后一种方式就够了，柏拉图为什么还要使用这样两种不同的说明方式？

在我看来，这里的原因大概主要在于，在柏拉图看来，借助运动和静止可以说明相同，但是尚不能说明相异。由于运动和静止在前面的讨论中已经得到明确的说明，因而是明确的概念，被确立为明确的种类，而相同和相异则是尚未明

---

① 深入考虑这里的问题需要仔细分析柏拉图的用语"依自身"（auta kath auta）。这个短语也有"符合自身本性"的意思。在有关柏拉图的研究中，人们都认为这里的说明涉及并区别了"是"的两种用法和含义，一种是"与其他事物相关"，一种是"与自身相关"。涉及对希腊文的不同使用和理解，比如其中的 kath 换作 pros，意思可能也会不同。因而有人认为这里的两种含义都是系词意义上的，也有人认为一种是系词意义上的（不完整用法），另一种是存在意义上的（完整用法）（参见 Bostock, D.: Plato on 'Is Not', in *Oxford Studies in Ancient Philosophy*, vol. II, ed. by Julia A., Clarendon Press Oxford, 1984, pp.92-93）。由于柏拉图的论述过于简单，究竟是什么意思并不十分清楚。但是有一点是非常清楚的，这就是他借助"依自身"做出说明，因而与借助"运动"和"静止"做出说明乃是不同的。

确说明的概念，所以可以借助前者来说明后者。使用明确的概念来说明不明确的概念，使用比较明确的概念来说明不太明确的概念，这是一条基本的方法论原则。柏拉图这样做当然是有道理的。柏拉图确立了三个基本的类，实际上是确定了三个基本概念，他希望通过对它们的探讨说明"是"。在遇到问题之后，他需要引入两个新的概念来探讨，在对这两个概念的说明中，首先借助已经确定的概念，当然是最简单直接的做法。只有当用已经确定的概念无法进行说明的时候，才需要或才能够引入新的概念，这大概也是最基本的方法论原则。表面上看，有关相异的说明依赖于有关是的理解，由于是乃是确定下来的三个概念之一，似乎就是自明的。从相关的说明方式看，"依自身"和"与其他事物相关"这两个说明似乎也是自明的，因为他没有对它们做任何进一步的解释。但是此前的讨论中从未明确说过这两种性质，更没有以这两种性质来说明是的特征和性质。因此，严格地说，它们并不是自明的概念。认识到这一点也就可以看出，由于已经确立了"是"、"运动"和"静止"这三个概念为三个类，因而它们就是自明的，可以借助它们来进行讨论。在这种情况下，很有可能在柏拉图看来，只要能够说明新引入的概念即可，先借助谁后借助谁并没有什么太大的关系；也有可能对柏拉图来说，"是"的这两种性质也是自明的，如同运动和静止的性质是自明的一样，因而给出的说明并没有什么问题；当然还有一种可能性，即上述讨论所指出的，在不能用运动和静止来说明的时候，就要借助是来说明，这时就需要借助对是的理解，因而要对它的性质做出一些说明。这样的说明以满足将相异作为一个新的种类确立起来为目的。在这种意义上，即便给出的两种性质是新引入的，只要满足这一目的即可，不必做过多讨论。结果给人一种印象：这两种性质乃是自明的。

无论这里是不是还有更多的可能性，不管哪一种可能性是柏拉图实际的认识和考虑，我们确实明白无误地看到，柏拉图以这样一种论证的方式在"是"、"运动"和"静止"这三种概念或三个种类之上又确立了"相同"和"相异"这样两种概念或种类。这样他就确立了五种在他看来相互独立的概念或种类，它们构成了他进一步讨论的基础。就是说，他可以基于这五个概念对"是"做更进一步的探讨。由于多了两个概念，谈论的空间扩大了，可能性增多了，因而有望突破仅仅依据三个概念来探讨的局限，从而最终对所要探讨的问题做出明确的说明。

在接下来的讨论中，柏拉图首先说明运动，运动与静止乃是完全相异的，所以运动不是静止。此外，运动分享是者。这其实是借助相异来重复前面已经得到的结论。我们需要考虑的则是运动与相同和相异的关系。

[《智》引文 16]

客人：我们还得说运动与相同乃是相异的。

泰阿泰德：确实是。

客人：所以运动不是相同。

泰阿泰德：不是。

客人：但是另一方面，我们说运动乃是与其自身相同的，因为一切事物都分享相同。

泰阿泰德：确实如此。

客人：那么，运动既是相同，又不是相同；对此我们必须加以承认而不要感到吃惊。因为当我们说它是相同和不是相同的时候，我们并不是在相同的意义上使用这个表达法；我们称它为相同乃是因为它与其自身相关分享相同，而我们称它为不相同则是因为它分享相异，由此它与相同分离，并成为不相同，而是相异，所以这个时候我们可以正确地说，它不是相同。

泰阿泰德：确实如此。

客人：所以，假如运动本身以某种方式分享静止，那么把运动说成是静止的就不会有什么离奇的了。但运动实际上并不分享静止。

泰阿泰德：对。

客人：而它确实既分享相同又分享相异，所以，它既是相同又是相异，这样说乃是正确的。

泰阿泰德：完全正确，只要我们同意有些种类会相互结合，有些种类不会。

客人：让我们继续论述，运动与相异乃是相异的，正如它与相同乃是相异的，与静止也是相异的，对吗？

泰阿泰德：必须如此。

客人：那么，按照我们刚才进行的论证，运动在某种意义上不是相异，又是相异。

泰阿泰德：对。

客人：那么下面我们该说什么？我们已经同意在这个领域有五个种类摆在我们面前接受检验，我们得说运动与其他四个种类中的三个乃是相异的，而与第四个种类不是相异的吗？

泰阿泰德：我们怎么会这样说？我们不会让已经指出了的种类的数目变少。

客人：所以我们可以无畏地指出运动与是乃是相异的。

泰阿泰德：对，一点都不用害怕。

客人：那么，运动确实既不是是者，又是是者，因为它分享是，这是清楚的吗？

泰阿泰德：这一点完全清楚。（256a-d）

这段话有些长，但是思路很明确。它首先论述运动与相同，然后论述运动与相异，最后论述运动与是。我们可以分别来看这几个不同的论述。

通过论述运动与相同的关系，这里得出结论说：运动既是相同又不是相同。从这个结论可以看出，它需要说明两点。其一，运动是相同，其二，运动不是相同。直观上可以看出，运动与相同肯定不能是相同的，因为前面已经论证过这一点，否则"相同"就不能作为一个不同的种类加在"是"、"运动"和"静止"之上。也许正因为如此，柏拉图一上来就说明这一点，而且把它当作显然的。相比之下，对运动是相同的这一点的说明要复杂一些。从"运动乃是与其自身相同的，因为一切事物都分享相同"这一句可以看出，说明中增加了"与其自身"这一表达，解释中借助了"分享"这一术语。这一说明实际上预设了一个前提：任何事物都是与自身相同的。这似乎表明，一方面，"运动"与"相同"乃是两个不同的类，另一方面，这并不意味着不可以说"运动是相同的"，因为既然任何事物都分享相同，运动也不会例外，因而也可以分享相同。既然运动可以分享相同，当然也就可以说，运动是相同的。当然，中间一小段是关于用语"相同"一词的解释，即不同用法的不同含义。无论这样的说明是不是有道理，似乎至少可以看出，它是有必要的。这也许是因为在柏拉图看来，若是没有这样的说明，人们就会以为"运动"与"相同"乃是一样的，因而他区分出来的五类或五个概念就不是相互独立的；而有了这样的说明，人们才会相信，尽管"运动"与"相同"乃是两个独立的类或概念，运动依然会是相同的，因为这里的相同乃是在不同意义上使用的。

在柏拉图的说明中，我们可以看到"分享"一词的使用及其作用。由于运动分享（尽管是与自身相关的）相同，因而运动是相同的，由于运动分享相异，因而运动是相异的。既然运动是相异的，当然运动也就是不相同的。所以，运动既是相同的又是不相同的。由此可见，"分享"这个词在说明中是不可或缺的。

经过关于运动与相同的论述，似乎论述运动与相异就容易多了。运动既是相异，又不是相异，这一结论不难理解，但是可以看出，它几乎没有论证，说得非常简单，完全是仿照关于运动与相同的论述。它的意思似乎是说，它们的论证是一样的，照搬一下即可。比如，运动与相异不同，因为它们是相互独立的不同的类，因此它们是相异的。另一方面，运动在某种意义上与自身相同，因而分享相同，所以不是相异的。这样就得出，运动既是相异的，又不是相异的。

最后这里讨论运动与是的关系。由于此前早就说明运动不是静止，这里又说明了运动不是相同，也不是相异，因此在给出的五个类中，只还需要说明运动与是乃是相异的。根据前面的论证，这一点似乎是显然的，否则它们就不能成为相互独立的类或概念。既然运动与是乃是相异的，它就不是是。但是，此前（如引文10）早就说过，运动分享是，因而它又是是。所以这里得出结论：运动既是是，又不是。

引人注意的是，这段话不仅得出运动与其他诸类的区别，而且结论的表述方式都是相似的。比如运动既是相同又是相异，运动既是相异又不是相异，运动既是又不是等等。也就是说，所得结论都是以一种矛盾的方式表达的。假如我们可以把它们这种共同的方式提炼出来，这就是：既是又不是；或者：一事物既是又不是。尽管柏拉图没有这样提炼，但是以上论述无疑包含着这样的东西，而且这显然也是他刻意要得到的东西。联系前面所说，他主要考虑的乃是是，或者是与不是，因此可以理解，这样的表述方式一定是他所需要的。此外还可以看到，柏拉图只讨论了运动与其他诸类的关系，而没有谈论静止与其他诸类的关系。这大概是因为在他看来，静止与运动显然是对立的，借助同样的方式很容易得到相似的结论，因而讨论了运动就够了。由此同样就可以看出，运动和静止并不是柏拉图主要和专门讨论的东西，不过是他借用来讨论是与不是的东西而已。相关讨论的目的最终还是要落实到是，或者落实到是与不是上来。

[《智》引文 17]

客人：那么，与运动相关，不是乃是则必定是可能的。不仅在运动这个例子中是可能的，而且在其他所有种类中都是可能的。因为相异的性质在所有种类中都起着如下作用：使每一种类与是乃是相异的，因而与不是也是相异的。因此我们按照相同的原则在这个意义上说，它们都不是；但是，由于它们分享是，因此可以说它们是并且分享是。

泰阿泰德：无疑如此。

客人：所以，在每一个种类中，有许多是的东西，也有无数不是的东西。

泰阿泰德：好象是这样。

客人：还有，是本身一定得称作与静止相异的东西。

泰阿泰德：必然如此。

客人：然后我们发现，在许多方面，是也和不是一样并非是其他是的事物，是乃是其本身，而不是所有无数的其他事物。

泰阿泰德：是这样的。

客人：当我们说"不是的东西"时，我们的意思似乎并非指某些与是对立的东西，而是指与是相异。

泰阿泰德：怎么会这样？

客人：举例来说，好比我们说某物"不高"，此时我们的意思有可能"是矮的"，也有可能"是一样高的"，对吗？

泰阿泰德：没错。

客人：所以，若有人断言一个否定词表示一种对立，我们对此不要同意，而至多承认，"不"这个前缀表示与后续的词相异的某事物，或者确切地说，表示与否定词后面的词所表示的事物相异的事物。

泰阿泰德：确实如此。（256e - 257c）

这段话紧接上一段。很明显，在借助运动讨论之后，现在直接过渡到关于是与不是的讨论。这里讨论的第一个问题就是"不是乃是"。之所以说这一定是可能的，主要是因为有了前面的讨论的诸多结论：运动既是相同，又不是相同；运动既是相异，又不是相异，运动既是又不是。所有这些结论集中表明一点：一事物既是又不是。既然可以说一个是的事物不是，也可以说一个不是的事物是，由此似乎自然也就得出：不是乃是。更为重要的是，这个结论是从有关运动的讨论得到的，也就是说，其他情况尚未讨论，比如关于静止的情况，关于相同和相异的情况等等。但是在柏拉图看来，这个结论在其他种类也是如此。由此我们也就明白，为什么柏拉图前面只讨论运动而不讨论静止。这里我想再强调一遍：如上所述，他的目的并不在于讨论运动和静止，而只是借助它们来探讨是与不是。所以有了关于运动的讨论就够了，其他情况举一反三，或者以此类推。在我看来，这里尤其重要的是应该看到，柏拉图给出的几个类其实是几个抽象的理念，基于这些理念他要探讨与认识相关的问题。这些理念的抽象性表明它们的普遍性，因此柏拉图认为他的结论在所有这些类中都是如此，其实是想说明，他的这一结论乃是有普遍性的，即是关于认识的普遍性结论。

如果再具体一些，还可以看到，对"不是乃是"的支持尽管是从前面有关运动的论述得出的结论，柏拉图还是对它做出进一步的解释，而在他的解释中，核心概念则是"相异"。相异的作用主要是使每一个种类与是都是相异的。这一点不难理解。因为"是"、"运动"、"静止"、"相同"和"相异"都是不同的种类，它们相互之间都是相异的，后四类与是当然也是相异的。这也是柏拉图此前一直在论述的东西。但是，在这里我们还看到另一个说明：相异与不是也是相异的。这里的问题在于，"不是"并不是柏拉图所讨论的诸类之一。但是柏拉图以所讨论的类来说明它。这一方面就表明，柏拉图给出的类具有普遍性，可以说明这些类，也可以说明这些类之外的东西。字面上看，不是与是相关。既然这些类可以说明这些类之外的东西，当然可以说明与它们相关的东西。或者，即使它们不能说明它们之外的东西，至少可以说明与它们相关的东西。有了这样的说明，也就再次说明前面的结论：这些种类各自既是又不是。原因在于，由于相异，它们各自不是；由于分享是，它们各自是。

随后的讨论基于第一小段的结论。既然给出的几个类表明一个共同的思想：一事物既是又不是，因此自然可以得出，既有是的东西，也有不是的东西。这样，柏拉图的讨论又集中到是与不是上来。围绕着是与不是，柏拉图有如下说明：是乃是其本身，而不是其他事物。这一说明无疑暗含着既是又不是这一论断。在这一说明过程中，也以间接的方式间接说到不是，说它不是是的事物。这话自然隐含着如下意思：不是乃是（那）不是的事物。这里的说明虽然简要，却同样暗含着既是又不是这一论断。

值得注意的是，这里说明的乃是是，说明过程中比照了不是，随即转而讨论不是。这似乎表明，困扰柏拉图最多的还是"不是"，他要说明的依然还是（那）不是。在随后的讨论中，柏拉图提出一个意义解释，举了一个例子做出说明，然后得到一个结论。根据这个语义说明，不是并非表示与是对立，而是表示与是相异。比如说某物不是高的。这与说它是高的当然会有对立的意思。但是也可能不是这样，而是表示其他意思：比如说它是矮的，是一样高的，等等。最后的结论是："不"乃是一种否定的表达，表示相异，即与其后用语所表示的事物乃是相异的。这一段说明虽然很短，却是比较完整的。字面上直接可以看出几个意思。第一，不是乃是与是相关的。第二，不是乃是日常最自然的表达。第三，"不"乃是一种否定的表达。这几个字面意思，虽然简明直白，从中我们却可以获得一个非常重要的认识。

从三可以看出，"不"乃是一个词，因而是语言层面的。与此相关，柏拉图的一些表述也表明这一点，比如"说'不是的东西'时"，这里的"说"表明被说的东西乃是与言语相关的。假如认为这尚不足以说明"不"乃是语言层面的，因为也可以把它看作对外界事物的描述，那么"说某物'不高'"中的"说"无疑表明随后的东西乃是语言层面的，因为这里表达的不是事物不高，而是事物被说成不是高的。"不"与"是"常常联系使用，因而"不是"也是一种语言表达，也是语言层面的。基于三，二也是非常清楚的，"不是高的"无疑是最常见的日常表达，因而"不是"乃是最常见的日常表达，同样说明它是语言层面的。基于三和二再来看一，则可以看出，既然"不是"与"是"相关，因此"是"也是一个词，也是常见的日常表达，同样是语言层面的。我们曾经多次说过，人们批评古希腊哲学家不区分语言和语言所表达的东西，因而常常混淆它们的区别。但是从柏拉图的论述可以清楚地看出，他有非常明确的关于语言的论述和考虑。在这样明确涉及有关语言的考虑和论述的上下文中，语言与语言所表达的东西的还是可以得到明确区别的。因为直接而明确关于语言的论述可以成为我们认识古希腊哲学家关于语言考虑的线索，有助于我们发现并探讨他们对语言与语言所表达的东西的区别和认识，从而帮助我们更好地理解他们的思想。

除了以上意思，这段话的结论也是非常明确的："不是"的意思主要不是"是"的对立，而是相异。

这里还有一个细节值得注意：在论述是与不是之前，柏拉图提到要把是本身看作与静止相异的东西。这句话与上下文似乎没有什么关系。也许是因为在引文16只探讨了运动与是的相同和相异，而没有谈论静止与是的相同和相异。这里顺便补说一下。假如是这样，那么有了前面关于运动的说明，这一句的意思也可以是理解的。

[《智》引文18]

客人：如果你同意，我们在此必须考虑这样一个问题。

泰阿泰德：亦即？

客人：相异的性质似乎也象知识一样被弄成好几种了。

泰阿泰德：怎么会这样。

客人：知识肯定也是一，但它的每个部分都掌握某个确定的领域，可以清楚地划分出来，给予适宜的名字。因此我们说，语言承认许多技艺和知识的形式。

泰阿泰德：确实如此。

客人：同样的情况也发生在具有单一性质的相异的各个部分。

泰阿泰德：也许，但我们该怎样解释？

客人：相异的一个部分与美丽乃是对立的吗？

泰阿泰德：对。

客人：我们得说这个部分没有名字，或者说它有专门的名字？

泰阿泰德：它有专门的名字。每当我们说"不美丽"，我们用这个词所指的事物确实与美丽的事物的性质相异。

客人：那么请告诉我。

泰阿泰德：告诉什么？

客人：我们是否可以说，不美丽的事物乃是某类是的事物中独特的部分，与某类是的事物形成对照？

泰阿泰德：可以。

客人：所以，不美好象乃是一种是与是的对照。

泰阿泰德：完全正确。

客人：那我们该怎么办？这样看来，我们还能声称对美的可以更多地说是，而对不美的则只能较少地说是吗？

泰阿泰德：无论如何都不能。

客人：所以，一定得说不高与高本身同样具有是。

泰阿泰德：一样。

客人：我们也必须把不公正放在与公正同样的立足点上，其中一方并不比另一方更是。

泰阿泰德：肯定是这样的。

客人：对其他事物我们都可以这样说，因为我们看到相异的性质被证明实际上拥有是，一旦认为它有是，它的部分也必须与其他事物一样被认为有是。

泰阿泰德：当然。

客人：所以，当相异的性质的某个部分和是的性质的某个部分被当作相互对立的，那么这种对立，如果可以这样说的话，就象是本身一样实际上乃是一种是；这样说并不表示它与是的对立，而只表示它与是乃是相异的。

泰阿泰德：这已经相当清楚了。(257c–258b)

这一段话的意思很明确：进一步讨论相异。这当然是可以理解的。既然把相异看作"不是"所表达的意思，当然可以对它做出进一步探讨，从而更好地说明"不是"。

第一个说明是说相异弄成好几种。这话的意思不太容易理解。但是由于这里将相异与知识并列考虑，因此可以借助关于知识的认识来理解它。按照柏拉图的说法，知识是一，有不同领域，可以有不同命名。结合此前柏拉图的说法，知识与是相关，这样的论述使人会想到引文 12 的论述。那里他以人为例，认为可以给人附加许多名称，比如说他是一个人，是好的等等，以此说明可以把一事物当作一，但是却当作多来谈论，用许多名字称呼它。如果可以依据引文 12 的这种意思来理解这里有关知识的说明，则可以认为，对相异也要做出这样类似的理解：可以把一事物当作一，却可以有多种表达相异的称谓。比如同样以人为例，我们可以说他不是好的，不是白的，不是高的等等。柏拉图把关于知识的说明看作自明的，因而没有过多解释，我们也就不做深究，假定它是自明的。

这里，柏拉图以"不美丽"为例做出说明。直观上，不美丽与美丽乃是对立的。但是，按照柏拉图的意思，所谓不美丽，并非表示与美丽对立，而是表示与美丽所表达的事物的性质相异。这样，由于相异乃是一种专门的种类，并且得到前面的论证，因而相异所表达的似乎就是一种独特的性质。这样来认识，则不美丽所表达的也是一种独特的性质，即与美丽所表达的性质相异。也许正是由于这种独特的性质，柏拉图称它为"相异的一个部分"。在我看来，这一点是容易理解的。比如，按照他的说法，"不高"所表示的与"高"所表达的性质乃是相异的，也会是一种独特的性质，因而它也会是相异的一个部分。这样就可以看出，柏拉图的意思似乎是说，相异相当于很多独特性质的总称。这些独特性质都是不同的，都是相异的部分，好像分为不同的种类。这些说法是不是有道理姑且不论，关键在于由此得出的结论引人注目：其一，相异的事物乃是某类是的事物中独特的部分，其二，相异的事物与某类是的事物形成对照。"所以，不美好象乃是一种是与是的对照。"从这个结论可以看出，柏拉图把"不是"归为"是"，借用的则是"相异"这一概念。直观上可以理解，在他区分的五个类中，只有"是"，而没有"不是"。但是，"不是"又是人们常说的，而且与"是"相关联，在他看来还可以为智者提供诡辩之处。所以即使在所列出的类中没有它，也要讨论它，并且还重点讨论。所以，这样把"不是"归为"是"类，既是讨论的方式所致，也包含着对不是与是的关系的认识。

应该看到,在柏拉图的论述中,既有"不是"(mei on),也有"不美丽"(mei kalon)。前者省略的乃是系词"是"所联系的东西,后者省略的则是系词本身。在希腊文中,系词常常是可以省略的,因此当柏拉图谈论美丽或不美丽的时候,有时候也可以把它们看作省略了系词的表达。不加系词,这里的区别并不明显,而一旦补充系词,就会显示出一些差异。非常明显,这种差异不是出现在关于美丽的表达中,而是出现在关于不美丽的表达中。这是因为,随否定词的位置不同,表达方式也会不同:比如"是不美丽的",或"不是美丽的"。不过,二者的语义大致差不多。它们的差异只有联系句法才可以看出来。但是,柏拉图没有论述这样的区别与差异,因而我们可以假定在他看来,它们之间大致是等价的,没有什么区别。

从柏拉图的论述可以看出,"不是"与"不美丽"显然是相关的,因此我们可以把它们联系起来考虑。这样,既可以为"是"加上谓词,也可以为"不美丽"补充系词。也就是说,我们可以依照日常自然的表达方式来考虑他的论述。这样我们就会看到,是美丽的,乃是非常自然的表达。是不美丽的,或者,不是美丽的,也是非常自然的表达。由于我们看不到柏拉图有关后二者之间区别的论述,因此我们可以认为,在柏拉图的论述中,是不美丽的与不是美丽的大致是等价的。除了"不美丽"这个例子之外,柏拉图又给出"不高"和"不公正"作例。由此可以更清楚地看出,第一,"不美丽"只是一个例子，因为还有其他更多这样方式的表达。第二，"不美丽"与"不是"之间的关系是什么，其他所有这样方式的表达与"不是"之间的关系也是什么。第三，在"不美丽"这个表达中存在的问题，比如系词的省略，系词的补充，系词的位置以及由此带来的差异等等，在其他相似表达那里也是存在的。第四，清楚的是柏拉图看出了"不是美丽的"与"是不美丽的"之间是等价的，不清楚的是他是否也看出了我们指出的这些区别。

通过举例说明，柏拉图似乎得出一个结论：不是与是具有同等的表述能力。因为可以说是美丽的、是高的，是公正的等等，同样也可以说不是美丽的、不是高的、不是公正的等等。他的意思似乎是说，前者是说是，后者也是说是，不能因为没有"不"这个否定修饰，前者拥有是的程度就高，而有了"不"，后者拥有是的程度就低。基于这一认识，面对是的性质与不是的性质的差异，就应该认为，后者较之前者并不是对立的，而是相异的。这样，柏拉图就提出了一种与过去看法不同的看法。简单地说，"不是"与"是"表示的不是对立，而是相异。

值得注意的是，在讨论过程中柏拉图还谈到"语言承认许多技艺和知识的形式"。这无疑表明，柏拉图不仅有关于语言的考虑，而且也有关于语言的认识。并且他有关语言的认识是与技艺和知识相关的。遗憾的是，我们没有看到他在这一点上进一步展开论述。但是，既然有这样的说明和考虑，我们也就有充分理由认为，柏拉图在关于是与不是的论述中有许多关于语言的考虑，更不用说如前所述他在具体论述中还使用了"说"、"词"等这样的用语。

[《智》引文19]

客人：那么我们该给它什么名字？

泰阿泰德：它显然就是我们因为智者而探寻的"不是"。

客人：如你所说，那么它是一种并不亚于其他事物的是，是这样吗？我们现在是否可以大胆地说，"不是"无疑也拥有其自身的本质，正如高是高，美是美，所以不高是不高，不美是不美。在此意义上，按照同样的原则，"不是"过去是并且现在也是（那）"不是"，应当算作多类是的事物中的一类？或者说，我们对它还有其他疑问，泰阿泰德？

泰阿泰德：一点都没有了。

客人：你瞧，由于不服从巴门尼德，我们已经远远地越过了他的禁令的界限。

泰阿泰德：在什么方面？

客人：在推进探讨时，我们已经把一个领域显示给他看，而这个领域是他禁止我们去探讨的。

泰阿泰德：这是怎么回事？

客人：你记得他说过，"勉强证明不是者是乃是不可能的事情，你要使自己的思想远离这条研究途径。"

泰阿泰德：对，他确实这样说过。

客人：而我们不仅说明了不是的事物是，而且还揭示了"不是"的真正性质。我们说明了相异的性质具有是，并且分布在所有是的事物的相互关系上。我们还大胆地说，与"是"形成对照的相异的每个部分确实真的就是"不是"。

泰阿泰德：对，先生，我认为我们说得完全正确。

客人：那么，当我们大胆地说出"不是"是的时候，请不要说我们的"不是"乃是是的对立面。在我们涉及到的是的对立面的范围内，我们很久以前就已经与是否有不是、对不是能否作出任何解释这样一类问题告别了。至于我们刚才断定的不是者是，反对这个论断的人要想通过驳斥它来使我们信服自己错了，或者说在他证明不可能这样做的时候，他都得接受我们的下述论断：一、这些种类之间相互结合；二、是和相异贯穿所有种类，并相互渗透；三、相异分享是，相异由于分享是而是，但另一方面它并不是它分享的那个是，而是与之不同的是，由于相异与是不同，所以它显然非常可能不是它所分享的是；四、在相异中拥有某个部分的是与其他所有种类都不同，由于相异与其他种类全都不同，所以相异不是其他种类中的任何一个，也不是它们的总和，而只是相异本身，由此推出的结论是无法驳倒的。是并不是亿万事物的堆积，其他种类也不是，无论是某些种类还是所有种类，在许多方面是，在许多方面不是。（258b–259b）

这段话大致上有三个意思。首先说明前面的研究是什么。其次谈及该研究与巴门尼德论题的关系。最后似乎做出一个总结。中间一个意思不是我们讨论的重点。援引它是为了我们以后的讨论。因为它使我们明确看到，柏拉图有关是的讨论与巴门尼德论题紧密相关。由此表明，柏拉图的相关讨论与巴门尼德论题的联系不仅是字面的，而且是实质性的，因为柏拉图始终围绕着巴门尼德论题在进行讨论。下面我们探讨一、三两个含义。

前一个意思非常明确，因为是柏拉图自己说的，他把此前的研究命名为关于"不是"的研究。前面的研究由于引入了相同和相异这两个概念，因而一直集中在有关它们的讨论上，而讨论的重点实际上是在"相异"上。因为相同和相异的差异，才导致以上讨论中形成的那些区别和结果。其实在讨论中我们已经非常清楚地看到"不是"这一用语，因为其最基本的思想实际上乃是：一事物既是又不是。现在柏拉图直接把这样研究的东西称之为"不是"，乃是非常可以理解的。这里有一点是应该看到的。在柏拉图所讨论的五个类中，并没有"不是"这个类。从前面柏拉图讨论的过程可以看出，他从"不是乃是"这个论题出发，因而讨论"不是"。遇到问题之后，转而讨论"是"。在讨论是的过程中，先是引入"运动"和"静止"这两个概念，由于依然有问题，于是又引入"相同"和"相异"。字面上可以看出，两次引入的两个概念字面上均是对立的，因而含有相互否定的意思。与这两对概念相对照，"是"只是一个概念，本身没有对照物。但是，由于引入的概念含有对立的意思，因而围绕着是进行的说明就会产生相互对立的结果。这一点在"相异"这一概念表现得尤为突出。现在柏拉图直接用"不是"来命名,也可以说,直接说出此前讨论的本意:讨论的乃是"是",实际上却涉及"不是",归根结底这依然是关于是与不是的讨论。

不仅如此,柏拉图还得出进一步的结果:"不是"也是一种是,而且与其他的是具有同等地位。这一点从他给出的例子可以看得十分清楚:美丽的是美丽的,不美丽的是不美丽的。因此"不是"乃是(那)"不是"。之所以可以这样看,乃是因为这里把"不是"并不是看作"是"的对立,而是看作与它所表达的东西或性质是相异的。也就是说,在柏拉图看来,相异也可以被看作一种独特的性质,对它也可以说是。因而对不是也可以说是,即把它看作与是的相异。这样的说明似乎不能说是没有道理的。在我看来,退一步说,这样的说明是不是有道理姑且不论,它至少表明,关于不是的说明至少符合柏拉图给出的五个类,因为其中并没有它,而现在利用那五个概念毕竟获得了关于它的说明。

最后一个意思带有总结的特征,重点在总结出的那些性质以及得出的结论。正如柏拉图所说,人们可以不同意他的看法,但是必须反驳他的论证。因此,要么接受他的看法,要么反驳他的论证。这样,他的几点总结就凸显出重要性。不仅如此,这样的总结说明对于我们更好地理解前面的所有讨论也是很有帮助的。值得一提的是,引文为这几种不同的意思加了序号,从而有助于我们对它们的区别、理解和说明。①

字面上可以看出，在四点说明中，有三点是关于相异的。即使第一点不是关于相异的，也不会与它没有关系。这就表明，在柏拉图的讨论和论证中，最重要的乃是关于相异的说明或借助相异来进行的说明。如前所述，柏拉图所做的关于相异的说明，实际上是关于"不是"的说明，因而可以在不是的意义上理解。这样就可以看出，后三点所说的意思实际上可以如下理解：首先，是与不是贯穿所有种类，并且

---

① 译文中区分这几点的序号是译者所加，原文中没有（参见柏拉图：《柏拉图全集》，第三卷，第67-68页；Hamilton, E. & Cairns, H.: *Plato, The Collected Dialogues*, p.1006）。这里遵从本书的引文原则：引用中译文，只在与"是"相关的论述部分做出修正。给出序号有助于表明这些不同意思的区别，但是也有译文是不给出序号的，而且对这段话的开始部分理解也有所不同。比如如下译文：

那么，不要让任何人做出如下断定：我们声称不是乃是（那）是的对立，因而过于轻率地说不是乃是。因为我们早就放弃谈论是的任何对立，无论这种对立是或不是，无论它能够定义还是完全不能定义。但是就我们目前关于不是的定义而言，人们必须反驳我们并且说明我们是错误的，或者，只要人们不能那样做，人们就必须也像我们那样说，这些类相互混合，是与相异渗透所有事物，包括相互渗透，而且，既然相异分享是，那么依据这种分享方式，它就不是它所分享的东西，而是相异，并且，既然它与是乃是相异的，它就一定是（那）不是。但是反过来，是分享相异，因而与其他种类乃是相异的。既然它与其他所有种类都是相异的，它就一定不是其他各类，也不是其他各类之和，而只是它自身。因此无疑会有如下情况：有无数多事物，它们是又不是，同样有无数多相异的事物，个体的和集体的，它们在许多关系上是，在许多关系上不是。

（参见 Page, T.E.: *Plato*, II, Greek-English text, trans. By Fowler, H.N., p.423; Wiehl, R.: *Platon: Der Sophist*, Griechisch-Deutsch, s.137.）

相互渗透。这一点似乎是自然的，因为可以说一事物是美丽的，也可以说它不是美丽的。假如这样的例子所要说明的东西乃是有普遍性的，则可以认为，对任何事物都可以说是，也可以说不是。假如运动和静止乃是对所有事物的情况的概括说明，则可以看出，所谓是与不是贯穿所有种类不过是说，对任何事物可以说是，也可以说不是。认识到这一点，是与不是相互渗透的意思也就容易理解了。

其次，不是分享是，不是由于分享是而是。不是即使仅仅字面上看也含有是，因而说它分享是乃是自然的。此外，不是与是乃是不同的，因此它与它所分享的那个是也是不同的。无论这一点说得是不是有道理，至少它的目的和结果是清楚的，即表明：不是与是乃是不同的。结合前面关于"不是"与"不美丽"的讨论，则应该看到，这里其实还涉及到对省略表达的理解，包括省略系词之后的谓词以及省略谓词之前的系词。直观上看，不是乃是对是的否定。具体而言，不美丽乃是对美丽的否定。但是不美丽这一表达并非像不是这一表达那样清楚。它可以表达为"是不美丽的"，也可以表达为"不是美丽的"。在这样的表达中，关于是的理解当然是可以不同的。因此柏拉图既要说不是分享是，也要说不是之是与是乃是不同的。

最后，相异与其他种类不同，既不是它们各自的情况，也不是它们的总和，而只是相异本身。这一说明似乎有些奇怪。因为此前（引文15）早就说过为什么相异可以作为独立的第五个种类。既然独立，就注定与其他种类不同。但是这里似乎又重新说了一遍。即使是总结,也似乎是在重复。我认为可以换一种方式来理解这里的说明。即把相异看作不是,因而把这里关于相异的说明看作关于不是的说明。这样我们就看到这里的意思是说,与是相比,与运动和静止相比,与相同相比,不是都是不同的,因而不是与其他所有这些种类相区别。不是不过就是(那)不是。由此可以看出,柏拉图说的乃是相异,考虑的则是(那)不是。在我看来,假如不是这样理解相异,那么很难理解为什么还要做出这样的说明。

基于以上四层意思的总结,所得结论就显得格外重要。这个结论乃是关于是的,要点大致是想说明:对于任何种类和任何事物,总有是的情况,也有不是的情况。从"在许多方面是,在许多方面不是"这一表述来看,是与不是处于同等地位,对它们的认识没有亲疏。如前所述,是的东西不会被说成比不是的东西更是。因此,从这个总结可以看得非常清楚,通过五个分类得出的概念来进行讨论,最终的结论乃是关于是的,然而,即便是关于是的结论,也依然包含着关于不是的认识。因而可以说,整个讨论始终是关于是与不是的。

5. 关于语言

经过关于是的讨论并得出以上结论之后,柏拉图谈到别人若是不相信这些看法应该怎样做,从而再次显示出自信:以上讨论的方式以及所得结论是正确的。值得注意的是,柏拉图在这一过程谈到话语,并且将话语与是、与哲学联系起来,由此谈到话语对哲学的重要性。为了便于理解,他说出如下一段话,称之为理解的"思路"(260b):

[《智》引文20]

客人:我们看到"不是"乃是"是"的种类之一,散布在所有是的事物中。

泰阿泰德:对。

客人:接下去我们要考虑它是否与意见和话语结合。

泰阿泰德:为什么要这样做?

客人:不是如果不与它们结合,那么一切事物都必然是真的;但是,不是如果与它们结合,我们就会有假的意见和话语,因为我认为,想或者说"不是"就是在头脑或在话语中产生假。

泰阿泰德:对。

客人:如果存在着假,欺骗就是可能的。

泰阿泰德:对。

客人:一旦存在着欺骗,形象、肖像、幻象也就横行无忌了。

泰阿泰德:当然。

客人:我们说过,智者在那个区域的某个地方藏身,但他否认存在着假;没有人可以想或者说"不是",因为不是决不会有任何种类的是。

泰阿泰德：智者是这样说的。

客人：我们现在已经发现"不是"分享是，但智者可能不会在这一点上与我们继续战斗。

另一方面，他可能会说有些事物分享不是，有些事物不分享不是，话语和意见就属于那些不分享不是的东西。所以他可能会坚持认为，既然意见和话语不分享"不是"，而没有这样的结合也就不会有假这样的东西，那么根本也就不会有我们说他可以藏身的那种制造形象和模仿的技艺。

这就是我们必须从研究话语、意见和现象的性质开始的原因，为的是我们能确定它们与不是的结合，以此证明假的东西是存在的。依据这个证明，如果智者应该被捕捉，那么我们可以把智者钉死在那里；否则就让他走，以别的方法进行我们的追踪。

泰阿泰德：确实如此，先生，我们一开始对智者的评价似乎是正确的，他是很难捕捉的野兽。他显然拥有全套武器，任何时候都可以提出问题来保护自己，而在我们能接近他之前，必须找到前进的道路并通过它。所以，当另一个障碍在我们的道路上出现时，几乎不能说我们已经攻克了他为不存在"不是"设下的防线。我们似乎必须证明话语和意见都会有假的情况，此外在其他事物中也有，等等。终点看起来还远远未到来。（260b-261b）

这一段话很长，意思比较明确，与我们要讨论的内容其实联系并不是非常紧密，因此本来是可以不引的。这里完整地引用它，目的在于说明，随后柏拉图关于语言的考虑，似乎是他关于是与不是的讨论的自然结果。可以看到，前面的讨论使人认识到，"不是"乃是与"是"相关的。它表示与是的事物相异的情况，并且它还分享是，因而它也在所有是的事物之中。接下来要考虑不是与意见和话语的关系，这其实是可以理解的。在前面的讨论中多次谈到说和语言的情况，这使人们看到，"是"与"不是"都是表达用语，因而与语言相关，自然也就会与语言所表达的东西相关。但是，引人注意的不是柏拉图谈论它们之间的联系，而是柏拉图所说的它们联系的原因。这里我们看到，真这个概念再次出现。这使我们忽然意识到，在前面利用五类概念的讨论中，真这个概念消失不见了，就好像在有关是的讨论中，根本就用不着真这个概念。现在，真这个概念的再次出现，使我们再次回到是与真密切相关的联系中来。因此，柏拉图的相关说明值得我们认真对待。

按照柏拉图的说法，是与真相关，而不是与假相关。由于这里重点谈论的依然在于不是，因而关于假谈得更多一些。比如，由于"不是"，因而会有假的意见或话语；人们会想到"不是"，而在这样做的时候，人们在头脑中产生假。人们会说出"不是"，而在这样做的时候，人们说出的话中有假。

我认为，柏拉图说得非常简单，但给人的感觉是，他认为他说的乃是自明的，不用多做解释。因此我们可以在常识的意义上来理解。对同一事物的同一种情况，人们可以有不同的考虑，因而形成不同的意见或认识，并把它表达出来。这样可能会有相同的考虑和意见或认识，因而会有相同的表达，但是也可能会有不同的考虑和意见或认识，因而会有不同的表达。所以，对同一事物的同一种情况，是的表达与不是的表达，都是可能的。区别仅仅在于，这样的表达不可能都是真的，因而会有真假之分。柏拉图考虑的无疑是这种情况，只不过他以是表示真，将是与真相联系，他以不是表示假，将不是与假相联系。这样的表述和认识无疑有合理的一面，但是也有会产生问题的一面。直观上就可以看出，是也可以是假的，而不是也可以是真的。这样就涉及语言与所表达的东西的区别。如果认为是表示的乃是实际情况，而不是所表示的乃是与实际相异的情况，当然可以认为是与真相联系，而不是与假相联系。如果认为是与不是乃是语言中的两种基本表达方式，当然可以认为它们自身都会有真假两种情况。这就是我们常说的，要区别语言与语言所表达的东西。或者，这就是人们常说的，古希腊哲学家不区别语言和语言所表达的东西。在柏拉图的论述中，无疑有关于语言的考虑，但是有关于语言的考虑并不意味着时刻将语言和语言所表达的东西区别得十分清楚。而柏拉图在论述中出现一些问题，常常就是因为没有清晰地意识到这种区别，从而没能十分清楚地表达出这种区别。

从柏拉图的论述可以看出，在他看来，因为不是涉及假，而不是本身又到处出现，因而就会有假，这样就会有欺骗。这样，智者也就有可以利用的东西，因而也就有了藏身之处。所以，柏拉图要利用前面的论证来揭露智者的真实面貌，不仅如此，还要通过探讨话语和意见更进一步揭露和驳斥智者。因此柏拉图还需要更进一步说明假的情况，还有更多的工作要做。

从这段话可以看出，柏拉图随后要考虑言语和意见情况。由于意见也是要通过言语表达的，因而言语情况似乎会成为考虑的重点。下面我们看一看柏拉图是如何论述的。

[《智》引文 21]

客人：现在请记住我们说过的关于理念和字母的话，让我们以同样的方式来考虑一下语词。我们当前的问题很可能会在这个地方得到解决。

泰阿泰德：关于语词你会对我提出什么问题？

客人：语词是否全都能够相配，或者没有任何语词能够相配，或是某些语词能够相配，某些语词不能相配。

泰阿泰德：这很清楚。有些语词能够相配，有些语词不能。

客人：你的意思可能是这样的。表示某事物的语词连续说出来时结合在一起，而那些什么也不表示的语词串在一起，却不相配。

泰阿泰德：你这样说是什么意思？

客人：我在假设，当你说出你的肯定意见时，你心里想的是什么。我们在说话时用来表示是的符号肯定有两种。

泰阿泰德：怎么会有两种？

客人：一种叫作"名词"，一种叫作"动词"。

泰阿泰德：替我分别描述一下吧。

客人：我们说，"动词"表达的是行动。

泰阿泰德：对。

客人："名词"这个语言符号用于这些行动的实施者。

泰阿泰德：很对。

客人：一个陈述绝不会只由一连串说出来的名词组成，也不能没有名词，而全由动词组成。

泰阿泰德：我不太跟得上。

客人：你刚才同意我的意见时，心里显然想着别的事情，因为我的意思正是，以这种方式说出来的一连串的词并不能构成陈述。

泰阿泰德：你说的是什么方式？

客人：举例来说，"走跑睡"，乃至其他所有表示行动的动词，你可以一个接一个地把它们说出来，但并不能构成一个陈述。

泰阿泰德：当然不能。

客人：又比如，如果你说"狮鹿马"，乃至其他给予所有行动的实施者的名字，这样一串名词也不能构成一个陈述。这两个例子表明，不把动词与名词结合起来，就无法表示任何实施或没有实施的行为，是者或不是者所是的性质。一旦你这样做了，它们就结合在一起，名词与动词最简单的结合变成了最简单的陈述。

泰阿泰德：怎样作出这种最简单的陈述？

客人：如果某人说"人懂"，你会同意这是最简单、最简短的陈述吗？

泰阿泰德：同意。（261d–262d）

这段话的意思很清楚，讲的主要是语词如何组合成为句子。在讨论中，柏拉图区别出两类词，一类是名词，一类是动词。他说得很明确，名词与名词的组合无法构成句子，动词与动词的组合也无法构成句子，只有名词与动词相结合，才能构成句子。从这些说明可以看出以下几点。

其一，柏拉图关于名称和动词的区别，关于名词与动词组合成为句子的论述，包括他举的这些名词和动词的例子，我们在亚里士多德那里同样看到。也就是说，后来亚里士多德在阐述逻辑理论的过程中做出了与柏拉图相同的论述。由此可见，柏拉图的这些论述对亚里士多德来说是至关重要的，对亚里士多德逻辑的形成产生了非常大的影响。

其二，柏拉图区别的是名词和动词，目的却是为了说明，它们可以组合成为句子，它们如何组合成为句子。这就表明，对他来说，重要的是句子，而不是名词和动词。尽管他对名词和动词也有说明，但是在我看来，这些说明只是为了区别它们。这里最重要的是，他已经明确认识到，与他的讨论相关，至关重要的是句子。当然由此也可以说明，他还认识到，句子乃是有结构的，即有构成部分。

其三，他给出一个最简单的句子"人懂"。这个句子由一个名词"人"和一个动词"懂"构成，无疑是最简单的句子。由此类推，从他给出的其他例子，也可以得到其他句子，比如"马跑"。在举例的时候谈论人，大概是古希腊哲学的一个特点，前面我们看到柏拉图曾举人为例谈论对他的不同命名，后面我们还会看到，亚里士多德在阐述逻辑理论的时候也是举人为例，比如"人是白的"。关于人的探讨，当然容易做到自明，这也反映出古希腊哲学家举例的一些特征。

以上几点是明确的，也不会有什么理解的问题。但是从中也会发现一个问题。此前柏拉图谈论是与不是，而这里与此前的谈论似乎没有什么关系了。因此我们会问：引文20不是说谈论语言会有助于有关不是这一问题的解决吗？既然如此，为什么关于不是的谈论在这里忽然就不见了呢？难道说这里谈的乃是语言，而是与不是并非是与语言相关的问题，因此在谈论语言的时候就不必考虑它们了？前面我们看到，在关于是与不是的讨论中，柏拉图显然有非常明确的关于语言的考虑，"是"与"不是"无疑也是语言中的用语。因此，这里没有讨论它们，绝不可能是因为它们与语言无关，一定是另有原因。

我认为，为了说明这个问题，应该仔细分析引文中最后一小段较长的论述。经过举例，柏拉图说明了如何可以构成句子，如何构不成句子。他说："不把动词与名词结合起来，就无法表示任何实施或没有实施的行为，是者或不是者的是的性质。一旦你这样做了，它们就结合在一起，名词与动词最简单的结合变成了最简单的陈述。"这里有两个说明。

一个是"无法表示任何实施或没有实施的行为",另一个是"(无法表示)是者或不是者的是的性质"。前一个说明显然是关于名词和动词的,因为前面说过,动词是关于行动的表达,名词是关于行动实施者的表达。而后一个说明似乎不是关于名词和动词的,至少字面上不是。这里我们看到的乃是关于是与不是的说明。这就表明,所谓名词和动词组合而成句子,一方面可以表示事物及其行为的情况,另一方面可以表示事物是与不是的情况。由于这里的"表示"一词明显把语言方面的东西与语言所表达的东西区别开来,因此这里的两个说明肯定是从语言所表达的东西这一层面说的,而不是从语言层面说的。认识到这一点,也就可以看出,如前所述,在语言层面可以有是与不是的表述,因而可以表达事物是或不是的情况。按照这里的说明在语言层面也可以有名词和动词的表述,因而可以表达事物的行为方式和情况。这似乎是两种不同的情况,但是在关于名词和动词的说明中,柏拉图又把它们并列在一起说,尽管只是从语言表达的东西这一层面。这就表明,柏拉图有关名词与动词的说明与此前关于是与不是的说明并不是没有任何关系,而是相关的。因此必须考虑它们之间是什么样的关系。

在我看来,这里柏拉图可能考虑了几个问题。一个问题是,"是"并不是唯一表示事物情况的方式。表示事物情况大致有两种方式,一种是动作描述,一种是状态描述。前一种描述使用动词,后一种情况使用系词。因此动词也是表示事物情况的方式。从语言的角度来考虑,当然不能有所偏颇，不能不考虑动词的情况。特别是，柏拉图并不是任意考虑语言，而是考虑句子，因而考虑句子的构成情况。动词的构成方式与系词的构成方式显然是有区别的，这样就不能只考虑"是"的表达方式，而必须考虑动词和名词组合的情况。因为这不仅是一种情况，而且是一种普遍情况。

另一个问题是，句子是多样的，形态是复杂的。即使以上关于动词和系词的区别和说明也仅仅是一个大体上的，除此之外还有其他情况。从柏拉图的论述来看，他谈论的只是不及物动词，因此他说明的不是句子的全部情况，也不是句子的复杂情况，而是句子的简单情况，即"最简单、最简短的"句子。在这种意义上说，不及物动词比及物动词简单。行为动词，特别是不及物动词的表达确实比系词的表达更为简单。前者只需要两个词，一个名词和一个动词就可以构成一个句子，而系词句需要三个词，一个系词和它所联系的主词和谓词。似乎正是由于这样的考虑，柏拉图谈论句子时说的乃是行为动词，而不是系动词。

还有一个问题，语言的语法和逻辑的句法之间是有区别的。einai一词是希腊语中的一个常用词，系词的用法也是日常用法。从柏拉图的讨论可以看出，它已经被看作与知识、与真联系在一起的东西。在柏拉图的五个类中，它是第一个，所有讨论也是围绕着它展开的，因此它的重要性不言而喻。由于它是语言中的东西，因而柏拉图在讨论中有大量关于语言的考虑，因而可以说，它的许多性质和特征都和语言相关，都会通过关于语言的考虑，借助相关语言的用法来认识。因此关于它的讨论是与语言密切相关的。这也就是为什么柏拉图会将关于是与不是的讨论转到关于语言的讨论。应该说，想到这一点是自然的，这样的转移也是自然的。但是一旦进入关于语言的考虑，就要考虑语言本身，就要从语言自身的情况和特点去考虑问题。在这种情况下，考虑动词的情况就是非常自然的，因为动词是非常自然的语言现象，也是非常常用的方式。由此可以看出，语言的考虑与逻辑的考虑还是有很大区别的。前面说过，柏拉图已经把相关考虑提升到学科的意义上，因而要考虑语言。但是真正进入关于语言的考虑，还是出现了一些偏差，这就是，转而考虑动词，而不再谈论是与不是。

为了更好地理解柏拉图的思想，我们还需要再多看一些他的论述。接下来，为了说明动词与名词的匹配，柏拉图给出两个例子："泰阿泰德坐着"，"泰阿泰德飞翔"。这两个句子的特征与引文 21 中给出的例子一样，都是最短的句子，其中只有一个名词和一个不及物动词，没有系词。泰阿泰德是对话者之一，这两个句子都是关于他的。因此这是两个自明的句子，没有歧义，没有理解的问题。柏拉图围绕它们有如下说明：

[《智》引文 22]

客人：我们同意说任何陈述必定具有某种性质。

泰阿泰德：对。

客人：那么，我们可以把何种性质指定给这两个陈述？

泰阿泰德：一个是假，另一个是真。

客人：关于你的这个真陈述说的是：事物乃是如其所是（或事实）。

泰阿泰德：确实如此。

客人：而那个关于你的假陈述说的是：事物与事物是的情况乃是相异的。

泰阿泰德：对。

客人：也可以说，它把不是那样的事物说成是那样了。

泰阿泰德：确实无疑。

客人：没错。但是，事物是的情况与说你所是的情况乃是相异的。因为我们说过，一般说来，有多少是的事物，就有多少不是的事物。

泰阿泰德：对。

客人：按照我们给陈述的性质所下的定义来衡量我作的关于你的第二个陈述，首先，它算得上最短的陈述之一。

泰阿泰德：这一点我们刚才同意过。

客人：第二，它必须是关于某事物的。

泰阿泰德：对。

客人：如果它不是关于你的，那么它也不是关于其他事物的。

泰阿泰德：确实如此。

客人：如果它不是关于任何事物的，那么它就根本不是一个陈述，因为我们指出不可能有一个不关于任何事物的陈述。

泰阿泰德：相当正确。

客人：所以，在做出关于你的陈述时，相异的被说成了相同的，或者不是那样的被说成了是那样的，将动词与名词以符合有关陈述的说明方式相组合，到头来似乎真的是一个假陈述。

泰阿泰德：完全正确。（263b–d）

这段话有两个非常明确的意思。一个意思是，一个句子有真或假的这样的性质。也就是说，一个句子可以是真的，也可以是假的。这样就表明柏拉图在真假的意义上考虑句子。另一个意思是，他关于真句子和假句子都做出说明，并在说明中与是与不是联系起来。这就表明，柏拉图关于句子的考虑依然和是与不是相关。这两个意思使我们清楚地看到，柏拉图关于语言的考虑，归根结底还是要探讨是与真的问题。下面我们讨论一些细节问题。

首先可以看到，柏拉图在论述中再次谈到最短的句子，他似乎非常在乎这一点。难道他是想说，最短的句子可以说明的问题，在较长的句子中也是同样？或者，给出的句子与带有"是"的句子不同，但是在它们得到的说明，在带有"是"的句子中也会得到同样的说明吗？这里的说明与真假相关，因而更长的带有"是"的句子也会与真假相关？其次可以看到，柏拉图对句子的表述做出说明：它是关于某事物的。而这两个例子都是关于泰阿泰德的。因而也是有真假的。基于这两点理解，我们再来看柏拉图关于这两个例子的真假说明。

可以想象，泰阿泰德是对话者之一，坐在对面，因而"泰阿泰德坐着"这个句子是真的，而"泰阿泰德飞翔"这个句子是假的。柏拉图对这两个句子都做出说明。可以看出，他关于真句子的说明非常简单，即事物乃是如其所是。但是他对假句子的说明就不是那样简单。他先给出一个说明：事物与事物是的情况乃是相异的。然后又给出一个解释：它把不是那样的事物说成是那样了。字面上看，他关于真句子的说明表明了两种情况，一种是句子关于事物是怎样的表达，另一种是事物实际是怎样的情况。真句子表明这两种情况相符合，"如"一词则是这一点的体现。基于关于真句子的说明，关于假句子的说明也可以看得非常清楚。假句子也涉及两种情况，一种是句子对事物是怎样的情况的表达，一种是事物实际是怎样的情况。假句子表明这两种情况不相符合。"相异的"一词表明这一点，即不同的。从关于这一说明的解释来看，事物不是那样的，但是被表达为是那样了。这显然是从表达的角度说的，因为人们看到只是事物是怎样的，比如泰阿泰德坐着。之所以事物不是那样，乃是因为参照了一个具体表达，比如"泰阿泰德飞翔"。柏拉图关于假的说明及其解释清楚地表明，语言的表达和实际情况乃是可以相互参照的。这一点在假的情况比较明显。相异的情况既可以依据实际情况来考虑句子表达的情况，也可以依据句子表达的情况来看实际情况。所以柏拉图说，相异的被说成了相同的，或者不是那样的被说成了是那样的。结果，虽然符合构成句子的条件,即含有名词和动词,得到的却是假句子。

值得注意的是,在说明过程中柏拉图再次提到有多少是的事物,就有多少不是的事物。关于这一点在前面的讨论中已做过讨论,因而意思是清楚的。正因为这样,因而既可以说事物是,也可以说事物不是。甚至可以对任何事物是的情况都说事物不是。区别仅仅在于这样的表达会引起句子的真假。

还值得注意的是倒数第二小段说:"如果它不是关于任何事物的,那么它就根本不是一个陈述,因为我们指出不可能有一个不关于任何事物的陈述。"这里所说的"指出"指的如下一段说明:"凡陈述必然是关于某事物的陈述,就不能是不关于任何事物的陈述。"(262e)这一说明在引文 21 和 22 之间。注意这些表述上的差异会有助于我们看到柏拉图在说明中的一些变化:这里关于相异的说明与前面关于不是的说明乃是相关的,只是用语不同。认识到二者之间的相关性也就可以看出,这里的变化是柏拉图从关于不是的论述过渡到关于相异的论述,或者,他通过关于相异的论述来对不是做出说明。所以可以看出,在他的说明中,无论如何变化,"不是"仍然是他要说明的核心问题,与它相关的乃是"是",因为二者是对立的。不仅如此,与它相关的还有"假陈述",一如与真陈述相关的乃是"是"。这样也就可以看出,柏拉图关于相同和相异的论述并没有离开他最初的问题,而是一种深入探讨该问题所借助的手段。认识到这一点是有益的,我们在后面还会谈到它。

我认为，在柏拉图的论述中，举的例子和此前讨论的是与不是无疑是有区别的，与引文中关于例子的说明也是有区别的。因此这个问题值得认真对待。问题的实质在于，前面关于是与不是的讨论更多的是从语言的角度来看的，即把它们当作词，当作被说出的东西来考虑的。而在这里明确说要考虑语言的地方，给出的例子却没有"是"与"不是"，只是借助它们来谈论是与不是的情况。这就给人一种印象，似乎"是"与"不是"不是语言层面的东西，而是事物实际情况中的东西。我认为不能这样看，因为若是这样看问题，前面关于柏拉图的讨论就都是有问题的。也就是说，柏拉图所有那些在语言层面关于是与不是的考虑，就都失去了意义。所以我非常重视柏拉图关于最短句子的强调，即给出的例子只是一类句子，并不是全部。在亚里士多德那里，我们看到"是"与"不是"也被称为动词。因此我们可以认为，在柏拉图这里也是一样的。这样就可以看出，"是"乃是动词，但是由它构成的句子并不是最短的。也就是说，"是"是系词，是联结两个名字的系动词。

除此之外，我认为这里还有另一种可能性。亚里士多德明确说过，对不同的谓述情况，包括主动和被动的行为，也可以说是。比如，"这个人是康复的"与"这个人康复"之间没有什么区别。[①]假如柏拉图也是这样认为的，则可以理

---

① 参见 Aristotle, *The Works of Aristotle*, vol.VIII, by Ross,W.D., Oxford, Clarendon Press, 1954, 1017a25−30.

解他的论述。最短的句子如举例，它们可以没有"是"这个词。但是也可以把它们看作是以"是"表达的句子，这样所有关于是与不是的讨论就都适合关于它们的论述。不仅如此，以它们为例关于语言的说明同样可以看作是关于是与不是说明，即含有"是"这个词的句子的说明。

最后让我们再看柏拉图的一段话。

[《智》引文 23]

客人：接下去，思维、判断、幻象又怎么样？现在不是很清楚，在我们心灵中出现的这些事物既有假的又有真的吗？

泰阿泰德：怎么会这样？

客人：如果你允许我对它们的性质，以及它们之间的差别作出解释，那么你理解起来就会容易得多。

泰阿泰德：让我听到你的解释。

客人：好吧，除了我们把思维准确地称作由心灵与它自身进行的无声的对话之外，思维和言谈是一回事。

泰阿泰德：确实如此。

客人：而从心中发出通过嘴唇流出来的声音之流称作言谈。

泰阿泰德：对。

客人：进一步说，我们知道在言谈中会发生一件事情。

泰阿泰德：什么事？

客人：肯定与否定。

泰阿泰德：对。

客人：当这件事在心灵无声的思维中发生，你不把它称作判断又能称作什么呢？

泰阿泰德：没有别的称呼了。

客人：假定判断不是独立发生，而要通过感觉，那么这种心灵状态的唯一正确的名字是"幻象"。

泰阿泰德：对。

客人：由于我们已经看到有真的和假的陈述，我们在那些精神过程中发现思维是心灵与自身的对话，判断是思维的结论，"幻象"就是感觉与判断的混合，因此可以说，这些精神过程与陈述的性质乃是相同的，必定在某些场合有些是假的。

泰阿泰德：当然。

客人：你瞧，我们已经发现了假的判断和陈述的性质，比我们预料的还要快，我们刚才开始对它们进行探索时还担心这是一项没有尽头的任务。

泰阿泰德：我是很担心。

客人：那么，让我们对尚未做完的工作充满信心。这些事情既然已经清楚了，那就让我们返回早先用理念进行的划分。（263d–264c）

这段话紧接引文22，意思大体上是清楚的。它主要谈论了思维和语言之间的关系。第一，话语是心之所想经过嘴而发出的声音，与思维密切相关，所以柏拉图说它们是一回事。第二，话语中有肯定和否定，在思维活动中相应的乃是判断。通过嘴唇发出的声音之类称作言谈。第三，句子有真假，相应的思维活动，即判断，也会有真假。第四，在形成判断的过程中，或者说与判断相关，会有一些不同的情况，可称之为幻象。它们与判断形成区别。这段话似乎是总结性的，从最后一句可以看出，相关讨论告一段落，下面的讨论又要回到一开始关于智者的划分讨论。

字面上可以看出，这段话谈到话语和思维，谈到真假，谈到肯定和否定，以及它们之间的关系。肯定和否定无疑是句子的两种形式，真假显然是句子的两种语义。与此相应，是与不是既是句子的两种形式，表达的乃是肯定和否定，也会具有真或假这样的语义。在今天看来，语言与思维的关系乃是自明的，柏拉图的说明与我们的认识也是基本一致的。所以，基于前面的讨论，这段话不会有什么理解的问题。引人注意的是最后这句话：柏拉图似乎是在说，他想说明的事情已经说清楚了，因此不用再多考虑。由此我们可以认为，这段话标志着《智者篇》中一段非常独特的讨论结束了。这样，我们以引文1开始，以引文23告终，完成了对《智者篇》中这一段与逻辑思想联系最为密切的论述的讨论。下面我们要做的，就是在所有前面讨论的基础上，从整体上对柏拉图的相关论述做出分析和探讨，看一看柏拉图带着我们在通向逻辑的道路上究竟走了多远。我们要认真考虑，柏拉图对逻辑的产生和形成究竟是不是做出了贡献？做出了一些什么样的贡献？

第五章　柏拉图对逻辑的贡献

前面讨论了柏拉图的四篇对话，三篇是一般性的讨论，一篇是重点的讨论。这些讨论主要围绕着"是"与"真"，由此我们看到了柏拉图有关是与真的一些论述。如前所述，这些远不是柏拉图的全部对话，因而肯定不是柏拉图有关是与真的全部论述。但是我们以它们作为柏拉图有关是与真的论述的主要代表，并且希望它们可以代表柏拉图相关论述的主要思想。

在所选的前三篇对话中，人们一般认为，《理想国》属于中期对话，《泰阿泰德篇》属于晚期对话。① 但是对《克拉底鲁篇》的时间，学界却有不同认识。有人认为它是早期对话，有人认为它是中期对话，有人认为它是晚期对话，也有人认为它的时间是不确定的②。我们基于它是早期对话这一

---

① 参见 Irwin, T.H., The Plato's Corpus, in *Plato* 1, ed. by Fine, G., Oxford University Press, 2003, pp.78-79. 也有人认为，《理想国》至少有一部分属于早期对话，参见泰勒：《柏拉图——生平及其著作》，第34-36页。
② 参见 Guthrie, W.K.C., *History of Greek Philosophy*, V., Cambridge University Press, 1978, pp.1-2.

观点，将它放在《理想国》之前。应该承认，这不是我们研究的结果。就是说，我们采取这种观点，并不是因为我们认为这种观点正确而其他观点就不正确。我们这样做只是为了讨论的方便：以这种方式大致给出柏拉图早期、中期和晚期的对话。假定这种观点是正确的，我们希望，我们基于这三篇对话的讨论大致体现了柏拉图有关是与真的思想全貌。假定这种观点不是正确的，我们依然可以认为，我们的讨论至少体现了柏拉图中期和后期有关是与真的思想。人们一般认为，"柏拉图关于认识论和形而上学的最系统的反思是在《泰阿泰德篇》中开始的"。① 我赞同这种观点。在我看来，逻辑与形而上学相关，与有关认识的讨论相关。因此假如我们认为柏拉图有关逻辑的考虑，那么一定主要体现在他晚期的著作中，尤其是体现在《智者篇》中。所以，无论《克拉底鲁篇》是其早期还是中期或晚期的著作，对于我们考虑柏拉图有关逻辑的思考，都不会是没有帮助的。基于这些考虑，我们可以将这四篇对话，尤其是前面的引文，看作体现了柏拉图的整个与逻辑相关的思想，并基于它们做进一步的探讨。

1. 一般性考虑

从《克》、《国》和《泰》这三篇对话可以看出，柏拉图

---

① Irwin, T.H., The Plato's *Corpus*, in *Plato* 1, p.79.

有关于"是"的讨论,也有关于"不是"的讨论,相应地也有关于"真"和"假"的讨论。此外,他的讨论也涉及前人和同时代人的观点,比如普罗泰戈拉和赫拉克利特等人的观点。通过前面的分析我们看到,柏拉图的讨论非常明显地有大量关于语言的考虑,比如他借助举例的方式来讨论,借助日常"说"的方式来讨论,借助命题的形式和结构来讨论。此外,他的讨论非常明显地也有许多关于认识的讨论,比如借助"思考"、"相信"来说明问题,讨论诸如变化、流动、生成等问题。因循前面关于这三篇对话的分析方式,我们可以在《智》看到许多相似的论述。比如,《智》显然有关于"是"与"不是"的讨论,明显也有关于"真"和"假"的讨论,此外,它也明显显示出关于语言的考虑,包含着关于认识的讨论,尤其是涉及前人和同时代的相关思想和认识的讨论。也可以说,《智》的讨论涵盖了前三篇对话所涉及的主要问题。但是,仅仅这样说乃是不充分的,因为上一章的研究表明,《智》与前三篇对话是有重大区别的。正是这些区别凸显出《智》的意义,尤其是显示出,为什么人们可以认为,《智》的工作与逻辑相关,是对逻辑做出重要贡献的。因此,看到《智》与其他几篇对话的相同之处固然重要,更重要的是,我们应该充分认识到它们之间的区别,并通过这种区别进一步深入地理解《智》,从而更好地认识柏拉图对逻辑做出的贡献。

对照《智》与前三篇对话,可以看出一个非常明显的区别,这就是讨论的系统性。从前面的引文可以看出,关于是与真，前三篇对话也有大段论述，也有相对集中的多段论述。尤其是《泰》的讨论，从讨论知识出发，谈论是与真，在讨论的过程中明确提出将"知与不知"换为"是与不是"，由此凸显语言层面的考虑，并由此谈到判断，谈及肯定和否定等等，如此集中地、尝试多种方式地考虑问题，不能不说已经显示出系统的考虑。假如没有《智》，我们似乎也可以认为，《泰》有关是与真的考虑乃是比较系统的，因而可以在系统考虑问题的意义上来认识《泰》的相关论述。但是与《智》相比，《泰》的相关讨论无疑差了许多。现在让我们来考虑《智》的讨论。

首先，《智》的思路非常清楚：从"显得像是"、"好像是"而"不是"出发，因而从巴门尼德反对"不是者是"出发来讨论问题。这样就明确了讨论的问题乃是（那）"不是"。在讨论"不是"的过程中自然而然地涉及"是"，因而讨论"不是"，并且希望通过这样的讨论会获得相关启示：或者通过关于是的讨论获得关于不是的启示，或者通过关于不是的讨论获得关于是的启示。为了更好地讨论问题，柏拉图把前人的不同观点划归为两类，称一类为"运动"，称另一类为"静止"，因而围绕着"是"、"运动"和"静止"这三个类来进行讨论。由于这三个类的讨论尚不能满足要求，因而柏拉图又引入了"相同"和"相异"这样两个类，从而借助"是"、"运动"、"静止"、"相同"和"相异"这五个类来探讨问题，最终基于所得结论反驳了巴门尼德的观点。最后，柏拉图还专门从语言的角度做出说明，涉及对句子及其结构,包括名词和动词,以及句子和句子所表达的东西之间的关系,以及对句子及其表达本身的看法。总体上看,以上讨论形成一个整体,因此研究者才会认为它是《智》中一个独特的部分。从讨论的内容上看,它始终围绕着"不是"来进行讨论,无论是开篇时问题的提出,还是借助巴门尼德的论述,还是讨论进行过程中各种不同论题的转换,"不是"一直是讨论的核心。而从讨论的方式看,它有一个不断深入的过程:开始提出讨论"不是",由此讨论"是",然后讨论"是"、"运动"和"静止",再后在这三类基础之上增加"相同"和"相异"进行讨论,最后再从语言做一总体讨论。正是由于这种讨论的方式使我们看到,柏拉图如何步步推进他的论证过程,尤其是他确立前三个类和引入后两个类的论述过程。这五个类中不含"不是",但是,它们的说明都是围绕着"不是"进行的。由此我们看到,同样涉及是与不是,《智》的论述与其他对话的论述明显不同:它并非将不是与是并列着说或对照着说,而是集中探讨不是。这是因为,他的一切探讨都是围绕着不是进行的。

其次,《智》的讨论显示出非常明显的方法论意义上的思考。我们看到,它借助五个类来讨论"不是"。不仅如此,它们还分两个层次,先是三个类,然后再加上两个类。由此显示出讨论的不同阶段和不断深入。我们还看到,在引入这五个类的时候,柏拉图详细论述了它们相互之间是不同的,包括运动和静止的不同,相同和相异的不同,以及它们与是的不同。这一工作是有意义的,实际上相当于对它们的独立性做出论证。此外，从抽象程度考虑，"运动"和"静止"这两个类低于"相同"和"相异"这两个类，因而它们的依次论述也显示出柏拉图由浅入深的考虑。如果说前者还有关于事物状态描述的意思，那么后者绝没有这种意思。换句话说，也许"运动"和"静止"字面上还可以显示出事物的一种状态，因而可以当作事物状态来考虑，但是"相同"和"相异"丝毫没有这种意思，充其量只是关于事物状态的说明，因而只能当作关于事物状态的论述来考虑。这种层次变化的考虑反映出柏拉图对"是"一词的认识和思考，以及由此对"不是"一词的认识和思考。后面我将详细探讨，对于我们考虑逻辑的起源而言，这一认识具有重大意义。

对照《智》与前三篇对话可以看出，它们有许多相似之处。比如它们都有关于"是"与"不是"的论述，都有关于知识的论述，都有关于语言的考虑，都有相似的举例说明等等。但是以上两点区别是非常明显的。也就是说，前三篇对话没有《智》中这样非常清晰的不断深入思考的思路，没有这样明确的方法论意义上的考虑。由于我称它们体现为一种系统性的考虑，因而也可以认为，前三篇对话缺乏《智》的这种系统性考虑。认识到这种差异，人们自然会问：这是为什么？回答似乎也不难：这反映出柏拉图考虑这个问题的一个发展过程。直观上这样的回答不会有什么问题。但是仔细思考一下，尤其是对照前三篇对话和《智》，我们就会问，为什么会有这样一个发展过程？比如，为什么会从谈论"是与不是"过渡到集中谈论"不是"？为什么会从关于知识的谈论、通过举例的谈论会过渡到通过"相同"和"相异"这样的类来谈论？在我看来，柏拉图相关谈论的变化过程实际上反映了他对相关问题的认识的发展过程。正如人们认识的那样，《智》的研究与逻辑相关，因此，如果能够深刻地认识柏拉图相关认识的发展过程，我们就有可能揭示，在亚里士多德之前，即在柏拉图那里，与逻辑相关，人们已经有了一些什么样的考虑，这些考虑对逻辑的产生做出了或可能会做出一些什么样的贡献。

2. 为什么要探讨"是"？

"不是"乃是"是"的否定，关于"不是"的探讨来源于关于"是"的考虑。从《智》可以看出，在关于不是的讨论中，柏拉图借助是这一概念（或类），由此表明二者是相关的。如前所述，从句法上看，不是乃是对是的否定，而从意义上看，无论是运动和静止还是相同和相异，都有相互否定的含义，因而它们也可以获得关于不是的说明，而柏拉图借助它们所得的结果则是：一事物是且不是。比如既是运动的又不是运动的，既是相同的又不是相同的。所以，关于不是的说明从来也没有离开过关于是的考虑。

从前三篇对话可以看出，"不是"常常被谈论，但通常与"是"并列谈论。比如由是与不是谈及真和假，谈及知识与无知，谈及真判断与假判断，甚至谈及意见，即处于是与不是之间的情况。即使不考虑细节，字面上也可以看出不是与是之间的关系：与不是相关的问题与对是的否定相关，因而这个问题实际上来源于是。由此可以认为，与不是相关的问题归根结底与是相关。因而我们可以问，为什么柏拉图会考虑是以及与是相关的问题？

以《克》引文1的话为例："真命题说的乃是是者如其所是"。字面上可以看出，"是（者）"是语言层面的用语，是被说出来的。它与它所表达的东西相关（如其所是），而关于它的表述（命题）与真相关。由此可见，是本身涉及语言、语言所表达的东西和真这样三方面的东西，因而是复杂的。即便如此，人们依然还是会问：为什么要考虑是？

以《国》引文2的话为例："知识与是的事物相关"。显然，是本身涉及知识，因而考虑是，实际上与考虑知识相关。联系《克》的看法则可以看出，这样一种关于语言、关于语言所表达的东西以及关于真的考虑乃是与知识相关的，这就表明，关于是的考虑不仅是一个复杂的问题，而且是一个重要的问题。与知识相关的问题当然是重要的，这一点人们似乎不会怀疑。但是有人可能会问：为什么关于是的考虑会与知识相关？在我看来，这是一个至关重要的问题，它涉及对古希腊哲学的理解和认识。

人们一般认为，古希腊哲学的特征主要有两个。一个是关于世界的发问，比如探寻世界的本源是什么。另一个是关于人自身的发问，比如询问什么是正义、勇敢。概括地说，这种提问的方式是"是什么？"（ti esti）。相应的回答方式则是"是什么"或"是怎样的"。柏拉图早期和中期对话中的主要人物一般是苏格拉底,表达方式清晰而明确地体现了第二个特征。前面的引文选自不同时期,由于考虑的问题不同,也没有专门选择凸显这种表达方式的对话,我们的分析也涉及这样的方式,但是并没有刻意地专门讨论它们。尽管如此,人们还是很容易看到这种方式的体现。比如在涉及例子说明的时候:是美丽的、是正义的。这显然是"是什么"这种陈述方式的具体体现。与此相关的是柏拉图的理念或形式说,由此会涉及对它们的询问,比如:什么是美丽?什么是正义?这无疑是"是什么?"这种提问方式的具体体现。

特别需要指出的是,这种问答方式一直受到研究者的重视,尤其是在近几十年研究中这种倾向越发明显。研究者们认为,在柏拉图的对话中,尤其是早期对话以及一些中期对话中,"是什么?"这一问题经常被问及。比如,在《欧绪弗洛篇》中问"虔诚是什么?";在《拉凯斯篇》中问"什么是勇敢?";在《吕西斯篇》中问"什么是友谊?";在《卡尔米德篇》中问"什么是节制?"等等。[1] 在研究者们看来,"是什么"这种方式是一种典型的对话方式,表现出一种提问和回答、找出问题的方式,体现了一种寻求定义、与定义相关的方式,也可以说这实际上是一种探寻事物本质的

---

[1] 参见 Fine, G., *Plato 1, Metaphysics and Epistemology*, Oxford University Press, 1999, p.1.

方式,是辩证法的方式,是哲学的方式。① 人们把这种方式明确地表达为"X 是什么?"或"'X 是什么?'-问题"②,或者"'F 是什么?'这一问题"③ 或"'Φ 是什么'的问题"[简称"是什么"(ti esti)]④,并给予很高的评价,甚至认为,若想把握柏拉图的思想,"必须首先理解,为什么'X 是什么?'(这里,'X'代表一个抽象名词)这种形式的概念问题在柏拉图那里占据了哲学的核心位置";"其次必须发现,柏拉图为回答'X 是什么?'-问题构想出哪些方法"。⑤ 在研究中也有观点认为,柏拉图确实以这样的方式提出这样的问题,并以此要求得到一事物是什么的定义,一事物是怎样的确定,但是"我们应该问,柏拉图为什么——以什么动机和正当理由——把这些要求与'是什么'问题联系起来。"⑥

我认为,研究者们的上述认识是深刻的,把握是准确的,他们循此目标进行的深入研究取得了许多富有启示的结果。这里,我不想进一步介绍他们的研究结果,因为那不是

---

① 例如参见 Politis, V., What is behind the ti esti question?, in *The Development of Dialectic From Plato to Aristotle*, Cambridge University Press, 2012, pp.199–223; Stemmer, P., *Platolns Dialectik: Die fruehen und mittleren Dialoge*, Walter de Gruyter, Berlin. New York, 1992, S.1.
② 参见 Stemmer, P., *Platons Dialectik: Die fruehen und mittleren Dialoge*, p.1.
③ 参见 Fine, G., *Plato 1, Metaphysics and Epistemology*, p.1.
④ 参见 Politis, V., What is behind the ti esti question?, in *The Development of Dialectic From Plato to Aristotle*, p.199.
⑤ Stemmer, P., *Platons Dialectik: Die fruehen und mittleren Dialoge*, ss.1–2.
⑥ Politis, V., What is behind the ti esti question?, in *The Development of Dialectic From Plato to Aristotle*, p.200.

我要讨论的问题。我想说明的是，无论是他们指出的理解和把握柏拉图思想的必要条件，还是他们指出的柏拉图思考方式的理由和动机，都集中在一点上，这就是"是什么"。这就表明，"是什么"乃是柏拉图考虑问题的一种基本和主要的方式，柏拉图的哲学思想首先并且主要的都与具有这种方式的问题相关，或者说直接与这种问题的方式相关。认识到这一点是有益的，它可以使我们看到，即使我们的研究与以上研究者的关注点不同，但是就研究柏拉图的思想而言，我们绝不能脱离与这种方式相关的考虑，更不能对它视而不见。我赞同上述研究者的看法。在我看来，他们提供了研究柏拉图思想的一条明确的途径，而这一途径恰恰与本书的研究相关，也有助于我们研究和说明我们所探讨的问题。

如上所述，我们的问题是：为什么柏拉图会考虑是以及与是相关的问题？借助研究者们的看法则可以简单地说，因为柏拉图讨论问题通常与"是什么"这一问题相联系，而且，"是什么"在柏拉图那里乃是占据了核心位置的问题。引文中的"是"即是"是什么"这个问题中的"是"，因而从有关"是什么"的关注到有关"是"的思考乃是自然的过程。但是字面上看，"是什么"与"是"毕竟还是有区别的。因此我们要考虑，"是什么"与"是"有没有关系，它们之间是什么样的关系，前者是不是能够说明后者，后者是不是可以体现前者。换句话说，我们应该如何看待这种从思考"是什么"到思考"是"的思想进程？

按照研究者们的观点，所谓"X是什么？"，体现的乃是

"正义是什么？"、"勇敢是什么？"等等这样一些思考问题的方式。对它们的回答则是比如"正义是如此这般的"。这是非常自然的问答的方式。由于考虑的重点不同，我们的引文没有专门援引柏拉图关于这种问题方式的论述，但是从中还是可以看到一些类似表达。比如像"是美的"、"是好的"这样的例子，它们是陈述方式，但是由于它们大都以与其对立表达一起出现，因而具有选择性。这就会使人联想到它们的问句形式。或者，它们的陈述方式是"是什么"。假如我们可以想到如何对它们提问，那么自然也就会想到"是什么？"。任何问题都不会盲目的、空洞的，而是明确的、有针对性的。因此，"X 是什么？"这样的问题也是非常现实的。基于这一认识，我们可以看到两个层次的问题。一个是具体的问题与表达，这是日常的自然的考虑。比如"X 是美的"，"X 是勇敢的"；"美是什么？"（或"什么是美的？"）"勇敢是什么？"（或"什么是勇敢的？"）它们的特点在于具体性。即每一个问题或表达各有自身的含义，人们可以就一个问题的含义展开讨论，但是与另一个问题的含义可以没有任何关系。也就是说，不仅讨论是具体的，讨论的结果也是具体的，与其他问题可以没有什么关系。但是另一个层次与这样的讨论不同。它不是讨论一个一个具体问题，而是考虑这些问题的表达方式，旨在通过对这样一种问题方式的探讨而获得一种具有普遍性的认识。认识到这一点也就可以看出，"是什么"乃是对日常表达中这一类方式，包括提问和回答方式的集中体现。而对"是什么"的思考则是对这样一种方式的思考。这样一种思考本身是具体的,它所考虑的东西也是明确的,即"是什么",但是这种具体的思考本身却具有普遍性。因为它不是针对"美是什么?"、"勇敢是什么?"这样个别的问句,也不是针对"美是如此这般的"、"勇敢是如此这般的"这样的表述,而是针对这一类提出和回答问题的方式。

关于"是什么"(ti esti)这一表达式,人们已经有了比较一致的认识。它是一个省略的表达。其中的"是"(esti)乃是einai一词的动词第三人称单数形式,其中的"什么"(ti)是一个不定代词。字面上可以看出,这个"什么"乃是对一事物的说明,通过系词"是"而被引出,而它所说明的东西在该表达式中被省略了。这并不影响理解:"是"乃是系词,它在一个被表述之物与一个对该物的表述之间起联系作用,即联系主语和谓语或表语。因此,"是什么"不是一个句子,而是一种句式。它是一类句子的体现。人的认识通过句子来表达。而对"是什么"的研究,体现了从关于一个个具体句子的探讨过渡到关于一种句式的探讨,这表明,柏拉图试图通过关于一种表达方式的研究来探讨认识。这在有关认识的研究方面是一个巨大的进步,是一个飞跃。

进一步思考"是什么"这个表达则可以看出,其中最重要的要素乃是"是"。借助我们今天的表达,它是联系主语和谓语的系词,因而是句子中的动词,没有它,主语与谓语无法联系,也就无法构成句子,因而无法形成表达。所以,在"是什么"这一表达中,主语可以省略,谓语可以借助"什么"(ti)这样的不定代词来表达,因而意思也可以是多样的或不确定的,唯独"是"(esti)以动词原形出现,因而意思是明确的。也就是说,"是什么"之所以是一个句式,主要因为它以其他方式替代了日常的表达方式,比如以空位的方式表达了主语的表达,以不定代词表达了谓语的表达,因此它所表达的不是日常表达的具体的句子,而是日常表达的一种方式。但是,尽管"是什么"只是一个句式,其中的那个"是"却与日常表达一样。换言之,尽管它只是体现了日常表达的一种方式,却依然保留了日常表达的"是"这个用语及其形式。假如可以把主语的空位和谓语的"什么"看作变元,我们就可以认为,"是什么"这种句式的表达,乃是通过类似变元的方式将这类句子的基本结构凸显出来。它显示出"是"的恒定性,从而为将它确定为逻辑常项奠定了基础。

在柏拉图的对话中,我们尚看不到非常明确的关于"是"与主语和谓语之间关系的表述。但是我们可以明确看到,他有关于"是什么"的论述,即直接把它作为谈论的对象。除此之外,他还有关于"是"的论述,即直接把"是"作为谈论的对象。前面引文非常清楚地表明这一点。字面上看,"是"与"是什么"毕竟是有区别的。那么,它们二者之间是一种什么样的关系?柏拉图有关"是"的论述又体现出一种什么样的认识呢?

关于"是"(on)一词,人们也有比较一致的看法:它是希腊文 einai 一词的动词单数的分词形式。也就是说,它与

"是什么"中的"是"乃是相应的词,区别仅仅在于,后者作动词使用,而它作名词使用。基于这一认识可以看出,关于"是什么"和"是"的谈论既有相似之处,也有不同之处。相似之处在于,谈论的都是"是",不同之处在于,一个是分词形式,相当于名词,另一个则是动词形式。研究古希腊哲学的人都知道它们的区别,但是通常从来也不考虑为什么会有这样的区别,在他们看来,这是自明的,毋庸置疑。

我也认为这是自明的,毋庸置疑。柏拉图确实就是这样谈论的。他对这种谈论方式没有质疑,没有反思,使人觉得这样的谈论是自然的,不会造成任何理解的问题。应该看到,自明的是这种谈论问题的方式,毋庸置疑的也是这种谈论问题的方式。但是这并不意味我们不能对这种谈论方式、对它们之间的区别进行反思。尽管"是什么"与"是"这种谈论方式是自明的,我们依然可以问:为什么会有这样的谈论?它们之间的区别说明了什么?

"是什么"与"是"的区别在于前者是动词形式,而后者是名词形式。如前所述,"是什么"乃是一个句式,体现的乃是一类日常表达。我们可以称它为一类日常表达的抽象,因而谈论它即是谈论一类日常表达。或者,将一类日常表达作为对象来谈论的时候,必须有一种谈论方式。句式的谈论方式与举例不同,它不是通过举例来让人领会例句所表现的那种东西,而是把这种东西直接呈现出来,这样就不是让人去领悟、去体会这种东西,而是使它成为谈论的对象,让人们直接思考和认识它。柏拉图的谈论方式表明，他所要谈论的东西乃是以句子所表达的，因而与句子相关，与句子所表达的东西相关，而句子最典型的特征乃是其核心的动词形式，即"是什么"这种句式。

"是什么"是一种句式，核心要素是其中这个"是"。由于这个句式是句子的抽象，因而其中这个"是"保留了它的动词形式。相比之下，"是"（on）只是一个词。由于它是名词，因而它没有保留动词形式，不是句式。它的意思也要从名词的角度来理解。名词的作用是命名、称谓、指称等等。因此，"是"既然是名词，也要起这样的作用。那么它命名的是什么呢？在我看来，它命名的乃是"是什么"中的那个"是"。基于这一认识则可以看出，它所表达的乃是日常表达的核心句式所体现的东西。换句话说，柏拉图所要谈论的乃是一种以动词形式体现和表达的东西。既然要使这样一种东西成为谈论的对象，就要为它命名，使它名词化。这样就有了"是"这种名词称谓的修饰。因此，谈论"是"与谈论"是什么"，意思差不多可以是一样的。关键在于，讨论认识问题，不是讨论一个一个例句，比如"X是美的"、"X是好的"等等，而是把句子所表达的东西当作谈论的对象，以此来谈论认识。在这种意义上，谈论"是什么"是一种方式，谈论"是"则是另一种方式。二者都是可行的，它们都是对句子所表达的东西的命名。从柏拉图的表述来看，它们似乎没有多少区别，只是依行文方便而使用。前面讨论过他说的"真命题说的乃是是者如其所是"（《克》引文1），其中可以看到他对"是（者）"（onta）和"是"（estin）的并列使用，"如"（os）一词表明二者之间相应的关系。柏拉图这样的表述很多，比如他说"知识与是者相关，就是知道是者是怎样的"（《国》引文3）。① 为了简明，这里我们仅讨论这句话。首先，这一论述的方式同样显示出自明性：柏拉图认为人们无疑明白他说的是什么意思。其次，这句话含有两个表达，一个是"是（者）"（on），另一个则是"是怎样的"（esti）。前者是以名词方式表达的，后者是以动词方式表达的。由于这里把两种方式放在一起表达，我们可以更好地理解它们各

---

① 严格地说，这里涉及对希腊文"gnonai os esti to on"的理解和翻译。以如下几个英译为例：1）to know that and how that which is is?（Hamilton, E. & Cairns, H.: *Plato, The Collected Dialogues*, p.716）；2）to know how what is, is?（Plato: *Republic*, Books 1-5, ed.and tr. by Chris Emlyn-Jones and William Preddy, p.555）；3）knows what is *as* it is（Plato: The Republic, translated and with an introduction by Lee, D., Penguin Classics, Clays Ltd., ST Ives plc set in Monotype Garamond, 1987, p.271）。虽然有差异，但是几点一致的地方还是可以看出的：对 esti 的翻译都采用了 is；而对 on 都采用了 what is。这种翻译方式表明一种理解：这里所说的 on 与 esti 尽管语言形式不同，表达的东西乃是相应的。也许正是为了表达这种相应性，才在 on 的翻译中一方面使它表现为一种名词形式，另一方面又凸显出其中的 is。英译的差异所体现出来的不是对 on 和 esti 理解的不同，而是对 os 的理解不同，有的将它译为 how（如何），有的将它译为 as（如同）。这一点很容易理解，因为希腊文 os 的使用方式很多，表达的意思也很多。例3）的英译对该词使用斜体，大概也是为了起提示作用。对照前一句（《克》引文1）则可以看出，那里的 os 被英译为"如"。本书的翻译参考了这些译文。在我看来，这里最重要的理解是 esti 与 on 的对应性，因此，"知道是者是怎样的"乃是合适的汉译。

自的意思。因而我们可以清楚地看出，柏拉图以分词形式所说的"是"与他以句式的方式所说的"是什么"其实差不多是一样的。

也许这里还可以做进一步思考。"是"是否是对"是什么"的进一步思考？是否是这样进一步思考的结果？在我看来，不是不可以做这样的工作，但是从柏拉图的对话中我没有看到这样的思考。即使追溯到巴门尼德的残篇中，也没有看到这样的思考。我们看到的是，柏拉图有关于以句式表达的"是什么"和以分词形式表达的"是"这样两种方式，而从他的论述可以看出，它们都是关于句子所表达的东西的称谓或思考。因此可以明确地说，正如"是什么"体现了从关于一个个具体句子的探讨过渡到关于一种句式的探讨，并以此来探讨认识一样，"是"体现了同样的思考方式，它是使思考达到普遍性的一种方式。因此在有关认识的研究方面，"是"的思考同样是一个巨大的进步，是一个飞跃。

认识到"是什么"与"是"并没有什么实质性的区别，只是对相同的东西的不同表达方式，也就可以看出，"是"乃是句子的核心要素。考虑它实际上是要考虑句子，考虑句子所表达的东西。基于这一认识，联系前面的引文则可以非常清楚地看出柏拉图为什么要考虑是。正如柏拉图所说，因为它与认识相关，它与真相关。这里我们可以清楚地看到柏拉图哲学的境界和方法的特征。他不是要讨论一个一个具体的句子，不是要讨论一个个具体的句子所表达的认识，不是要以句子的方式来探讨认识。他所讨论的那个是乃是人们的认识，这种认识具有普遍性，这种认识与真相关。他的方法则是通过句子或句子所表达的东西来探讨。可以看到，这样的思考在很大程度上还比较直观：句子或句子所表达的东西与真相关，认识与真相关。但是能够认识到这一点乃是一种进步，而依据这种认识来思考句子与句子所表达的东西，以及思考与句子所表达的东西相关的东西，并以此对认识做出说明，则体现了柏拉图哲学的精髓。在这一点上，围绕"是"的思考，柏拉图不仅提供了一种研究的方法，实际上也指出了一种研究的方向。

3. 为什么要探讨"不是"？

前三篇对话在谈论是的同时，也会谈论不是，比如《克》引文1说，"假命题说的乃是是者并非如其所是"；《国》引文2说，"无知必然与不是的事物相关"。按照前面的说明同样可以看出，不是与语言相关，与语言所表达的东西相关，与假相关，此外还与无知相关。直观上看，不是与是具有同样的复杂性，似乎却没有是的重要性。因为不是与是不同，它不是与知识相关，而是与无知相关。但是，字面上即可以看出，不是与是相关，因此，既然与是相关的问题那么重要，与不是相关的问题自然也是重要的。此外，前面我们看到，知识和无知在某种程度上似乎是柏拉图对是与不是的称谓，而且是为了区别它们而做出的称谓。假如仅仅是名称问题，则不能仅凭与知识相关还是与无知相关来判定究竟其重要还是不重要。前面我们还看到，柏拉图试图通过探讨是来说明，并且说希望通过对它们一方的说明获得理解另一方的启示。在这种意义上，假如关于不是的说明有助于理解是，那么既然有关是的问题非常重要，有关不是问题也同样重要。

除此之外，我们可以看到《智》与前三篇对话有一个明显区别。前三篇对话通常并列谈论是与不是，尽管有时候也会对不是做出专门说明。但是《智》却明确提出不是的问题，以不是作为对象进行研究，并且始终围绕它来进行说明。这种探讨方式表明，"不是"乃是一个重要的问题。不仅在谈论是的时候要谈论它，而且可以专门作为一个问题来探讨。因此我们要问：这是为什么？

直观上看，这似乎是一个自明的问题。"不是"与"是"乃是对立的表达。既然探讨"是"，那么顺便探讨一下"不是"似乎就是非常自然的事情。前面的引文表明，柏拉图有非常明确的从语言层面的考虑，即谈论是的时候考虑"是"这个词，在谈论不是的时候考虑"不是"这个词。但是我们看到，柏拉图对是与不是做出明确的区别，称前者与知识相关，后者与无知相关。既然柏拉图的主要工作和主要关注点在知识上，那么只考虑是即可。就是说，为什么他不只考虑是，而一定要考虑不是呢？他为什么在《智》甚至将不是作为首要问题提出来进行讨论呢？这显然不是在讨论的"是"的问题时顺便讨论到"不是"。

前面的引文还表明，柏拉图不仅对是与不是做出明确区别，将是与知识联系在一起，将不是与无知联系在一起，他还将是与真联系在一起，将不是与假联系在一起。真与假乃是对立的概念，一如是与不是。因此柏拉图这样的谈论似乎是可以理解的。此外，柏拉图的讨论还涉及许多问题，比如一与多的问题。它们与是相关，但是经过表达，也就会涉及真假的问题，即究竟是一还是多的问题。比如与运动和静止相关的问题。引文中所谈到的普罗泰戈拉的问题，赫拉克利特的问题，以及更多没有援引的对话中所涉及的问题，都与这样的问题相关。由此也就说明，柏拉图之所以讨论不是，乃是因为它涉及他以前哲学家们所讨论的许多问题，而且涉及非常复杂的问题。

　　以上是针对柏拉图的对话进行的思考。假如我们仅仅集中在《智》来考虑这个问题，则可以直接看出两点。其一，讨论"不是"这个问题，主要是与智者相关。这从《智》提出问题的方式可以看出来。"显得像是"，"好像是"，而其实"不是"。也就是说，同样表现为是，但是实际上却不是，这是智者的方式，而不是哲学家的方式。这种方式是根本无法达到真的。柏拉图要揭露这种方式，因而要讨论不是，希望通过这种讨论来获得对哲学家的认识。其二，讨论"不是"这个问题，乃是从巴门尼德以来人们一直关注的重要问题。巴门尼德明确提出不能考虑"不是乃是"。在他所反对的论题中，"不是"乃是以对象方式出现的。柏拉图从巴门尼德所反对的论题出发进行讨论，这至少表明，"不是"并非是他杜撰出来的问题，而是一个具有历史意义的问题。

无论是因为来自巴门尼德，还是因为与智者相关，"不是"无疑是一个问题，而且会带来问题。最为重要的是，尽管"不是"是一个问题，它却不是一个孤立的问题，而是一个与"是"密切联系在一起的问题：甚至字面上就包含着"是"。由于是与真相关，是与知识相关，因而"不是"与真也相关，与知识也相关。尤其是，在与真和知识相关的意义上，"不是"会涉及假，会涉及无知和意见，因而会给人们认识带来这样那样的问题和困惑。既然柏拉图要说明什么是哲学家，什么是知识，并且，他似乎要通过是与真来做出这样的说明，因此他就必须面对"不是"的问题，必须对它做出正面说明。

对这里的问题我们还可以做进一步思考。是与不是乃是对立的。这一点非常清楚：其中的否定词"不"表明这一点。换句话说，它们的不同乃是句法层面的区别，一个是肯定的，另一个是否定的。而从语义的角度看，可以有两种理解。一种是从它们所表达的东西的层面理解，比如把它们理解为事物的状态，即理解为事物是怎样或不是怎样的情况；另一种是从真假的层面理解，比如把一种情况理解为真的，把另一种情况理解为假的。因此，探讨"不是"，实际上可以说也就是探讨"是"，即探讨与它对立的表达，探讨与它对立的情况。即使认为"是"与真相关，而"不是"与假相关，依然可以看出，关于"不是"的探讨最终还是会与真相关。这就表明，关于"不是"的探讨实际上与真相关，与认识相关。既然柏拉图要考虑知识的问题，要从是来考虑知识的问题，那么他就不可避免地会探讨不是和与不是相关的问题。

在我看来，以上看法是不错的。从引文确实可以看到柏拉图的一些相关考虑。但是，如前所述，柏拉图有关于语言的考虑，但是他没有明确的关于句法和语义的区别，也没有非常清晰的关于语言和语言所表达的东西的区别的认识。因此，他认识到不是与是乃是对立的，但是认识不到应该区别句法和语义，因而认识不到它们之间的对立乃是句法层面的，相应的语义层面的对立则不是这样，或至少可以不是这样。比如，是与不是的对立乃是句法层面的，而真与假的对立则是语义层面的。这样，是与不是的情况本身都是二值的，即有真假两种情况：是本身所表达的情况可以是真的，也可以是假的；同样，不是所表达的情况可以是假的，也可以是真的。由于柏拉图没有这样的认识，再加上他把是与真相联系，把不是与假相联系，因而在他考虑问题的时候，会在语义方面产生困惑。当然，人们也可以换一种方式说，他在考虑这些问题的时候发现了问题。比如他举的例子：是美的，是丑的。二者都以"是"来表达，都体现了一种事物是怎样的情况，字面上并不是对立的，但是实际上二者却是对立的。这种对立乃是一种语义的对立，即真假的对立，或者说是一种所表达的事物状态的情况的对立。由于这种对立的情况乃是以一种"是"的方式表达的，因而令人对是的认识也会产生困惑甚至疑问，即说一事物是的时候，很可能隐含着不是,或者在表达一事物是怎样的时候,同时很有可能也会表明它不是怎样。因此柏拉图认为,不是总与是混淆在一起。因而也就有了既是又不是的情况,有了似是非是的情况。正因为如此,智者也就有了隐藏的场所,它们就躲在不是之处。认识到这一点也就可以看出,是的问题以及与是相关的考虑,本来似乎是清楚的,没有问题的,但是现在却变得不是那样清楚,成为有问题的了。原因就在于是的情况可能会牵涉到不是的情况,关于是的表述可能会暗含关于不是的表述,表面上关于是一的表述很可能会涉及关于是多的表述。而且,所有这些问题不是从是产生的,而是从不是产生的,它们乃是与不是相关的。为了揭示这些疑难的实质,为了说明这里的问题所在,柏拉图明确提出对不是进行研究。他不满足于停留在不能考虑"不是乃是"的层面,而是要探讨不是。他要通过对不是的谈论来最终说明是,因而说明真,说明知识,说明哲学家,从而使哲学家与智者区别开来,使知识与意见和无知区别开来,使真与假区别开来。

如上所述,柏拉图从是出发来考虑句子及其所表达的东西,并由此来探讨认识,这一思考方式提供了一种研究方法,指出了一种研究方向。如果说这样的研究方式体现了一种进步,那么可以说,他关于不是的考虑则体现了他在以上研究方向上的进一步发展。由此也可以看出在柏拉图的对话中,在有关是的问题的考虑方面,《智》的与众不同之处以及意义所在。《智》显示出柏拉图在讨论中发现了一些问题,这些问题与是相关,与真假相关,给人们理解是与真的问题造成麻烦和困惑。《智》还显示出柏拉图积极地想了一些办法来解决这些问题。尽管他的思考包含一些不是很清楚的地方,比如没有句法和语义的清晰区别,没有对句子和句子所表达的东西的区别的清楚认识,但是他的探讨至少揭示出一些问题,展示了一些富有建设性的方法,从而为人们在相关问题上的进一步思考提供了富有启示性的途径和线索。

4. 关于"是"与"不是"

前面说过,柏拉图有关是的考虑,来源于"是什么"这种日常问答方式。"是"所体现的可以是关于句式的考虑,也可以是关于句子的考虑,还可以是关于句子所表达的东西的考虑。从现代的观点出发,我们都知道应该区别语言与语言所表达的东西,因此这几个层面的东西可以看得比较清楚,它们之间的关系也可以说得比较清楚。我们同样知道,关于这几个层面的东西,柏拉图并没有非常明确的区别,但是这并不意味着他对这几个层面的东西丝毫也没有认识。从前面的引文讨论可以看出,柏拉图有关于语言层面的论述,也有关于事物情况的考虑,还有具体的举例探讨。因此,我们可以因循语言和语言所表达的东西的区别这一线索来探讨他的思想,更好地说明他的思想。

字面上看得非常清楚,不是与是乃是对立的情况。因此,我们可以说,如同"是"来源于"是什么"一样,"不是"来源于"不是什么"。这样考虑问题有一个基点：柏拉图有关是与不是的考虑首要的、主要的乃是一种系词意义上或与系词意义相关的考虑。对柏拉图有关 to on 的考虑一般有两种看法，一种认为是系词含义或主要是系词含义，另一种认为除了系词含义外，也有存在含义。这里有一个区别。关于"是"（to on），人们可以举出柏拉图对话许多具有"X是什么？"这样形式的例子，以此说明它的系词含义，说明柏拉图的相关考虑乃是系词意义上的。但是关于"不是"（to mei on），人们却无法举出"X 不是什么？"这样形式的例子，而只能依据它是对"是"的否定，再加上对"是"一词的系词含义的认识，从而说明它也是系词意义上的或与系词含义相关的。我们看到，在柏拉图的对话中，尽管不能说完全没有"不是什么"这样句式的表达，但是柏拉图最常谈论的还是（那）"不是"（to mei on）。正是由于这些原因，一些人坚持认为，柏拉图所说的 to mei on 乃是存在含义。在古希腊哲学研究中，常常会有一些人据此认为与 to mei on 相关的 to on 也是存在含义。

　　一个有趣的现象值得注意。西方人谈论 being（to mei on）的系词（copula）含义和存在（existence）含义，尽管观点不同，但是一般不影响讨论和理解。比如英文的 being 本身就有系词含义，因而 not being 也会有系词含义。说 being 有存在含义乃是一种对它的理解，一如说它有系词含义一样。但是在国内汉译柏拉图对话中，to（mei）on 通常被译为"（不）存在"。"存在"一词本身只有存在含义，它没有系词含义。因而在相关讨论中，凡是涉及"是什么"句式以及相关讨论的地方，都会造成理解的问题。这也是前面引文时要对译文做出相应修正的原因。可以看到，本书将 to (mei) on 译为"（不）是"，与西方人的谈论方式是一样的。由于"是"一词本身就有系词含义，因而"不是"也会有系词含义。当然，人们同样也可以说"是"一词有存在含义，即存在含义乃是对"是"一词一种含义的理解，一如系词含义乃是对它一种含义的理解。我提请人们注意这一现象，不仅是为了说明重视和认真对待如何理解和翻译 to on 问题的重要性，而且是为了提请人们注意并思考，既然 to mei on 与 to on 还是有一些区别的，《智》又是从 to mei on 出发来讨论，那么本书将它译为"不是"是不是有道理？也就是说，在系词的意义上理解它，或者字面上保留在系词意义上理解它的可能性，是不是有道理？在前面的讨论中，我们是这样翻译和讨论的，实际上已经说明了这样做乃是有道理的。但是，这充其量只能说是我个人的看法。这里我想借助柏拉图研究者的相关研究来说明，对《智》中的 to mei on，主要应该在系词的意义上来理解。

在关于《智》的研究中，有人非常明确地说，最好"以更一般的方式把 to on 和 einai 分别译为 'being' 和 'to be'"[①]；"to on 应该被译为 'being'，而不是译为

---

① Malcom, J., Plato's analysis of to on and to mei on in the Sophist, *Phron*, vol.12, 1967, p.130.

'existence'"①。这种观点获得人们的赞同和引用,有人甚至基于它做出更进一步的明确的表述:"在整个《智者篇》中,to on 应该被译为'being',而不是译为'existence'。"②持这种观点的认为,"用英文'存在'(exists)一词来翻译 esti 的完整或绝对的用法乃是误导人的(misleading),这恰恰是因为前者排除了后者所允许的谓述性构造。"③类似的表达则更多,比如:"尤其是欧文一遍又一遍地强调,在柏拉图的《智者篇》或亚里士多德的《形而上学》中,einai 很少表示绝对地'存在'(to exist),它的意思通常是'是这或那,是某种特定的东西'(to be this or that, to be something definite);因此该动词一种明显绝对的用法应该常常被读作一种带有省略的系词。"④

相同或相似的论述还有许多,不必逐一列举。以上论述足以表明,在有关柏拉图的研究中,尤其是关于《智》的研究中,许多人认为应该把 to on 译为"是"(being),而不是译为"存在"(existence),甚至应该一"是"到底。除了这

---

① Malcom, J., Plato's analysis of to on and to mei on in the Sophist, *Phron*, vol.12, 1967, p.131.
② Bondeson, W., Some problems about being and predication in Plato's Sophist 242-249,*Journal of History of Philosophy*, vol. 14, 1976, p.7 脚注 15,该脚注还提到相同观点的诸多学者及其文献。
③ Kahn, C.H., Parmenides and Plato Once More, in Kahn, C.H., *Essays on Being*, in Oxford University Press, 2009, p.202.
④ Kahn, C.H., Being In Parmenides and Plato, in Kahn, C.H., *Essays on Being*, in Oxford University Press, 2009, p.173.

种一般性的主张外，以上论述还涉及几个要点。一个是提到欧文，研究古希腊哲学的名家。二是如下几个用语："完整的（用法）"、"绝对的用法"、"谓述性构造"、"带有省略的系词"。下面我们从欧文谈起，在论述过程中对这几个用语做出说明。

1970年欧文发表一篇长文：《柏拉图论"不是"》[①]。他首先指出一种通常的看法：在希腊文中，"是"这个动词有两种不同句法的用法，一种是完整的或实体性的，它只确定一个一元谓词，如"X是"、"X不是"；另一种是不完整的用法，它确定一个二元谓词，如"X是Y"、"X不是Y"。相应于这种句法认识则有一种语义认识：前一种用法表示"存在"，或者表示为"是实在的"、"是这种情况"或"是真的"，所有这些含义都划归为某对象或状态的存在这一概念；后一种用法则降为主谓系词或同一符号。与这种通常的看法相应，在柏拉图的研究中，人们通常认为柏拉图主要是探究"是"这个动词的完整用法或"存在"用法。欧文认为，这种看法是错误的。他的文章就是对这种观点进行批判，同时依据《智》的文本分析对柏拉图的思想提出新的解释。他说：

[1]一般的句法主张不会有问题：我们可以接受这个动词的完整用法和不完整用法之间的区别，假如我们小心避免

---

① Owen, G.E.L., Plato on Not-Being, in *Plato: A Collection of Critical Essays*, ed. by Vlastos, G., University of Notre Dame Press, 1971. vol.I, pp.223-267.

混淆前一种用法与后一种用法的省略出现——而且这已不再是一个句法问题。[2]《智者篇》将首先变为这样一篇论文：它是关于所指和谓述方式的问题，并且是关于这个动词与这些问题相联系的不完整用法的问题。这个论证既不含有也不强迫人们接受对存在动词的任何分离。[3]然而，它从早期对话承接而来的关于假和非现实的问题确实看上去是植根于我们应该称之为存在疑难的问题之中，因此需要说明为什么它们在这里表现为导致一种关于"……是……"和"……不是……"的研究。①

这是该文第一节的结束语。假如这一节可以看作是导言，则可以看出，该文的主旨是要说明，柏拉图所说的乃是"……是……"与"……不是……"，这无疑是一种系词意义上的认识，当然是一项颠覆传统认识的工作。这段话很短，说到的几个问题却是明确的。

一个问题是关于完整用法和不完整用法之间的区别。"完整用法"这个用语来自有关 being 的研究。自古希腊以来，"X 是 Y"乃是其最主要的用法②，也是其没有争议的用

---

① Owen, G.E.L., Plato on Not-Being, in *Plato: A Collection of Critical Essays*, ed. by Vlastos, G., University of Notre Dame Press, 1971. p.225. 序号为引者所加，为的是讨论方便。
② 通常表达为"S 是 P"，比如前面我们在讨论中的用法。这里随柏拉图研究者的用法。这种表达方式的要点在于以变元的方式凸显"是"这个系词。所以，只要显示出系词，变元用什么表示并不重要，比如引文中的省略号，作用也是一样。

法。(当然，这并不排除人们也会讨论其中的"是"是否会有不同含义。)随着"上帝是"这一问题的讨论，"X 是"这种用法也进入人们的视野，由此形成这两种用法的区别，并成为通常的看法。因此在解释古希腊哲学的工作中，人们也要考虑这两种用法及其相应的含义。为了区别，人们称"X 是"这种用法为完整用法，因为其中的"是"没有补语，是一种独立的用法；人们称"X 是 Y"这种用法为不完整用法，因为其中的"是"需要有"Y"做它的补语。此外，前者也被称为"实体性用法"、"绝对用法"、"独立用法"等等，后者则还被称为"谓述性用法"、"非独立用法"等等。实际上，这些不同称谓所说明的主要乃是 being 的句法方式，即它那种与系词相关的使用方式。"X 是 Y"的句式是清楚的，其中的"是"乃是系词。无论它可以有什么样不同的含义，句法上那种联系主谓的特征乃是显然的。"X 是"则不同，由于其中的"是"不是联系主谓的，而是独立出现的，因此需要对它做出新的解释，即不同于系词含义的解释。所以在讨论中也有人直接使用"系词用法（或含义）"和"存在用法（或含义）"[或者，"非系词用法（或含义）"]来区别。

欧文所说的句法主张，指的就是这一类区别。从他的论述可以看出，这是一般性的看法，为大多数人所接受，他并没有否定这种主张。他的不同看法主要在于他为承认这种看法所提出的条件：不能混淆"是"一词的完整用法和它的不完整用法的省略表达。也就是说，同样一个"是"

这样的表达，有可能是完整用法，即"X是"，也有可能是省略用法，即"X是Y"。欧文特别指出，这不再是一个句法问题。这是因为，在《智》中，"是"和"不是"这样的表达频繁出现，乃是柏拉图讨论的主要问题，与柏拉图的主要思想和观点相关，因此有关它们的理解对于理解柏拉图的思想至关重要。把这样的表达理解为系词含义与非系词含义无疑是完全不同的。因此欧文在[1]非常明确地指出这里的区别，也明确阐述了他全文所要反驳的主要观点，即不能以完整用法来理解柏拉图所说的"是"与"不是"的理解。

[2]明确指出，《智者篇》有关"是"与"不是"的论述应该在不完整用法的意义上来理解。这里的意思是说，柏拉图有大量关于"（不）是"的表述，字面上它们不是以系词方式出现，好像是完整用法，但是实际上不是这样。它们是省略的用法，因而归根结底还是应该在"X是Y"这种意义上来理解它们。根据欧文的观点，人们依然可以认为"是"这个词有存在含义，也可以认为存在含义与"是"这个词不可分割。他只是说明对柏拉图有关"是"的观点该如何理解。[3]表明，与"是"相关的问题涉及柏拉图早期的思想，也会涉及与存在相关的问题，因此该文的工作并不简单。然而，它正是要通过对这些问题的分析来说明，《智》的实质乃是一种与"X（不）是Y"这种句式相关的问题，因此必须在这种意义上，即在系词的意义上理解其中所说的"是"和"不是"。

欧文的文章发表后,"获得了广泛的接受"①,"人们一般会同意,至少从欧文 1971 年的重要论文以来,在《智者篇》的核心部分,柏拉图所注意的核心正是不完整用法"②。卡恩在其著作《古希腊文中"是"这个动词》③的再版序中说:

彻底地批评这种二分法,今天比 30 年前容易了,因为其他人表明了这种方式。欧文的表述是,即对柏拉图和亚里士多德而言,是乃总是是这样或那样的东西(to be is always to be something or the other)。这一表述由于说明亚里士多德那里的存在用法也是谓述性的,因而是一种彻底破坏这种区别的方式。而且,欧文的途径已经被雷丝莉·布朗关于柏拉图《智者篇》中 einai 的句法研究极大地发展了。④

---

① Brown, L., Being in the *Sophist*: A Syntactical Enquiry, in *Plato* 1, ed. by Fine, G., Oxford University Press, 2003, p.456.
② Bostock, D., Plato on 'is not' (Sophist 254-9*), in *Oxford Studies in Ancient Philosophy*, vol.II, ed. by Jalia, A(nnas), Clarendon Press, Oxford, 1984, p.89.
③ 在欧文文章发表的前后,卡恩也发表了相似的观点并且也产生了重大影响。与欧文的观点仅限于柏拉图(和亚里士多德)的研究不同,卡恩的观点是针对古希腊文 einai。他认为,传统关于存在含义和系词含义的二分法是错误的。在希腊文献中,einai 这个词的主要用法是系词。他的观点先是在 1967 年以论文发表,继续深入研究的成果则以专著的形式于 1973 年发表。我曾介绍并讨论过他的观点(参见王路:《"是"与"真"——形而上学的基石》第二章),这里不再多说。
④ Kahn, C.H., A Return to the Theory of the Verb *Be* and the Concept of Being, in Kahn, C.H., *Essays on Being*, in Oxford University Press, 2009, p.111.

这段话很短，但是表达的内容很多。一个意思是，关于希腊文中"是"这个动词的系词含义和存在含义这种二分法的批评，经过30年的发展，已经有了很大的不同。所谓"容易"，指的是今天人们比较普遍地接受这种批评。另一个意思是说明形成今天这种局面的原因。原因来自两个方面，一个方面是"其他人"，指的是现代逻辑学家的研究成果，他们属于古希腊哲学领域之外，卡恩是以注释的方式说明的。另一个方面则是古希腊哲学之内的，即引文中提到的欧文等人的工作。欧文关于柏拉图《智者篇》的研究非常出名，而且他的相同观点和思路也沿用到对亚里士多德的《形而上学》的研究。卡恩把他的观点归结为：柏拉图和亚里士多德所谈论的"是"乃是谓述性的，因而要在"是某物"这种意义上理解。卡恩的工作是针对 einai 一词在古希腊哲学中的含义，因而不限于柏拉图和亚里士多德，但是他在谈论自己的相关看法时提到欧文，足见对欧文工作的肯定，也说明欧文观点的影响。

值得注意的是，除了欧文，卡恩还提到布朗，并称布朗极大发展了欧文的工作。所谓"途径"指的是视野和研究方式。限于篇幅，这里仅简单说一下布朗的句法研究的结果。布朗认为，esti 的完整用法有两种可能性：其一，该用法没有也不允许有一个补充物；其二，该用法没有补充物，但是允许有一个补充物。她赞同第二种可能性，并建议以此来理解柏拉图的相关论述。这样，完整用法和不完整用法之间的关系是:"X是"隐含着"X是某物",并且"X是F"隐含着"X是"。在肯定情况下没有什么问题。否定情况则会有些不同。"X不是"隐含着"X不是F,不是G"等等,即对所有F,X不是F。这没有问题。但是,"X不是F"隐含着"X不是"就有问题了。字面上可以看出,X不是F,但不一定什么都不是,也有可能是其他东西,比如是G。这就说明,esti的完整用法和不完整用法之间的关系是复杂的。柏拉图是不是明确区别这些不同用法,他是不是明确接受某一种用法和拒绝另一种用法,在他的对话中并不是那样清楚,但是因循这一线索,人们可以获得一种与以往不同的解释。①

借助西方古希腊哲学专家和柏拉图研究专家的以上观点,我想说明的是,在关于柏拉图的研究中,应该在系词的意义上理解他所谈论的 to on 和 to mei on,因此应该以"是"和"不是"来翻译和理解他使用的相关用语和概念。这样做并不妨碍我们仍然可以考虑,他在什么时候什么地方的论述是不是存在含义,有没有存在含义。换句话说,即使有时候他的相关表达字面上是一种非系词用法(完整用法),那也是因为它是以"是"这个词体现的,因为与通常的使用方式不同,才会表现为一种非系词用法。只有把"是"看作一个词才能谈论系词用法、谓述用法、不完整用法,或者非系词

---

① 参见 Being in the *Sophist*: A Syntactical Enquiry, in *Plato 1*, ed. by Fine, G., Oxford University Press, 2003, pp.455-478; "The verb 'to be' in Greek philosophy: some remarks", in *Companions to Ancient Thought*: 3, ed. by Everson, S., Cambridge University Press, 1994, pp.212–236.

用法、完整用法、非谓述用法等等。字面上保留多种可能性的理解空间,是正确理解柏拉图的必要条件。本书的表达方式保留了这样理解的可能性。不仅如此,我们还要强调指出,我们确实是在系词的意义上理解柏拉图所说的"是"与"不是"。

5. 问题与方式

在前三篇对话中,柏拉图谈论是与真,谈论知识,同时也谈到不是,谈到假,谈到无知和意见。在《智》中则直接谈论不是,从它谈到是,并且在谈论的过程中先是引入运动和静止、后是引用相同和相异来进行探讨。对照之下可以看出,《智》的探讨与前三篇对话的探讨既有相同之处,也有明显的不同。相同之处主要在于,它们都探讨了是与不是,真与假的问题,探讨了与知识相关的问题,而且在这样的探讨中,它们既有关于语言方面的考虑,也有关于事物状态或实际情况方面的考虑。不同之处则主要体现在讨论方式上,比如,同样涉及"是"与"不是",同样有关于语言方面的考虑,《智》的考虑和探讨表现得更加明确,更加集中,更加系统,因而也更加深入。《智》是柏拉图成熟的著作,体现了柏拉图在相关问题上的最高水准。现在,让我们集中考虑《智》,基于它与前期对话的差异来探讨柏拉图在相关问题上所达到的成就。

所谓《智》关于语言的考虑更加明确，这主要表现在两个方面。一个方面是，与前面的对话一样，《智》经常谈到"说"、"用"等表达，因而表明是从语言的角度考虑问题。由于是从语言层面考虑的，因而其所"说"和所"用"的 to on 乃是一个词。除此之外，《智》还经常直接谈论"是"与"不是"，即把它们当作两个词来论述。比如称"是"、"是多"、"是一"等等为使用的"表达"（引文 5），或直接谈论"是这个词"或"名称"（引文 5、6、11）。如前所述，在希腊文中，"词"这一用语有时候并未出现，但是英德译者往往会在译文中使用"词"，以此突出相关译文是关于语言的考虑。这主要是因为在这些谈论 on 的场合，柏拉图虽然没有使用"词"这一用语，却用了 to 这个冠词。在古希腊哲学专家看来，"在希腊文中，位于一个表达式之前的中性冠词在一些场合表示该表达式正在被提及。一些时候，这个中性冠词与后跟的表达式在情况、数量或词性上并不匹配：该冠词这时明显表示该表达式正在被提及。然而，当这个中性冠词与后跟表达式匹配时，就很难分辨它是不是表示该表达式正在被提及。"[①] 所以，字面上说，to on 或 to mei on 这样的表达有两种可能：或者表示 on 或 mei on 被提及，或者不表示它们被提及。如果是前者，则无疑是有关语言的谈论，如果是后者，情况则要复杂许多。比如有人就认为，"257b3 处

[①] Crivelli, P., *Plato's Account of Falsehood*, Cambridge University Press, 2012, p.179.

'mei on'之前的冠词'to'很可能在明确表示'mei on'这个短语被提及。"① 也就是说，人们在相关处的理解带有猜测的性质。既然带有猜测的性质，为什么英德译者会把"词"一词用在译文中呢？这样字面上的差异，反映出译者不仅不是猜测，而且还强化了这种语言层面的理解。在我看来，这主要是因为，除了 to on 这种带有冠词的表达方式，因而会有 on 被提及和使用的意思外，还有两个因素，一个涉及与语言相关的其他表达，另一个涉及谈论的方式，包括语气和上下文的理解。比如在"我们承认在说是这个词的时候我们轻松地明白它的意思"（引文5），"当你使用'是'这个词时，你想指的是什么"（引文6）等等表达中，我们清楚地看到，"说"、"使用"这样的用语乃是明确与语言相关的。由于它们与"是"结合使用，因而明确了或强化了"是"作为对象的考虑，这样人们就要把它作为被说或使用的东西来考虑。不仅如此，这样的论述方式还显示出"是"与它所表达的东西的对照和区别。比如"是"这个词本身与它所表达的意思，它所指的东西形成对照。一个词与它的意思、与它所指的东西，当然是不同的。词可以被说出来，而它的意思或它所指的东西却不是被说出来的，而是通过说出这个词之后以它表达出来的。这些意思，在柏拉图的论述中，表现得非常清楚。

---

① Crivelli, P., *Plato's Account of Falsehood*, Cambridge University Press, 2012, p.180.

基于以上认识则可以看出，对于一些使用了冠词而没有明确谈及"说"和"使用"等用语的地方，对于一些没有使用冠词但是明确谈及"说"或"使用"等用语的地方，我们也可以做同样的理解，至少可以做出同样的猜测理解。假如可以这样理解《智》，则可以获得一些与前面的引文不同的认识。

首先，对于《智》一开始所说的感到困惑的东西，"显得像是"、"好像是"但"不是"等等（引文1），是不是也可以做这样的理解？假如可以这样理解，我们是不是就可以认为，《智》的相关讨论，它所关心的问题，从一开始就显示出关于语言的考虑，并且实际上乃是直接以一种语言所表达的方式提出来的呢？假如说这一点尚有疑问的话，那么当我们读到"我们必须从研究'是'开始，找出那些使用这个词的人认为它指的是什么"（引文5）这句话时，我们是不是可以认为，经过问题的提出和一些讨论的铺垫，《智》明确提出要研究"是"，而且明确地表明，要从语言层面考虑这个问题，要结合语言层面的考虑来思考"是"这个词所表达的意思呢？假如可以这样认为，我们就会发现，这里实际上不仅指出了研究的对象，而且指出了研究的途径，同时也揭示了这样的讨论可能会涉及的问题。研究的对象乃是"是"，研究的途径乃是考虑"是"这个词以及它所表达的含义，可能会涉及的问题乃是语言和语言所表达的东西之间的联系和区别。所以，明确地把"是"作为一个谈论的对象与直观地谈论它以及与它相关的东西乃是不同的。在我看来，明确地谈论"是"并不是一个简单的问题。这种谈论方式表明一种思考问题的进步。它要明确谈论的对象，指出谈论的途径，产生一些谈论的方法。而这种明确的关于语言的考虑表明，所有这些都是围绕着"是"这一个词展开的。直观上很容易理解，因为语言中有这样一个词，而且以前柏拉图已经有过许多谈论，积累了许多相关认识。仔细考虑一下则可以发现，这是一个可行的方式。因为在此前所有关于知识、关于事物状态、关于真的探讨都与"是"相关。前面的所有讨论直观上似乎都可以理解，但是真正可以把握或比较容易把握的，似乎只有这个"是"。但是，一旦考虑它，就会产生许多问题，尤其是会涉及到"不是"。因而与它相关的所有问题，包括知识、事物状态、真等等似乎也会有问题。由此可见，作为语言表达，它是简单的，而牵涉到它所表达的东西，它是复杂的。这样，在研究它的过程中，或者说，在有关知识、事物状态和真的研究中，既然一定会与它相关，就要寻找一条探究的途径。从语言的角度出发，无疑是可行的。它至少可以使我们通过物化的达到思想中的，借助语言来思考认识，由浅入深，由直观走向理论。

从柏拉图的对话可以看出，一个贯彻始终的主题是探讨知识、是、真等问题，因而一直有关于语言的考虑，区别只是或多或少，或明确或隐含。《智》是晚期著作，它从语言出发，明确地考虑"是"，这绝不是标新立异，而是自然的过程，体现了柏拉图的思想和思考问题方式的延续性。从语言出发，可以凸显"是"与"不是"的句法特征。它们既有共同的东西"是",又有不同的东西"不"。与这种句法特征相应的则是对立的语义,包括柏拉图所讨论的许多情况:假思考,思考不是东西,承认"不是"以某种方式是,等等,以致柏拉图说"'不是'与'是'似乎确实相互纠缠在一起,实在令人困惑不解"(引文3)。比较句法和语义,句法上似乎是清楚的,一个肯定一个否定,但是语义上似乎不是那样清楚,因为"是"有时似乎也会涉及"不是",因而会有"显得像是"而"不是"的情况。我们看到,为了探讨"不是",柏拉图找出"是"这个词,称它为"最主要和最重要的",指出要"从研究'是'开始"(引文5);尽管"是"与"不是"都是令人困惑的,但是柏拉图希望通过有关它们其中一个的探讨来"启发另一个"(引文11)。这些论述明确无误地表明,基于句法的考虑,他希望借助"是"来说明"不是",并由此展开他的论证。

前面我们把柏拉图的具体讨论分为两步。第一步,柏拉图引入了"运动"和"静止"这两个概念。与"是"相结合,这样就有了三个概念。柏拉图称它们为类。因此,他要借助"是"、"运动"和"静止"这三个类来说明"不是"。第二步,柏拉图引入了"相同"和"相异"这两个概念或类。与前三个类相加,就有了五个类:"是"、"运动"、"静止"、"相同"、"相异"。柏拉图可以借助这五个类来说明"不是"。对照这两步,我们可以看出柏拉图的一些思考方式和意图。

首先可以看出,"运动"和"静止"与"相同"和"相异"乃是两对对立的概念。这就表明,柏拉图引入这些概念时的思路是一致的。如前所述，这两对对立的概念在句法上不是对立的，但是在语义上是对立的。除了这两对概念外，每一步还有"是"这个概念。与这对对立的概念不同，"是"本身只是一个概念，不表示对立。但是只要它与这两对对立概念中的任一个相结合，就会产生对立的语义，比如"是运动的"隐含着"不是静止的"，"是相同的"隐含着"不是相异的"。由此可见，在柏拉图看来，仅靠"是"本身并不能对"不是"提供说明。若想对"不是"提供说明，必须借助一对对立的概念，必须表达出它本身所含的那种与"是"对立的意思。

其次可以看出，同样是一对对立的概念，第一步与第二步却是有区别的。"运动"和"静止"的字面含义是描述性的，它们是对事物状态的描述。比如可以说把一事物的某种状态说成是运动的或静止的，因而也可以说一事物是运动的，一事物是静止的。相比之下，"相同"和"相异"字面上却不是描述性的，它不是对一事物的描述，也不是对一事物的状态的描述。比如我们不能说一事物是相同的，也不能说一事物是相异的。它们的字面含义我们可以暂时称之为说明性的，即它们是对事物及其情况的比较说明。比如我们可以说一事物的状态与另一事物的状态是相同的或相异的，因而一事物与另一事物是相同的或相异的。所以，即使认为它们也是描述性的，它们也不是对一事物的描述，而是对至少两事物的描述，比如对两个事物的不同性质、不同状态的描述。这样的描述基于两个事物及其情况的比较，因而不是纯粹描述性的，而是带有说明的。比如单纯从"相同"和"相异",我们看不出它们所说明的事物是运动的还是静止的。我们可以看出的,如果一事物是运动的,它就不能是静止的,因为运动和静止乃是相异的,而不是相同的。所以,可以用相同和相异对运动和静止做出说明。

基于以上认识可以非常清楚地看出,柏拉图探讨不是的方式乃是借助"是"这个概念和两对对立的概念;他的意图也很明显:"是"自身没有对立的含义,因此仅凭它尚不足以说明"不是"。一个直观的问题是:为什么要借助两对对立的概念来说明?难道借助一对对立的概念尚不能说明吗?或者,有了第二对对立的概念,在关于"不是"的说明上,柏拉图又取得什么样的进展呢?在我看来,进一步探讨这个问题,有助于我们更好地理解柏拉图的思想。

前面说过,柏拉图讨论的"是"来自"是什么",即来自日常表达中最常见的提问"X是什么?"和回答"X是如此这般的"。这样的"是"乃是一种日常表达的抽象,因而是一种系词意义上的东西。它集中体现了人们的认识及其表达方式,因而与认识相关,与真假相关。柏拉图把人们的认识抽象或提升为这个"是",以此来探讨认识及其相关问题。换句话说,在探讨人们的认识及其相关问题的时候,柏拉图发现可以通过这个"是"来表达和说明人们的认识及其相关问题,因而他要讨论"是"乃是自然的。

前面还说过,与"是"相关,"不是"的问题乃是自然的。它们有共同的要素"是",也有不同的要素"不"。表面上看,它们的关系非常简单:句法上相互区别,语义上相互对立。但是在实际表达中却不是这样。与"是"相关，表达对立的方式很多，比如柏拉图经常举例说明的美丑、好坏等等。它们句法上不是对立的，而语义上却是对立的。由于表达方式的多样化以及对立含义的复杂性，因而除了会涉及真假问题之外，还会有"显得像是"而"不是"的情况。与此相关，也就有了哲学家与智者的区别，知识与无知和意见的区别。谈论"不是"及其问题，可以有两种讨论方式，一种是从句法的角度讨论，即探讨是与不是，另一种是从语义的角度来讨论。这也可以有两种方式，一种是从真假的角度，另一种是从所表达的东西（意思）的角度。柏拉图虽然常常与是相关谈到真假，但是他有关"不是"的讨论，尤其是他所引入的那两对对立的概念，明显不是从真假的角度谈的。因此，我们可以把他引入的概念纳入所表达的东西的角度，由此来探讨他讨论问题的方式。

　　由于"是"与"不是"乃是对立的，现在要借助"是"来说明"不是"。从现代观点看，这即是将"是"当作初始概念。由于它自身不能说明"不是"，因此还要借助其他概念。由于这里要说明的乃是（那）"不是"，而这个"不是"又与是相关，因而所要借助的概念还要与是相关。同时在这样的说明中又不能使用"不是"，即不能将它作为初始概念。这样就又回到"是什么"这样的表达。因为在这样的表达中，尽管"是"本身没有对立的意思，但是它所引出的表达式所表达的东西却可以形成对立。自然语言中的"美"和"丑"就是这样的表达。"是美的"和"是丑的"就是这样的对立的表达。这里有一个区别。所谓回到"是什么",并不是要考虑"美""丑"这样的表达,而是借助其中的那个"什么",即与"是"属于同一层面的东西。如同柏拉图所考虑的"是什么",因而他所考虑的"是",乃是日常表达的一种抽象,因而他所要借助的这个"什么"也是日常表达的一种抽象,因而不能是日常表达的"美""丑"这样的东西。这里的问题在于,"什么"(ti)只是不定指的代词,因而没有含义,没有真假,也表达不出对立。这样,它满足不了柏拉图的目的。柏拉图的做法是引入"运动"和"静止"。这样就把"是什么"中的这个"什么"转变为"运动"和"静止",后者显然有对立的含义,因而不仅可以与"是"相结合,如"是运动的"、"是静止的",而且还可以表达出对立,因而表达出"是"与"不是"的意思。

假如上述看法是正确的,那么就应该考虑,柏拉图为什么要用运动和静止来表述这个"什么"?用它们是不是可以表述这个"什么"?从前面的引文可以看出,在引入运动和静止这两个概念之前,柏拉图在讨论中谈到事物的整体,事物的生成,事物的数量(引文7),还谈到认识与被认识,谈到主动和被动(引文8),基于这样的谈论,柏拉图指出,如果一事物是不变的,则人们不会有认识。但是如果所有事物都是变化的,人们就不会有理性思考(引文9)。因此哲学家们只有一条路,这就是:既不能认为一切都是静止的,也不能认为一切都是运动的,他必须说,事物总是处于既是运动的又不是运动的状态之中(引文9)。从柏拉图的讨论可以非常清楚地看出,"运动"和"静止"首先是柏拉图对前人和同时代人各种不同观点做出概括说明时使用的两个概念。假如它们是他人使用的概念,则可以认为,柏拉图借助他人的概念对他人的思想做出概括说明。假如它们不是他人使用的概念,则可以认为,它们是相关说明过程中柏拉图创造出来的概念。这里我们不必考虑这两个概念是他人使用的还是没有使用的,是他人专门使用的还是随意使用的。我们需要考虑的是,柏拉图为什么用它们对他人的讨论做出描述和说明?

"运动"一词的希腊文是 kinesis。对于这一用语,英文翻译并不一致。除了"运动"(motion)这一译语外,还有"变化"(change)。① 这说明 kinesis 这个词除了"运动",还有"变化"的意思。有人甚至明确地说,把它译为 change 这个词更好。② 从引文可以看到,除了谈论运动之外,也会经常谈到变化。从"变化"这个词来考虑,一事物变化与不变化,大概是其最基本的态势和情况。一事物的变化,有些是可见的,有些是看不到的。比如一棵树,春天发芽长叶,夏天枝叶茂盛,秋天树叶脱落,冬天枝头光秃秃的。这样的现象被称为变化。由于它的四季样态不同,因此变化明显,但

---

① 英译 motion(运动),参见 Page,T.E., *Plato*, II, Greek-English text, trans. by Fowler; Hamilton, E. & Cairns, H., *Plato, The Collected Dialogues*. 英译 change(变化),参见 Crivelli, P., *Plato's Account of Falsehood*. 在相关讨论中,这两种英译均有使用。本书随中译文,采用"运动"这个汉译。从中文字面考虑,"运动"与"静止"之间对立的含义更为明确。
② 参见 Ackrill, J.L., Plato and the Copula: *Sophist* 251–259, in Ackrill, J.L., *Essays on Plato and Aristotle*, p.87.

是就其每一季的某一天，或者说它在某一瞬间，由于样态相同，变化并不明显，甚至可以说没有变化。因此，变化是对这些不同样态的描述说明。与变化相似，静止也可以是样态的描述，不同仅仅在于它所描述的乃是与变化对立的状态。静止的可以被看作是不变化的。变化的可以被看作不是静止的。这样的变化也可以称之为运动。与"变化"一样，"运动"也是对样态的一种描述。比如一棵树由一种样态变为另一种样态，即由不是某一种样态（was not so）而变为是某种样态（to come to be so 或 to become to be so）。考虑到"运动"和"变化"中文字面上的差异，基于英译文对 G 的理解，尽管我们将它译为"运动"，在使用这个词的时候也应该使它带有或涵盖"变化"的含义。这是因为，"运动"（或"变化"）一词的含义非常宽泛，涵盖的范围非常广。它是关于事物不同样态结果的描述说明，相当于关于感觉印象的说明。如同事物千姿百态一样，人的感觉印象各种各样，而"运动"则是关于它们的说明，因而是一种概括性的说明。联系古希腊的著名论题：人不能两次踏进同一条河。人们之所以这样说，原因很简单：河水是流动的。然而，正因为它是流动的，人们既可以认为它是运动的，也可以认为它是变化的。所以，柏拉图借助"运动"一词所要表达的乃是人们关于世界的所有认识，即关于所有事物样态的描述。"静止"一词表达与它对立的意思。二者结合相当于穷尽了人们关于世界的认识。由于它们是有含义的，因而可以取代"是什么"中的"什么"，这样就可以与"是"结合起来，对人的认识做出说明。

前面讨论中我们说过，柏拉图引入"运动"和"静止"这两个概念，并不是为了讨论它们。也就是说，他并不是为了讨论运动和静止而引入这两个概念，因而他对它们也没有进行什么像样的讨论，比如他没有讨论什么是运动，什么是静止，它们是什么样的，有什么样的性质和规律等等。他所要讨论以及实际讨论的乃是与（那）"不是"相关的问题。他所借重的乃是"运动"和"静止"这两个概念所体现的普遍性以及它们字面上的对立含义，通过它们，通过它们与"是"的结合，达到关于不是的说明。在我看来，在这一说明过程中，柏拉图无疑想到了其中的"什么"，而且他想达到与"是"同等层次的关于"什么"的说明。因此他找到"运动"和"静止"这样两个概念，在他看来，它们能够体现"是什么"中的这个"什么"。

基于以上认识，我们可以认为，柏拉图引入"运动"和"静止"乃是一种讨论"不是"的方式，这是一种进步。他要讨论"不是"及其相关问题，因而在"是"的层面上讨论问题，这是一种抽象，因而是一种进步。在这一过程中，他把人们以"是"所表达的东西概括为"运动"和"静止"，实际上把"是什么"概括为"是运动的"和"是静止的"，后者包含着对立，因而包含"是"与"不是"，从而可以达到他关于"不是"的讨论和说明。但是我们看到，柏拉图并没有停留在这一步，而是在此基础上又引入了"相同"和"相异"这两个概念，因此需要考虑，这又是为什么？

比较"相同"和"相异"与"运动"和"静止"这两对概念，可以发现它们有非常相似之处。首先，它们句法上不是对立的，但是字面上有对立的含义，因此，与"是"相结合，可以达到对"不是"的说明。其次，它们都是关于事物的具有普遍性的说明。比如，前面以运动和变化关于树的说明，用相同和相异也是可以的：它在冬季的样态与春夏秋的样态乃是相异的，因而不是相同的；它在某一季的样态乃是相同的，因而不是相异的。还有，它们都是非常普通的日常用语。"相异"的意思就是不同，前面曾经说过，由于希腊文中"相同"和"相异"这两个词句法上不是对立的，而只是语义上对立的，因而我们采用"相异"这个译语，而没有采用"不同"这个译语。由此可见，柏拉图引入它们的思路是相似的：即要表达普遍性，要表达对立的意思。

但是，这两对概念也有不同之处。前面在探讨"相同"和"相异"时曾经说过，它们是在谈论运动和静止的时候用到的表达，而且柏拉图还明确地问它们"是什么意思"（引文15）。这表明，"相同"和"相异"不仅可以对事物样态做出说明，而且可以对"运动"和"静止"做出说明。也就是说，它们可以对关于事物样态的说明做出说明。由此我们可以看到这两对概念的一个重大差异。"相同"和"相异"可以被用来说明"运动"和"静止"，反过来却不行。比如我们可以说运动是相同的，但是不能说相同是运动的。这表明，从普遍性的角度说，"相同"和"相异"这一对概念比"运动"和"静止"这一对概念抽象程度更高。概念的抽象程度越高，表达的具体含义就越少。因此从表达"是什么"中的"什么"这个角度看，它们更接近"是"的层面。认识到这一点也就可以看出，柏拉图实际上不满意或者说并不满足于通过"运动"和"静止"来对"不是"进行说明，他还要通过"相同"和"相异"来进行说明。他要尽可能地达到"是什么"这一层面，从而获得关于"是"与"不是"的说明。对照柏拉图关于运动和静止与关于相同和相异的论述，也许可以说明这一点。

在关于运动和静止的论述中，柏拉图明确地说它们与人们的认识相关，这似乎成为柏拉图确定一切是运动的和一切是静止的这两种主张的基础。比如他问：说是的时候，"是指是运动的吗？""是指它们都是静止的吗？"（引文 10）这无疑是从具体表达的认识归类来论述的。而在关于相同和相异的论述中，柏拉图的说法变了。比如他说，在每一个种类中，有许多是的东西，有许多不是东西。当说"不是"的东西时，"并非指与是对立的东西，而是指与是相异"（引文17）。这样的说明显然与认识归类无关，而是借助了"相异"字面上所含有的否定含义，以此来说明不是与是的区别。正因为如此，柏拉图同样可以说："当相异的性质的某个部分和是的性质的某个部分被当作相互对立的，那么这种对立，如果可以这样说的话，就像是本身一样实际上乃是一种是；这样说并不表示它与是的对立，而只表示它与是乃是相异的"（引文 18）。这些表达虽然字面上不同，意思实际上差不多。当说"不是"的时候，相异的性质乃是通过句法形式体现出来的，而在表述相异的性质的时候，也可能不是通过句法而是通过语义来体现的。比如，"不是矮的"和"是高的"都体现出与"是矮的"乃是相异的：前者是以句法的形式，后者是以语义的方式体现的。"相异"的表述显然直接与是相关，而且与人们的认识似乎没有什么关系，至少肯定不像运动和静止那样与认识相关。所以，引入"相异"的作用是重要的，它使柏拉图可以在运动和静止的基础上再抽象一步，从而脱离人们的认识，直接借助"相同"和"相异"，即借助"同"与"不同"来谈论不是，最后达到一种具有普遍性的说明："我们不仅说明了不是的事物是，而且还揭示了'不是'的真正性质。我们说明了相异的性质具有是，并且分布在所有是的事物的相互关系上。我们还大胆地说，与'是'形成对照的相异的每个部分确实真的就是'不是'"（引文 19）。

在关于柏拉图的相关论述中，我多次谈到他的说明的普遍性。这是因为，这是一个认识柏拉图从谈论运动和静止到谈论相同和相异的一个标准。运动和静止含有对立的意思，相同和相异也含有对立的意思，程度却是不同的。这个程度即是普遍性的尺度。"相同"和"相异"可以被用来谈论运动和静止，也可以被用来谈论是，因而可以达到关于不是的说明。这样的作用，"运动"和"静止"乃是没有的。这一点差异即是它们在关于不是的说明过程中的差异，即是它们在达到普遍性上的差异。认识到这一点，进一步就会问：为什么要有这样的关于普遍性的考虑？为什么要达到这样的普遍性？

我认为，在这一点上的思考是有意义的，它有助于我们更好地认识柏拉图讨论是与不是的目的。从柏拉图前期的对话可以看出，他把是与知识、与真相联系，同时把不是与无知与假相联系。在《智》中，他虽然从"不是"出发来讨论，而且似乎没有考虑真假的问题，但是在他讨论中，无论是借助运动和静止，还是引入相同和相异，始终涉及对立的含义。这种语义层面的考虑，实际上是与真假相关的，最终也一定会涉及真假。我们看到，最后在专门讨论语言的时候，柏拉图指出，"不是"会与话语相结合，因而会产生假，否则一切就都是真的（引文20）。他特别明确地说：可以把真和假这种性质赋予陈述。真陈述说的乃是"事物乃是如其所是"，假陈述说的则是"事物与事物是的情况乃是相异的"，后者指"它把不是那样的事物说成是那样了"（引文22）。这就表明，他关于不是的论述乃是与真假相关的，他关于相异的论述乃是与关于不是的论述有关，因而也是与真假相关的。

"不是"与"是"乃是对立的用语，因为它们在句法上是对立的。这种对立，除了在句法上可以表达外，通过语义也可以表达出来。但是就语义而言，这种对立常常会与真假相关。也就是说，从真假的角度考虑，有时候可能会与句法相关，有时候可能会与句法无关，这样情况就不会那样简单，所涉及的问题也会比较复杂。从柏拉图的探讨可以看出，他认识到"是"与"不是"在句法上的对立，也认识到由此而产生的语义对立。他还认识到，与之相关的"真"和"假"这种语义的对立。不仅如此，他还认识到，语义的对立并不是像句法所显示的那样简单，而是非常复杂的。因此他要揭示这种对立的特征，由此对与认识相关的问题做出说明。他的具体方法是：针对"不是"，以"是"为初始概念，首先引入"运动"和"静止"这两个概念，然后引入"相同"和"相异"这两个概念，由此分两步对"不是"做出说明。由于这两对概念都具有对立的意思，因而通过与"是"的结合可以形成对"不是"的说明。鉴于"相同"和"相异"这两个概念较之"运动"和"静止"这两个概念更为抽象，更脱离了与日常事物相关的思考和认识，因此可以认为，柏拉图的讨论方式显示出他试图达到真假这一层面的说明的努力。从柏拉图的论述可以看出，他对自己的工作是满意的（引文23）。

总结柏拉图的工作，我们可以明确地说，他探讨了"是"与"不是"，也探讨了真假，因而他既有句法方面的思考，也有语义方面的认识。不仅如此，他还认识到"是"与"真"之间的联系。特别是，他通过关于"不是"的探讨，显示出他关于语义的考虑和认识："不是"与"是"相关，因而与真假相关；应该努力向着这个方向前行。柏拉图研究的结果是：一事物既是又不是。依据这一结果，他认为，巴门尼德反对"不是乃是"的论题乃是有问题的。从今天的观点看，柏拉图的研究结果是违反矛盾律的，这也是亚里士多德在《形而上学》中坚决反对的观点。当然我们也可以说，柏拉图之所以这样认为，乃是因为他的研究并没有达到逻辑的高度，并没有形成逻辑这个学科。而亚里士多德建立了逻辑这个学科，因而对矛盾律及其相关规律有明确的认识，所以他坚决主张矛盾律是一切证明的出发点,他坚决反对违反矛盾律的做法。那么,为什么柏拉图没有做到这一点呢?我认为,这是由柏拉图的研究方式所决定的。

前面的研究表明,柏拉图认识到"不是"与"是"乃是对立的,这种对立的方式很多,会造成很多问题,比如显得像是,好像是而不是等等。由于是与真相关,不是与假相关,因而相关研究非常重要。为了说明这种对立的性质,他借助对立的概念,比如运动和静止。由于不满意这两个概念的抽象程度,他进一步借助相同和相异。相同和相异这两个概念明显已经不属于事物的状况,而是关于事物状况的,因而比运动和静止这两个概念的抽象程度更高,即离事物状况更远。柏拉图的想法是不错的,即要努力达到与"是什么"这一表达相应的层面。问题在于,无论相同和相异多么抽象,不管它们距事物状况多远,它们仍然是与事物状况相关的:一些事物在一些方面相同,在一些方面相异,总是可认识的,也是可理解的。因此,借助相同和相异,如同借助运动和静止,与"是"相结合,固然可以对"不是"的语义做出说明,但是依然没有达到真假层面的说明。也就是说,假如把"是"和"不是",因而把"是什么"和"不是什么"看作是最抽象的表达,一种纯粹的句法,那么"相同"和"相异"尚不是它们最抽象的含义,因而也不足以说明与它们对应的语义。

句法和语义的区别似乎非常简单:语言层面的即是句法的,语言所表达的东西层面的即是语义的。但是实际上却并不是这样。如果把"是"与"不是"看作语言层面的,看作是语言中的两个词,看作是体现"S(不)是 P"这种句式的东西,则确实可以对它们做句法考虑。那么它们的语义是什么呢?是与不是,乃是它们的语义吗?"是美的"、"是丑的",是它们的语义吗?运动和静止是它们的语义吗?相同和相异是它们的语义吗?在柏拉图的相关讨论中,所有这些都谈到了,都被用来解释和说明"不是",因而似乎都是语义层面的说明。此外,我们还看到,柏拉图明确地把真假作为两种性质指派到判断,这似乎也是一种语义说明。但是在借助运动和静止、相同和相异的说明中,我们却看不到有关真假的说明。这就充分说明,柏拉图有关语义方面的考虑,也做了许多努力去说明,但是最终结果与他关于真假的认识尚有差异。为了更好地认识柏拉图的思考方式,我认为可以顺便谈一下他使用的"分享"这一用语。

从引文可以看出,"分享"①一词乃是柏拉图讨论是与运动和静止、相同和相异时使用的术语,也是他讨论是时使用的一种方法。前面在讨论引文 16 时我们曾经说过,它在说明中乃是不可或缺的。"分享是"、"分享不是"乃是谈论是与其他几个概念的一种方式。比如,说一事物是相同的,意思是说:一事物就自身而言分享相同;说一事物是相异的,意思是说:一事物对其他事物而言分享相异。因此一事物既是相同的,又是相异的(即不是相同的)。在有关柏拉图的

---

① 希腊文 metexei,英译文为 participate 或 share in,德译文为 teilnehmen 或 anteilen。该词在文献中以动词、分词和名词形式出现,英德译文也是一样,中译文则缺少这种字面上的区别。

研究中，人们非常重视柏拉图使用的这一概念和方法，也达成一些共识，正像欧文所说，"分享方式是作为一种技术手段而形成的，以便恰恰满足一事物具有 P 性质但是也有非 P 性质的那些情况。"① 与"分享"相关也产生一些有意义的认识和争论，比如著名的普通谓述与保罗谓述的区别；② 关于"分享是"这一表述的存在含义和系词含义的区别，关于"分享是"这一表述的谓述含义和同一含义的区别，等等。③ 限于篇幅和本书研究的目的，我们对这一概念不做深入探讨，只想指出，尽管柏拉图使用这一概念时他是技术上考虑的，但是这种使用方式却是直接依赖于这一概念本身的直观可理解性：每一事物是（如此这般的），因而它分享是（如此这般

---

① Owen, G.E.L., Plato on not-being, in *Plato: A Collection of Critical Essays*, ed. by Vlastos, G., vol.I, p.255.
② 参见 Vlastos, G., An Ambiguity in the *Sophists*, in Vlastos, G, *Platonic Studies*, Princeton University Press, pp.270–317. 该认识不仅与"分享"这一概念相关，而且涉及"形式"概念，尤其是涉及对"S 是 P"这一谓述方式的解读。佛拉斯托斯的观点受到人们的关注，有批评也有赞同，并引起深入的研究和讨论。例如参见 Kostman, J., The Ambiguity of 'Partaking' in Plato's *Sophist*, *Journal of the History of Philosophy*, vol. 27, Number 3, July 1989, pp.343–363.
③ 尤其是关于 256a1 "esti de ge dia to metexein tou ontos"（它（运动）是乃因为它分享是）这一句的解释。这里的"esti"字面上是完整用法。有人据此认为柏拉图在这里区别出 being 的存在含义（参见 Cornford, F.M., *Plato's Theory of Knowledge*, Londn, Touthledge and Kegan Paul, 1935）；欧文等人则明确反对这种看法（参见 Owen, G.E.L., Plato on Not-Being, in *Plato: A Collection of Critical Essays*, ed. by Vlastos, G., pp.223–267，特别是 pp.253–257; Brown,L., Being in the *Sophist*: A Syntactical Enquiry, in *Plato* 1, ed. by Fine, G., pp.472–477）。

的）；每一事物是（与自身）相同的，因而它分享相同；每一事物是（与其他事物）相异的，因而它分享相异。所以，借助"分享"这一概念，柏拉图通过运动和静止、相同和相异这几个类最终得以说明，一事物既是运动的又是静止的，一事物既是相同的又不是相同的，即一事物既是运动的又不是运动的，一事物既是相同的又是相异的，所以，一事物既是又不是。从结果看，柏拉图说明了"不是"可能会带来的问题，即"是"与其对立的用语和概念可能会引发的问题，但是并没有说明与"是"和"不是"相对应的语义是什么。也就是说，柏拉图有关于语义的考虑，在说明过程中也有意识地做出一些努力，包括从"运动"和"静止"到"相同"和"相异"的进展，包括使用"分享"这样的术语，但是仍然没有达到关于同是与不是相应的语义说明。因此，这方面还有许多工作要做。

柏拉图的工作还表明，"是"与"不是"乃是语言中的常用表达，它们与真假相关。真假乃是常识性的认识，也是我们认识世界，形成判断，表达认识，做出断定时所带有的性质。所以，一方面可以非常自然地把是与真，把不是与假联系在一起谈论，同时把它们与认识和无知联系在一起谈论，另一方面也可以通过对是与不是之间的对立进行研究，从而达到有关其对立含义的认识。从柏拉图的工作我们看到，是与真的关系，直观谈论不难，真正说清楚并不容易。这是一个艰巨而困难的工作。但是不管怎样，柏拉图还是指出了一条研究的道路，即研究是与真，而且提供了一些思考的方式，比如借助对立的概念来说明不是与是之间对立的语义，接着用"分享"这一用语来解释这些对立的概念。他的工作无疑与巴门尼德的工作相关，但是显然远远超出了巴门尼德所达到的成就。

最后，我想简单地谈一谈柏拉图所说的"形式"。"形式"一词的希腊文为 eidos，它与"类"（genos）相近，与"理念"（idea）相通，常常交替使用，不加区分。① 从"S 是 P"的角度看，"形式"这一概念是需要的。因为它可以达到这种句式层面的说明。当然，形式可能会有很多，比如"美"的形式、"好"的形式，它们也可以同具体的事物状态，同人的经验感受相区别，但是正由于认识到它们与具体的事物状态不同，与具体的人的经验感受不同，也就可以对这种不同进行思考，并由此出发进行更深入的思考。在这一点上，柏拉图关于"是"、"运动"、"静止"、"相同"和"相异"的思考，无疑是关于形式的考虑，至少是类乎形式的考虑。认识到这一点，也就可以看出，柏拉图关于形式的考虑乃是与句子中的谓述相关的，因为这是关于事物的状态、事物是什么的说明。这样的说明与是相关，甚至可以对是与不

---

① 这一点是研究者们的共识，例如参见 Vlastos, G., An Ambiguity in the Sophists, in Vlastos, G, Platonic Studies, 第 271 页注 3。但是对它们的翻译也有不同看法，比如有人认为，英文"理念"（idea）一词趋于带有头脑中的观念的意思，相比之下，"英语'形式'（form）一词更接近这些希腊词的意思，因此免于'理念'一词的引入误解的联想"（Cross, R.C. and Woozley, A.D., Knowledge, Belief and the Form, in Plato: A Collection of Critical Essays, ed. by Vlastos, G., University of Notre Dame Press, 1971. vol.I, p.82）。

是的含义做出说明，至少柏拉图的工作显示出这样的倾向。它所达到的程度和结果姑且不论，至少可以看出，这种关于形式的考虑在关于是与不是研究中乃是至关重要的。推而广之，由于是与知识、与真乃是密切相关的，因而柏拉图这种关于形式的考虑乃是与知识、与真密切相关的。我们的研究主要关注在柏拉图与是、与真的论述方面，引文没有专门考虑柏拉图有关形式的论述，因此没有相关的研究和考虑。但是我们知道，与"形式"相关，有两方面的内容非常重要。一是关于种（eidos）和属的区别，一是关于实体的考虑。前者在亚里士多德建立逻辑的过程产生非常重要的作用，后者在亚里士多德建立形而上学的过程中成为核心考虑。这就说明，有关"形式"的考虑，不仅对于逻辑的产生和建立是重要的，而且对于形而上学的建立也是重要的。

第六章　亚里士多德逻辑的建立

总结前面的工作：从亚里士多德的《前分析篇》和《解释篇》找出与逻辑相关的基本概念，循此探讨柏拉图的《克拉底鲁篇》《理想国》《泰阿泰德篇》和《智者篇》，并基于对这些对话的探讨对柏拉图的相关工作做出说明。柏拉图的对话是逻辑产生之前的文献，它们向我们展示了，在逻辑产生之前，有关逻辑的探讨，或者确切地说，向着逻辑方向努力的探讨，与逻辑一些基本概念相关的探讨是什么样子的。亚里士多德的著作是逻辑产生之后的文献，它们表明，在逻辑产生之后，有关逻辑的探讨，尤其是对其一些基本概念的探讨是什么样子的。现在我们可以做两个工作。一个是比较柏拉图与亚里士多德的相关论述，看一看它们之间有什么相同，有什么不同，由此进一步说明导致逻辑产生的原因是什么。另一个则是，从这种原因的角度出发，看一看亚里士多德做了一些什么样的工作，它们会给我们带来一些什么样的启示。

1. 比较柏拉图与亚里士多德

《解》明确谈论了名词和动词，句子和命题，肯定和否定，谓述，特别是明确谈到了是与不是，真与假。这些是亚里士多德逻辑的基本用语和概念，至关重要。由于我们是从它们出发来阅读和挑选柏拉图对话的，因此援引柏拉图对话中出现关于名词和动词，肯定和否定，是与不是，真与假的讨论乃是自然的、正常的。也就是说，柏拉图谈论的东西与亚里士多德谈论的东西几乎相同，或者说，柏拉图几乎谈论了亚里士多德谈论的所有东西。所以，在比较亚里士多德与柏拉图的论述时，重要的不是探讨他们的相同之处。我们首先要探讨的是，同样关于是与真的论述，他们之间有什么区别，这些区别说明了什么。

一个最明显的区别是谈论是与真的方式。在亚里士多德的论述中，我们可以清楚地看出，"是"与"不是"乃是从句法层面论述的，因而可以被看作句法层面的东西。相比之下，"真"与"假"乃是从语义层面论述的，因而可以看作是语义层面的东西。比如他说，"动词'是'和'不是'以及分词'是'都不表示任何事实，除非增加一些东西。因为它们本身不表示任何东西，但是隐含着一种联系，离开了所联系的东西，我们无法形成关于它的看法"（《解》引文4）。这无疑是关于"是"和"不是"这两个词的论述。一方面，说明它们是词，因而是句子的构成部分。它们有"所联系的东西"，这表明它们与其他一些词之间的关系。离开与之相联系的东西，就无法理解它们，这表明它们与所联系之间的东西之间的关系非常重要。由于"是"乃是从词的角度说的，"所联系的东西"也可以从词的角度来理解，而且一定是两个词。这样就可以看出，这是从句法方面的说明："是"乃是一个词，它要联系两个词，或者，通过它使两个词联系起来。当然，由于亚里士多德没有明确使用"词"来说明，因而所谓"所联系的东西"是不是一定指词，乃是可以探讨的。假如坚持古希腊哲学家们并没有清晰地区别语言和语言所表达的东西这一看法，似乎也可以认为，这里是有一些混淆的，至少并不十分清楚。但是我们看到，在上下文中（《解》引文 1-7），亚里士多德一直在谈论名词和动词，由此来说明句子和命题。因此这里非常明确是从句法角度说的。假如对此依然还有疑问，那么还可以看一看他在《前》引文 3 中的论述："我称前提化解而成的东西为词项，即谓词和它所谓述的东西，加上'是'而去掉'不是'，或者加上'不是'或去掉'是'。"所谓"前提"指组成三段论的前提，即句子。句子由词组成。所谓"词项"指前提化解而成的东西，亦即构成句子的东西。"是"或"不是"乃是加在词项上的东西。这些论述都是针对句子的构成，毫无疑问是句法方面的说明。对照《解》引文 4，"是"与"不是"难道不是同样起这样的联系作用吗？换句话说，这样围绕着"是"的一种句法联系，即使在《解》字面上看得不是那样清楚，基于《前》的论述也可以看得非常清楚，或者至少可以说，到了《前》中则表现得非常清楚。

另一方面，名词有意义，但是"没有真假，除非加上'是'或'不是'"（《解》引文1）。"是"或"不是"会导致产生真假，这一点并不难理解。值得注意的是这里的说明。句子由名词和动词组成，"是"或"不是"参与构成句子，这是句法方面的说明。但是"真"或"假"却不是句法层面的说明，而是语义层面的说明。

从句法和语义这两个层面的说明可以看出两点。一点是，亚里士多德对它们的区别有明确的认识。比如他说，"只有那些含真假的句子才是命题"（《解》引文7）。"句子"无疑是语言层面的考虑，而"真假"则是语义层面的考虑。是与不是属于句子的构成部分，因而属于语言层面的考虑，属于句法考虑，而真假则属于语义层面的考虑。另一点是，句法和语义的对应主要体现在"是"和"不是"与"真"和"假"。前者构成句法，即通过"是"可以构成句子，通过"不是"也可以构成句子。后者构成语义，即一个句子，无论是通过"是"构成的还是通过"不是"构成的，都有可能是真的，也有可能是假。也就是说，真和假乃是与句子对应的，而不是仅与"是"或仅与"不是"对应的。从亚里士多德的说明可以看出，二值的特征已经非常清楚地呈现出来。正因为有了这样的认识，亚里士多德才能够说："不考虑其他所有类型的句子，只考虑命题，因为命题与我们目前的探究相关"（《解》引文7）。这样，亚里士多德将研究集中到真假或与真假相关的问题上。由于这只是语义的角度，与此相应还有句法的角度，即"是"与"不是"及其相关问题。这样亚里士多德就把研究集中到是与真上来。

但是在柏拉图的对话中，情况不是这样。前面我们说过，柏拉图有关于语言的考虑，从语言层面说，他亦有关于是与不是的考虑，同时他也有关于真和假的考虑。此外，他似乎也有关于句法方面的考虑，比如他也讨论了名词和动词，讨论了肯定和否定，讨论了句子和判断，而从他关于真假的论述看，他似乎也把它们看作是语义方面的东西，比如把它们作为性质指派给陈述（《智》引文21-22）。所有这些论述与亚里士多德的论述似乎非常相似。但是仔细分析，就可以看出一些区别来。

一个区别是，如何看待"是"和"不是"与"真"和"假"的对应。在柏拉图的论述中，有时候，它们显然不是对应的。比如他认为，命题有真假之分，语词也有真假之分，真的命题部分是真的，假的命题部分是假（《克》引文1）。尽管这里谈到真假与命题的对应，但是无疑也谈到真假与构成命题的语词的对应。如前所述，这里存在重大区别。这就表明，在柏拉图这里，真假与命题的对应并不是非常明确的。假如人们认为这种含糊的表述只反映出其早期的认识，而在晚期的论述中则明确表达出它们是对应的。比如柏拉图说，真陈述表示"事物乃是如其所是"，假陈述表示"事物与事物是的情况乃是相异的"，即"把不是那样的事物说成是那样的"（《智》引文22）。但是，即使在早期关于真假与语词对应的论述中也可以看到晚期这种相似论述，比如"真命题说的乃是是者如其所是，假命题说的乃是是者并非如其所是"(《克》引文1)。晚期说法的变化不过是以"相异"这种看似技术性的表述替代了早期"并非"那种自然的表述而已,"把不是那样的事物说成是那样的"则是这种表述变化的最好注释。这里的区别在于,语言中以"是"和"不是"表达认识,表达肯定和否定,乃是自明的,这样的表达会有真假之分,也是自明的。因此直观上它们之间似乎有一种对应性。但是如何说明这种对应性,却不是自明的。而区别句法和语义则是非常重要的一步,也是达到有关真假的说明的重要一步。所以,柏拉图有关于语言层面的考虑,他也认识到"不是"涉及对"是"的否定,因而会在真假方面造成问题,他要对"不是"做出说明,以期获得有关真假的认识。但是他尚未认识到,仅有关于语言层面的考虑还不够,还必须有句法和语义的明确区别,以及对句法和语义之间关系的明确认识。

另一个区别是,如何说明"是"和"不是"与"真"和"假"的对应。假如认识不到是与真的对应性,也就不会对它们之间的对应性做出区别。由此可见上一个区别的重要性。但是,即使认识到是与真的对应性,依然还有一个问题,这就是如何说明它们的对应性。我们看到,尽管柏拉图有关于是与不是的认识,也有关于真假的认识,甚至还有关于它们之间关系的认识,但是他始终没有从句法和语义这种对应的角度来探讨它们之间的关系。比如在关于"不是"的说明中,他不是通过真假来说明,而是通过"运动"和"静止"、"相同"和"相异"来说明。这两对概念不是真假,与根本真假不同。但是，由于它们暗含着对立的含义，因而可以认为它们暗含着否定，因而暗含着真假的意思，比如"是运动的"若是真的，则"是静止的"就不会是真的，"是相同的"若是真的，则"是相异的"就不会是真的。所以，以这种方式似乎也可以对"不是"做出说明。我们还看到，柏拉图最终的结论乃是"一事物既是又不是"。我们当然可以承认这乃是对是的一种认识和说明，但是它有没有问题、有什么问题姑且不论，至少字面上与真无关，与达到有关真的认识当然是有很大距离的。

现在我们可以更加清楚地认识到，柏拉图与亚里士多德都有关于是与真的论述，但是他们谈论的方式有很大区别。柏拉图有关于语言的考虑，但是他的考虑更多地依赖常识，比如关于表述方式的认识，关于真假的直观认识，因而未能区别句法和语义。比如他对"不是"的探讨依赖于"是"、"相同"和"相异"等概念。这种论述方式的结果是："是"与"不是"似乎并非是同一层面的东西；"是"与"相同"和"相异"似乎是同一层面的东西，而后者无疑起语义说明作用。因此，这种论述方式本身就混淆了句法和语义。亚里士多德则完全不同。他明确地区分句法和语义，将"是"与"不是"看作句法层面的东西来考虑，而将"真"和"假"作为语义层面的东西来考虑，这样就有助于区别这两个不同的层面，显示它们之间的对应，最终揭示它们之间的关系。

所谓句法，指的是语言表达的合乎规范的方式。人的认识都是通过句子表达的，因而句法可以指句子表达的方式。

所谓语义考虑，指的则是与句法对应的含义，亦即句子的意义。在前面的引文中可以看到，亚里士多德把这样的句法凸显出来，即指加上"是"或"不是"这样的句式，即通常所说的"S 是 P"和"S 不是 P"。与此同时，他对与这样句法对应的语义也有明确说明，这就是"真"和"假"。当然，从前面的引文我们只是看到了这种句法和语义的对应，还没有看到有关它们的进一步说明。为了更清楚地说明这个问题，让我们再引一些亚里士多德的话，再多做一些讨论。

"是"表达的是句子，体现的是一种句法形式。对照柏拉图的说法，它与认识相关，表明事物乃是如其所是。这里虽然有关于句子的考虑，但是无疑也有关于句子所表达的东西的考虑，因而有关"是"的谈论实际上是将句子与句子所表达的东西交织在一起的谈论。区别句法和语义，就是只考虑句子及其形式，不考虑句子所表达的东西。或者，只谈论句子，不谈论句子所表达的东西。而沿着这一思路展开就会发现，句子及其形式肯定不会如此简单。同样，以真假作句子的语义，即将句子所表达的东西抽象到真假层面上，这无疑是一种思考方式。但是由此就会发现，仅以是和不是来谈论真假显然就不够了：不仅过于简单，而且无法得到明确的结论。我们来看一看亚里士多德是如何考虑的。

亚里士多德认为，命题分为普遍的和个别的，而普遍的命题又分为有全称词的命题和没有全称词的命题。比如"每一个人是白的"。这样，全称词就成为一个重要的句法标志。他对全称词有如下说明：

[《解》引文 8]

"每一个"一词不使主词成为普遍的,而是使这个词具有普遍的特点。(17b12–13)

"每一个"一词不给主词以普遍的意义,但是意味着,作为一个主词,它是周延的。(20a9–10)

我们不用考虑引文中所说的具体意思,比如"周延"是什么意思,是不是有道理,直观上可以看出,这是关于"每一个"这个词的说明,即一种句法说明。这个说明表明该词与主词有一种关系,因而是对主词的说明。有了主词,所谓句法就不再是"是",而是"S 是 P":其中的"S"是主词,"P"是谓词。再加上"每一个"这个词,所谓句法就不再是"是"那样简单了,而是"每一个 S 是 P"。与它对应的否定形式则是"每一个 S 不是 P"。也就是说,从考虑简单的"是"与"不是"可以过渡到考虑"每一个 S 是 P"与"每一个 S 不是 P"。这无疑是一个巨大的进步。这是因为,它为考虑或说明真假提供了可能。比如:

[《解》引文 9]

"每一个人是白的"这个肯定命题是"并非每一个人是白的"这个否定命题的矛盾命题;或者,"没有人是白的"这个命题是"一些人是白的"这个命题的矛盾命题。(17b18–19)

就这些主词具有普遍性并具有普遍特征的矛盾命题而言，一定一个是真的，另一个是假的。（17b25-26）

前一小段引文以举例的方式说明了几种不同形式的命题及其关系。一种形式是"每一个S是P"，一种形式是"每一个S不是P"（"没有人是白的"），还有一种形式是"有S是P"（"一些人是白的"）。在对它们的关系的说明中，明确使用了"矛盾"这一概念。第二小段引文则从真假的角度说明了矛盾命题之间的关系：两个矛盾命题一定一个是真的，一个是假的。矛盾命题是句法说明，真假则是语义说明。当然，人们可以认为，从语义也可以得到矛盾命题。这里我们可以不做细节讨论。大体上说，亚里士多德关于句法和语义的论述乃是非常清楚的。不仅区别是清楚的，结论也是清楚的。

需要指出的是，第二小段引文关于真假的说明只限于全称命题，而第一小段关于矛盾命题还谈及"有S是P"这种特称命题。重要的是要看到，关于矛盾命题的真假说明乃是具有普遍性的。这里只谈到全称肯定命题和它的否定是矛盾关系，全称否定命题和特称肯定命题是矛盾关系，并不意味着仅有这些命题之间是矛盾关系。全称肯定命题和特称否定命题之间也可以是矛盾关系，单称命题之间也可以矛盾关系。限于篇幅和讨论的目的，我们不展开讨论。以上引文只是为了说明亚里士多德区别了句法和语义，并以此所获得的结果。

[《解》引文 10]

当肯定和否定的命题两个都是全称的,它们就作为反对命题而对立。(17b20)

在这种反对关系的情况下,两个命题不能同时都是真的。尽管如此,它们的矛盾命题有时候却都是真的,尽管其主词相同。(17b23-24)

这一段引文明确提到"反对命题",这与"矛盾命题"显然是不同的概念。第一小段是句法说明,由此我们可以知道"每一个 S 是 P"和"每一个 S 不是 P"(或"没有 S 是 P")具有这样的关系:它们都有全称词的说明,区别在于一个是肯定形式,另一个是否定形式。第二小段是语义说明。这样关系的命题不能都是真的,即如果一个是真的,另一个就是假的。

值得注意的是第二小段的后一句。"矛盾命题"是句法说明,"是真的"则是语义说明。由句法说明可以看出,这里说的不是"每一个 S 是 P"和"每一个 S 不是 P"这样的命题,而是它们的矛盾命题。引文 9 谈过后者的矛盾命题"有 S 是 P",前者的矛盾命题则是"有 S 不是 P"。从语义说明则可以看出,如果"有 S 是 P"是真的,"有 S 不是 P"也有可能是真的。

以上是关于带有普遍特征的普遍命题的说明。而关于不带普遍特征的普遍命题,亚里士多德也有说明:

[《解》引文 11]

当两个命题尽管是普遍的,但是不具有普遍特征,我们就不能总发现其中一个是真的,另一个是假的。(17b29-30)

这里的句法说明是明确的。所谓不具有普遍特征,即不带有"每一个"这个词,因而仅仅是"S 是 P"和"S 不是 P"。对于这样的命题,确定它们的真假是有困难的。

亚里士多德关于句法和语义的论述还有许多。但是以上引文及其简单的讨论足以说明,区别句法和语义乃是非常重要的,它使关于"是"与"真"的认识从常识走向科学。我们看到,亚里士多德关于不同句法形式的说明,以及关于与它们相应的语义说明,澄清了柏拉图的许多困惑。确实,在日常表达中,是与不是,真与假乃是自然的,常见的。它们涉及肯定和否定,但是其中的关系却非常复杂。它们之间的关系可能是矛盾的,也可能是反对的,还可能是不定的。所以,柏拉图有那么多困惑乃是自然的,他的思考和探讨则反映出他试图解决这里的问题,从而澄清由这些问题产生的困惑。他的工作虽然没有成功,但是指出了方向。至少有一点是明确的,即要考虑语言,要从真假的角度来考虑问题。亚里士多德的工作表明,他是沿着柏拉图的方向前进的。他的成就在于区别了句法和语义,从而可以对它们进行深入的探讨。这一探讨的结果是重要的,也是划时代的:它最终建立起逻辑这门科学。

2. 四谓词理论

前面的研究表明，柏拉图指出了方向，亚里士多德沿着这一方向前进，这样说似乎是不错的。但是仔细分析则可以看出一个问题:《解》只是呈现了亚里士多德是如何探讨逻辑问题的，但是并没有告诉我们他是如何走到这一步的。换句话说，即使是沿着柏拉图指引的方向，他又是如何区别句法和语义，最终建立起逻辑的呢？假如只有《解》留下来，我们大概只能围绕它去分析思考。幸运的是，亚里士多德还有一部著作留给我们，这就是《论辩篇》(以下简称《辩》)。这部著作是亚里士多德的早期著作，在《解》之前。因此我们可以通过对它的分析来看一看，亚里士多德是如何从柏拉图指引的方向找到一条正确的建立逻辑之路，并且最终建立起逻辑。

《辩》似乎是一篇关于如何论辩的手册。它在开篇简要阐明这一目的之后指出，它要说明什么是推理，其各种不同样态是什么，随即有如下一段论述：

[《辩》引文 1]
  一个推理是一个论证，在这个论证中，一些东西被规定下来，由此必然地得出一些与此不同的东西。(100a25-27)

非常明显，这段话的目的是回答什么是推理这一问题。它表明，推理是一个从前提到结论的过程，含有前提与结构的组合，其性质主要在于其中所说的"必然地得出"。这就表明，这样的推理并不是任意的，而是有特定要求的。

我认为，这是历史上有关逻辑的第一个定义。"必然地得出"乃是关于逻辑专门学科性质的说明。虽然"必然"是什么意思并不十分清楚，但是，它是关于推理的性质的刻画，关于前提和结论之间关系的刻画。对照《前》引文 4 可以看出，这两段话差不多是一样的。[①] 结合那里的论述，配之以三段论的形式，则可以看出，它的意思是说，满足三段论的格和式，可以保证从真的前提得到真的结论。这与我们今天所说的"有效性推理"或"推理的有效性"意思是一样的。当然，《辩》是亚里士多德早期著作，这时他的三段论

---

① 这里涉及翻译问题。《辩》引文 1 中的"推理"，英译文是"reasoning"（参见 Aristotle, *The Works of Aristotle*, vol.I, ed. by Ross, W.D.; Aristotle, *Topica*, in Aristotle, *Posterior Analytics, Topica*, Greek-English text, trans. by Fowler, H.N., Harvard University Press, London, William Heinemann LTD, Harvard University Press, 1960，希英文对照，第 272-273 页）。《前》引文 4 中的"三段论"，英译文是"syllogism"（参见 Aristotle, *The Works of Aristotle*, vol.I, ed. by Ross, W.D.; Aristotle, *Prior Analytics*, in Aristotle, *The Organon, I*, ed. by Tredennick H., 希英文对照，第 200-201 页）。而在希腊文中，这两处是同一个词。英译文的差异表明，一方面希腊文 syllogismos 一词本身有"推理"的意思，另一方面则体现他们对亚里士多德的三段论系统及其理论的专门性的一种认识。中文"三段论"一词一方面体现了一个具体三段论的格式的特征，另一方面则失去了其字面上的"推理"的含义。我曾讨论过这个问题，这里不再重复（参见王路：《亚里士多德的逻辑学说》，中国社会科学出版社，1991 年第 1 版、2016 年第 3 版）。本书翻译采用英译文的做法。不过这不应该影响我们对于亚里士多德思想的理解。读者将这两处既可以都理解为三段论，也可以都理解为推理，还可以随本书的译法来理解。

系统尚未建立起来，因此尚不能在他所说的三段论的意义上理解这里的论述。但是，这种"必然地得出"的思想已经出现。在我看来，这就是逻辑的观念。有了它，才会有逻辑理论的形成，逻辑系统的建立，才会有逻辑的发展。①

说明什么是推理之后，亚里士多德区别了四种不同的推理，与本书讨论相关，我们只看其前两种推理，即证明的推理和辩证的（或论辩的）推理：

[《辩》引文2]
如果一个推理使用的前提是真的和初始的，或者我们关于它的认识乃是从真的和初始的前提得来的，该推理就是证明。如果一个推理是从一般所接受的意见进行的，该推理就是辩证的。（100a27-30）

字面上可以看出，证明的推理与论辩的推理之间的区别在于前提不同。前者的前提是真的，后者的前提不一定是真的。证明的推理由之出发的前提是真的。初始的前提通常被看作是真的，因此，真乃是这类推理的前提的主要特征。这里显示出亚里士多德关于真的考虑。论辩的推理由之出发的前提有可能不是真的，由此形成与证明的推理的区别。字面上虽然没有谈及真，但是这一区别无疑暗含着有关真的考

---

① 我曾深入讨论过这个问题，这里不再重复。有兴趣的读者可以参见王路:《逻辑的观念》，商务印书馆，2000年第1版、2016年第2版，第2、3章。

虑。由此可见，亚里士多德有关于真的考虑，但是考虑的方式与柏拉图明显不同。这种关于推理结构的考虑并基于推理结构而关于真的考虑，显然比常识性的考虑更进一步。除此之外，我们还可以看出，尽管有关真的考虑与推理相关，但是与真直接相关的乃是前提。当然，我们曾经说过，"必然地得出"的意思是保证从真的前提得到真的结论，因而与真直接相关的不仅有前提，也有结论。但是，无论前提还是结论，都是以句子表达的。这也就说明，真乃是与句子联系在一起的。

论证从问题出发，推理由命题组成。在亚里士多德看来，命题与问题是对应的。对一个命题可以提出问题，对一个问题可以做出回答。提问可以使命题转换为问题，回答可以使问题转换为命题。基于前面关于柏拉图的研究，这样的认识很容易理解。一如"是什么"乃是柏拉图考虑的核心，它即体现了"是什么？"这样的问题方式，也体现了"是如此这般"这样的思考方式。亚里士多德的表述不同，意思其实是一样的。通过对它们进行研究，亚里士多德有了进一步的认识：

[《辩》引文3]
如果一个一个地观察所有的命题和问题，那么就会看到，每一个命题或问题，或是由某物的定义、或是由其固有属性、或是由其属、或是由其偶性而构成的。（103b3-6）
定义是表达事物的本质的词组。（101b39）
固有属性是一谓词，它不表示一事物的本质，却是此事

物专门具有的,并且可以和它互相换位谓述。(102a19)

属是对一些不同种的事物是什么这一范畴的谓述。(102a32)

偶性是某种东西,它尽管不是上述的,即不是定义、不是固有属性、不是属,却属于此事物;它可以属于或者不属于某一事物,或者属于或者不属于同一事物。(102b4-7)

这些话说得非常明确。"谓词"、"谓述"、"词组"都是句法层面的说明。与"谓词"对应的是"主词",所以,尽管"主词"一词在这里没有出现,但是相关的说明却是明确的。这些说明体现了一个具有"S 是 P"这样形式的句子:谓词 P 是对主词 S 的谓述,即对它的表述和说明,这样的表述说明共有四类:定义、固有属性、属和偶性。这也就是亚里士多德的四谓词理论。这四种谓词无疑是句法层面的划分和说明。除此之外,我们也可以看到关于它们的一些语义解释。比如"表达事物的本质"乃是定义的意思。①

值得注意的是第一小段的两个表述。一个是"一个一个地观察",另一个是"每一个命题或问题"。前者指做法,后者指结论。二者相结合则表明,这四种谓词乃是基于对语言

---

① 应该指出的是,亚里士多德关于这四种谓词有大量的详细的讨论,其中许多与语义解释有关。由于《辩》很像是一部关于论辩的手册,而四谓词理论又是其主要理论,因此有关它们的运用和讨论就非常多。与本书讨论相关,我们只是简要列出其说明,不对这些讨论展开论述。有关它们的详细讨论,参见王路:《亚里士多德的逻辑学说》。

实践的分析和考虑而得出的结论，是归纳的和经验的。尽管如此，得出的结论却是有普遍性的，而且在亚里士多德的说明中也体现了他关于穷尽可能性的考虑。比如最后一小段关于偶性的说明：它不是定义、不是固有属性、不是属。这样，由于可以把所有不是前三种谓词的情况归为第四种，即偶性，因而这个分类是完全的。从这样的分类说明可以看出，亚里士多德关于四谓词的分类和得出是不是有问题乃是可以讨论的，但是他关于它们的分类本身却是完全的。除了这样经验性的说明外，我们也可以看到理论性的说明：

[《辩》引文4]

主词的每一个谓词必然是或者可以与其主词互换，或者不能互换；如果能够互换，则是其定义或固有属性，因为如果它表示本质，则是定义，如果它不表示本质，则是固有属性；……如果它与所说的东西不能互换，那么它是主词的定义中的诸词之一或者不是；如果它是定义中的诸词之一，则是属或种差，因为定义由属和种差构成；如果它不是定义中的诸词之一，则显然它是一个偶性。（103b8-17）

如果说对引文3关于句法和语义的区别和讨论尚有疑问，因而对于我们前面关于句法的讨论尚有疑问的话，那么这段话肯定会打消这样的疑问。"主词"、"谓词"无疑是句法的考虑，而且通过这样的考虑，"S是P"这种形式的句子凸显出来。与此相对应，表示本质还是不表示本质则是语义方面的考虑。因此可以说，亚里士多德关于句法和语义的区别是非常清楚的，他关于这两个方面的考虑也是非常清楚的。认识到这一点则可以看出，与此相应，亚里士多德提出了两条原则。一条与句法相关，即引文提到的谓词与主词"能够互换"和"不能互换"。这可以简称为换位规则：看谓词与主词是否可以换位。另一条与语义相关，即引文提到的谓词对主词"表示本质"和"不表示本质"。这可以简称为表达本质规则：看谓词是否表达本质。这两条原则相加，正好得出四种谓词。引文则是对相关情况的说明。在亚里士多德有关四谓词理论及其应用的讨论中，大量使用了这两条规则。这说明他的相关讨论既有句法方面的考虑，也有语义方面的考虑。限于篇幅和讨论的目的，我们不展开论述。但是仅从引文3也可以看出它的使用，比如其中第二、三小段引文。

  对照这两条原则可以看出，它们有一个共同之处，即穷尽了考虑问题的可能性。这一点对于分类来说是必要的。但是作为对它们的理解而言，它们却是有区别的。第一条原则没有问题，因为"S是P"这样的句子从句法上看只有两种可能，一种是可以换位，一种是不可以换位。比如"人是理性动物"就可以换位，因为可以说"理性动物是人"；而"人是动物"就不能换位，因为不能说"动物是人"。也就是说，"换位"这一概念是清楚的，没有歧义，因而不会产生理解的问题。相比之下，第二条原则则不是这样清楚。一方面，人们可以认为"表示本质"或"不表示本质"这一分类没有问题，但是"本质"一词是什么意思，却不是那样清楚，至少人们对它的理解不会是没有问题的。换句话说，这条原则的可靠性与其说依赖于对本质的理解，不如说依赖于对"表示本质或不表示本质"这一说明方式的理解。字面上可以看出，它基于矛盾律：一事物不能既是又不是，体现的则是排中律：一事物或者是或者不是。亚里士多德在《形而上学》中明确指出，矛盾律是一切论证都要遵守的前提。四谓词的分类原则则是他这一思想的切实体现。当然，人们可以认为《形而上学》是他晚期著作，因此不应该用那里的论证来说明《辩》中的思想。在我看来，即使认为《辩》中尚无《形而上学》中那样关于矛盾律的明确论述，至少从亚里士多德的论述中可以看出，他始终是把矛盾律和遵守矛盾律放在首位的，而且在他的论证中，矛盾律的运用得心应手。

非常有意思的是，对于"S 是 P"这种句式，《辩》除了有关于四谓词的论述，还有其他方式的考虑：

[《辩》引文 5]
我们必须区别发现了上述四种形式的谓词的类。这些类是十种：是什么、数量、性质、关系、地点、时间、位置、状态、活动、遭受。任何事物的偶性、属、固有属性和定义都应在这些范畴之中，因为任何通过这些谓词所形成的命题都表达事物的是什么、或者事物的性质或数量、或者其他一种谓词。（103b-29）

这段话明确谈论谓词，把谓词分为十类，称它们为范畴。此外，这里还谈论了四种谓词与十种范畴之间的关系。这就表明，同样是"S 是 P"这种形式的命题，P 可以是四种谓词之一，也可以是十种范畴之一。依据亚里士多德随后的举例说明，比如面对一个人，说他"是人"或"是动物"，从谓词的角度看，这是本质，从范畴的角度看，这表达的乃是是什么。又比如面对一种白色，说它"是颜色"表示它的本质，说它"是白的"则表示它的性质。

对照谓词理论和范畴理论可以看出，它们的共同之处是都考虑谓词，不同之处则是分类原则。谓词理论的分类原则有两条，即上述的换位原则和表本质原则。但是范畴理论则没有分类原则。从亚里士多德的讨论看，所谓范畴似乎就是关于谓词和谓述方式的分析和归纳。比如人"是动物"表示是什么，"是白的"表示性质，"是三肘长"表示数量等等，甚至包括主动（运动）和被动（遭受）的形式。所以，作为一个理论，[①]这似乎有些粗糙，比较常识化。相比之下，谓词理论则不是那样简单。它的两条分类原则不是常识性的，如上所述，即使本质这一概念似乎不是那样清楚，但是该原则的确立方式却是没有问题的。

[①] 人们一般认为，亚里士多德有一个范畴理论，该理论主要来自他的著作《范畴篇》。但是近几十年来，这一观念受到质疑和挑战。抛开对《范畴篇》是不是亚里士多德著作的质疑，人们认为，亚里士多德的范畴理论主要不在《范畴篇》，而在《论辩篇》（例如参见 Frede, M., Categories in Aristotle, in Frede, M., *Essays in Ancient Philosophy*, University of Minnesota Press,1987）。我也曾讨论过这个问题，这里只是简单提及，不再重复（参见王路:《亚里士多德的逻辑学说》2.62）。

对照柏拉图的论述可以看出，亚里士多德关于范畴的考虑与柏拉图的考虑乃是一致的，即都是对"S是P"这种句式的考虑。前面看到，类似范畴的情况在柏拉图那里也曾出现，他也以人为例，谈到给他命名，把颜色、形状、身材、缺点、优点赋予他，"说他是一个人"，"说他是好的，以及其他许多说法"（《智》引文12）。从柏拉图的角度说，他的考虑方式与亚里士多德其实是一样的，只不过更加随意，也可以说更加常识。他所说的这些有关人的表述，都是最自然不过的。特别应该看到，柏拉图也是以人为例来说明对事物的称谓，因此他的论述绝不是仅仅停留在关于人的表述上。但是他是借助人的例子来说明表述的多样性，这一点他做到了，而没有做到的是，他没有说明，这种多样性是什么。从亚里士多德的角度说，尽管其考虑方式差不多，但是比柏拉图的考虑肯定是系统化了。亚里士多德的十个范畴分类显然不是随意的，大体涵盖了有关事物表述的情况。因而可以说亚里士多德的范畴分类是一种理论化的结果，或者形成了理论。该理论不仅说明了谓述的多样性，而且说明了这种多样性是什么样的。基于这样的理论说明，他的举例只是帮助说明这种多样性，而不是让人去理解表述是多样性的。

对照柏拉图的论述还可以看出，亚里士多德关于四谓词的考虑乃是柏拉图没有的。也就是说，尽管同样是关于"S是P"这种句式的考虑，四谓词的考虑方式却是新颖的。直观上看，它与常识考虑不同，因为它不是在谓述的含义，即通常的命名或表述的意义上去考虑谓词的含义，按照它们的意思去分类，而是通过一些方法来确定它们的意思，比如按照谓词与主词是不是可以换位，按照谓词是不是表达主词的本质。这无疑是一个突破性的工作。它超出了日常的思路，利用了一种规则式的方式来考虑问题。这些规则可能是人为的，因而具有人为的特征。这些规则也可能并非是没有问题的，比如前面关于本质的质疑。但是有一点非常明确。这就是，这些规则的建立是符合逻辑的。无论亚里士多德当时对其所依据的逻辑，比如前面所说的矛盾律和排中律是不是有明确的认识，至少在建立这种理论的时候他依据了它们。这样就为他的规则的建立提供了可靠性，也使他依据这种规则所得到的理论具备可靠性和合理性，并使它超出了常识的范围和尺度，真正走向理论层面。

认识到这一点也就可以看出，四谓词理论较之范畴理论有一个更为重要的意义。这就是从常识走向科学。假如认为科学这一概念太强，我们也可以说，从常识走向理论。科学所考虑的东西可以是日常的、常识性的。但是科学思考的方式可以超出常识性的范围。正是这种超出常识范围的思考方式带来了理论的突破和进展，它使亚里士多德向他所说的"必然地得出"迈出了至关重要的一步。

除了上述思考问题方式方面的重大区别外，我们还可以看出，四谓词理论与柏拉图的相关论述还有一个区别。柏拉图始终在讨论是与不是，即使在他专门探讨不是的时候，也把"是"作为初始概念，因此在柏拉图的讨论中，是与不是总是交织在一起的。四谓词理论则不是这样，它只讨论是，而没有讨论不是。也就是说，它只讨论了肯定的情况，而没有考虑否定的情况。范畴理论也是同样。在我看来，这一区别显示出在有关是的认识上亚里士多德较之柏拉图的一个重大进步。

柏拉图的论述表明，他认识到是与真相关。他之所以讨论不是，乃是因为不是与是相关，还有"显得像是"，"好像是"而其实不是的情况，因而智者那样的人会利用这样的情况。他认识到是与不是交织在一起，因而真与假的情况常常会混淆，所以他要研究这里面的问题，而且他也认识到关于是的研究有可能会有助于关于不是的认识，关于不是的研究有可能会有助于关于是的认识（《智》引文11）。他的研究表明，他考虑了语言表述的情况，但是没有从句法和语义这两个方面做出明确区别，因而未能分别从这两个方面的各种情况及其相互关系去探讨。亚里士多德的工作基于柏拉图，因此他肯定非常清楚和熟悉柏拉图的这些认识。他只考虑是的情况，这一差异乃是他工作的结果，我们现在需要考虑的则是产生这一结果的原因。

在我看来，一个重要的原因就在于亚里士多德对句法和语义做出了区别。从换位规则可以非常清楚地看出他关于句法的考虑：在一个句子中，"是"只是一个系词，联系主谓；而主谓可以换位。假如这一认识是明确的，则可以看出，"不是"也是系词，只不过其中的"不"表示否定。所以，关于"是"的讨论会有助于关于"不是"的理解和认识。如前所述，四谓词理论也有语义层面的考虑，即表本质规则。这种考虑方式与真假没有关系，而且非常清楚，用它也无法考虑真假。但是我们看到，亚里士多德明确地说，命题是含真假的语句。这就表明，句子表示真假，他是知道的。而且他对这种语义也是有明确认识的。假如人们认为那是他在《解》中的认识，不能以此推断他在《辩》中的认识，那么在《辩》中我们依然可以看到，在关于推理前提的论述中他明确谈到真命题，这说明他对命题的真假乃是有明确认识的。假如他有这样的认识，那么他一定会认识到句法与语义乃是对应的。因而他当然会认识到，通过关于句法方面的认识会有助于关于语义方面的认识。后面我们将会说到，他在《形而上学》的辞典解释中，说明了"是"一词的四种含义，其中就有表示真假的说明。所以，假如他能够清楚地认识到是与不是乃是句法层面的东西，真和假乃是语义层面的东西，那么他一定会认识到是本身会有真假之分，不是本身也会有真假之别。即使他只是意识到是与不是相关，与真假相关，他也会认为，通过关于是的深入讨论，一定会有助于关于不是的考虑，有助于关于真假的考虑。所以，集中讨论"是"，不仅会有助于关于不是的考虑，而且也会有助于关于真假的考虑。

3. 句法和语义

对照四谓词理论与柏拉图的工作，可以显示出亚里士多德在句法层面的成就。但是比较四谓词理论与《解》，则明显可以看出它在句法层面的不足。尽管我们可以认为亚里士多德这时知道，或认识到，或意识到是与真的对应关系，但是从四谓词理论毕竟看不到有关它们之间的相应说明，更没有像《解》那样的系统说明。但是在我看来，正是这种关于句法的认识，关于句法和语义区别和对应的认识，最终使亚里士多德建立起逻辑这门学科。《辩》共八卷，①前面5段引文来自第一卷，它们只是勾勒出亚里士多德在《辩》中有关主体思想、主要理论的论述，而对其他几卷，即如何运用四谓词理论进行论辩的实践指导尚未涉及。下面我们可以从其他卷选择几段话，以此说明，有了四谓词理论，特别是有了这种关于句法的考虑，并基于这种句法和语义的对应的认识，亚里士多德是如何走向《解》那样的认识并形成那样的理论的。

在第二卷的开篇处，亚里士多德说：

[《辩》引文6]

一些问题是普遍的，一些问题是特殊的。普遍问题是这样的："每一种快乐都是好的"，"没有快乐是好的"。特殊问题是这样的："一些快乐是好的"，"一些快乐不是好的"。普遍地建立和推翻一种观点的方法对这两种问题乃是相同的。这是因为，当我们表明一个谓词属于每一种情

---

① 若加上《辩谬篇》，则为九卷。《工具论》分为六篇，将二者分开，史学研究则有不同看法。

况，我们也就表明了它属于某些情况。同样，如果我们表明它不属于任何情况，我们也就表明了它不属于每一种情况。（108b37-109a5）

"属于"是亚里士多德使用的术语，"P属于S"意思即是"S是P"。运用四谓词理论来探讨问题，P属于S，或属于某种情况，或属于主词，乃是经常性的表达，因为这涉及谓词与主词的关系，也是该理论所体现的主要关系。这段话的典型特征是谈及量词，而且明确地谈及《解》中所探讨的四种量词。字面上看，它给出全称肯定、全称否定、特称肯定和特称否定这四种命题，谈论的则是一般性的："普遍的"（全称的），"特殊的"（特称的）。关于它们之间的关系，这里谈及了差等关系：说明了"每一S是P"，也就说明了"一些S是P"。在这些说明中，一个明显的特征是通过举例。另一个是有的说明似乎还不是那样清楚。比如，说明了"任何S不是P"，也就说明了"每一S不是P"，这种认识固然没有什么问题，但是它想说明的东西却不是那样清楚。这两个命题之间的关系显然不是《解》中所说的关系。难道这是为了说明"任何"与"每一"的关系吗？不过，正因为有这样一些特征，我们反而能够看出，从四谓词理论走向逻辑的建立的过程中的一些思考和进步。依据句法的认识，通过举例说明，进一步认识更多的句法形式，并通过这样的认识来认识其中所暗含的逻辑关系，并最终将它们揭示出来。而真正到了那一步，例子可以不见了，一些没有必要的句法形式也可以消除。此外，这段话没有谈及真假，但是谈到建立与推翻。后者实际上暗含着真假。被建立的东西一定是被当作真的，而被推翻的一定是被当作假的。假如有这样的认识，或者以这样的认识作基础，那么关于句法的考虑就是至关重要的。因为一切工作都要基于关于句法的考虑。比如与普遍的问题相关，亚里士多德说："为了表明一种性质普遍地属于，讨论一个单一情况是不够的"（110b）。也就是说，要想说明每一个S有P这种性质，即"每一S是P"，只谈某一S有P这种性质乃是不行的。这样的谈论无疑显示出句法方面的考虑，但是所谈的情况肯定与真假相关。这里的意思显然是说：要想说明"每一S是P"是真的，只说明"某一S是P"是真的，乃是不行的。假如认为字面上看亚里士多德没有这样说，因而我们不能这样认为，也就是说，这一认识并不是显然的，那么我们认为这里暗含着这样的认识总是不会错的。而之所以暗含着，乃是因为亚里士多德的关注点在句法上。真假乃是直观的常识性的被接受的共同认识。但是关于句法的认识却不是这样的。只要揭示句法方面的情况，就可以更好地说明相应的真假情况。

[《辩》引文7]

认识到对立的模式有四种，无论是推翻还是建立一个观点，你都应该在词项的矛盾情况中寻找论证，从而要更换其序列次序，而且你应该借助归纳法来获得它们。比如如下论证："如果人是动物，那么不是动物的则不是人"，在其他矛盾情况也是同样。因为在这些情况下，序列是反过来的：因为"动物"跟在"人"后面，但是"非人"并非跟在"非动物"后面。因此，在所有情况下都应该有这样一种设定，例如，"如果荣耀的是快乐的，那么不是快乐的就不是荣耀的，而如果后者不是真的，则前者也不是真的"。同样，"如果不是快乐的则不是荣耀的，那么是荣耀的则是快乐的"。因此很清楚，借助论题中词项的矛盾对立情况而形成的序列更换乃是一种可变换用于两种目的的方法。（113b15-25）

非常清楚地是，这里明确提到"矛盾"这一概念，并且说明了与它相关的论证方式。他以"如果人是动物，那么不是动物的则不是人"这个例证来说明，并给出许多相似的例证，称之为归纳。从他的论证方式看，他只解释论证中主谓的次序，而没有解释其他情况。这就表明，这样的论证在他看来是自明的，所使用的概念术语都是自明的，新的东西只与其中的次序相关，因此只需要说明这一点。亚里士多德对这个序列的说明非常清楚：面对的命题具有"S 是 P"这样的形式，论证的方式是反过来的：如果否定谓词 P 的情况，则一定否定主词 S 的情况。这显然涉及到所说的换位规则。但是他没有细说，我们也就不用多说。我们需要的是对他认为自明的概念做出说明，即为什么这样的情况被称之为矛盾。具体而言，所谓矛盾指的是"是动物"与"不是动物"，相应的，"是人"与"不是人"也是矛盾情况。其他例子也是同样。在这样成对的表达中，区别是通过"不"一词体现的。也就是说,矛盾情况是以否定词"不"来表达的。是与不是显然是一种对立的情况。它们是矛盾的,因而矛盾情况乃是一种对立的情况。

认识到以上情况则可以看出,亚里士多德这里提出一种论证方式,即对一个肯定陈述,可以通过换位来验证它,但是这个换位验证依赖于已有陈述的矛盾概念。

值得注意的是,亚里士多德在例证中谈到"如果后者不是真的,则前者也不是真的"。这里明确谈到真,并且借助真来说明论证。这就表明,亚里士多德的考虑乃是与真相关的。换句话说,一方面可以借助例子来说明论证,这样就需要借助对例子所表达的含义的理解,比如借助有关人和动物的理解,另一方面也可以借助真来说明,这样就不用考虑句子所表达的东西,而把句子所表达的含义归结为真。二者相比,一个明显的差异立即凸显出来,例子的表达是具体的,比如"不是动物的则不是人"乃是一个具体的例子,而有关真的考虑乃是普遍的。这样的考虑不仅适合例证中的例子,也适合为了说明归纳而给出的其他例子,以及说明没有给出的所有其他例子,即适合于所有这样的表达。

[《辩》引文8]

无论是推翻还是建立一个观点,还要看一看论证中反对状态的情况,看一个词项的反对状态是否从一个词项的反对状态直接地或更换地得出。如果需要的话,借助归纳来获得这种论证。例如,在像勇敢和怯懦这样的情况中,序列是直接的。因为美德从它们中的一个得出，恶德从它们中的另一个得出。从其中一个得出它是可赞誉的，从其中另一个得出它是可反对的。因此，在后者的情况中序列也是直接的；因为可欲想物乃是可反对物的反对情况。其他情况也是这样。另一方面，该序列在如下情况中是反过来的：健康从强壮得出，但是疾病并非从虚弱得出；倒是虚弱从疾病得出。因此在这种情况序列中是反过来的。然而，更换序列在反对情况是少见的；通常该序列是直接的。因此，如果一个词项的反对物并不从另一个词项的反对物直接地或更换地得出，那么显然所做陈述中的任何一个词项也不会从另一个词项得出；而如果在反对的情况中一个词项从另一个词项得出，则它在原初陈述中也必须是这样。(113b27-114a7)

非常清楚地是，这里提到"反对"情况，并以举例的方式说明了相关序列的论证次序。与反对情况相关，既有换位的情况，也有不换位的情况。从举例可以看出，所谓反对情况指的是"勇敢"和"怯懦"、"强壮"和"虚弱"、"美德"和"恶德"、"健康"和"疾病"这样对立的概念。它们的特征是成对出现，具有对立的含义，但是字面上是同样的名词或形容词。这样就可以看出，反对情况也是对立的情况。依据反对情况来考虑，会有两种次序考虑，一种是更换序列，一种是不更换序列。这两种情况亚里士多德都有举例说明，我们不必重复。对于这种认识，亚里士多德再次提到归纳，甚至连例子都没有给。因此我们只当这是自明的，也不必考虑。也就是说，相同的论述方式可以忽略，我们需要考虑的乃是"反对"与"矛盾"的区别。

直观上可以看出，"反对"与"矛盾"的区别主要在句法上。所有举例都是以句子表达的，因而关于它们的考虑乃是与语言相关的。矛盾情况是以"不"这个否定词表示的，因此它首先表现出一种句法上的区别，它的对立乃是以句法形式体现的。反对情况则不是这样。它不是以"不"表示的，因此它的对立不是以句法形式体现的，而是通过含义体现的，它只是表示一种语义对立。正因为有这样的区别，所以与它们相关的换位序列也会出现区别。

仔细分析一下可以看出，反对和矛盾还有一个区别，这就是与它们相关的论证不同。与矛盾相关，序列更换只有一种情况，即从否定谓词得出否定主词的情况，而与反对相关，论证序列则有两种情况：既有更换序列的情况，也有不更换序列的情况。这说明，矛盾情况简单一些，而反对情况复杂一些。假如这里的原因与其对立的方式相关，那么也可以认为，矛盾情况比较清楚，而反对情况不是那样清楚。因此，矛盾情况乃是依据否定词"不"来判定的，而反对情况则是依据两个语词之间对立的含义确定的。关于这一点，亚里士多德没有多说什么，但是从他的论证可以清楚地看出，他肯定是知道的。此外，他在其他地方以不同的例子多次对反对情况做出详细说明，这说明他认识到，同样表示对立的情况，反对情况要更加复杂。前面在讨论柏拉图的相关论述时我们曾经说过，所谓语义和句法的对立主要在于，句法的对立字面上可以看出，比如"是"与"不是"，而语义对立乃是从语言所表达的含义得出来的，比如借用这里的例子，"勇敢"和"怯懦"是对立的，但是字面上并不体现，就是说，假如不知道这两个词是什么意思，就不会知道它们是对立的。而知道了它们的含义，也就可以知道，怯懦不是勇敢，因而它与勇敢乃是对立的。这样的对立较之"勇敢"和"不勇敢"当然要复杂一些：不用知道后者的含义就可以知道它们是对立的。当然，句法的对立依赖于"不"这个词，因而相关认识依赖于对这个词的理解。而这个词是日常用语，普通而常见，其含义也是显然的。所以，从亚里士多德的论述方式可以看出，第一要区别出矛盾情况和反对情况，第二，就它们的区别而言，前者简单，而后者要复杂一些。

值得注意的是，这段说明没有提到真。比较它与引文 7，则可以看出，这段话有许多省略，比如关于归纳的说明。因此我们也可以把没有提到真同样看作是一种省略。可以看出，对引文中的例证从真的角度做出说明似乎也是可以的。比如，健康从强壮得出，但是疾病并非从虚弱得出；倒是虚弱从疾病得出。我们也可以仿照亚里士多德的方式说，从强壮得出健康乃是真的，而从疾病得出虚弱则是假的。但是，也许正是由于有这样不确定的情况，亚里士多德尚不能从真的角度对反对情况做出说明，而只能依靠例证来说明。也就是说，关于反对情况，亚里士多德尚未或无法达到关于普遍性的说明。

联系《辩》引文 6-9 可以非常清楚地看出以下几点：其

一，亚里士多德的探讨主要是基于"S 是 P"这样的句式。这与前面引文给出的四谓词理论乃是一致的。其二，亚里士多德考虑到量词情况，并且结合否定给出了四种命题形式。其三，亚里士多德在探讨中认识到矛盾情况与反对情况的区别，并且依据它们之间的区别讨论了对具有"S 是 P"这类命题的看法。其四，亚里士多德关于命题既有举例方式的说明，也有从真这一角度的说明，这表明他已经有了非常明确的追求普遍性的努力。如前所述，对照柏拉图的工作可以看出，亚里士多德的工作最主要的进步在于他关于句法和语义的区别。他已经有了非常明确的从句法方面的考虑，而且他也有了关于语义，即关于真的考虑，而且这两个方面是对应的。对照《解》的工作，我们则可以看出，尽管《辩》已经有了关于句法和语义的考虑和区别，但是仍有几点明显的不足。

一个不足是，尽管区别了句法和语义，并且从这两个方面进行了探讨，因而认识到它们之间的对应性，但是论证中却没有始终把它们明确对应起来，并且没有从这种对应的角度对句法做出说明。比如在论证过程中，有时从真的角度进行说明（引文 7），有时候则不是这样做出说明。缺乏对"真"这种语义的考虑，实际上也会对句法的说明造成影响。比如关于矛盾情况和反对情况的区别。前者的说明还是比较清楚的，因为它依靠句法的考虑，即从否定谓词得到否定主词的情况。但是后者的说明就不是那样清楚。它只是说明会有两种情况，而这两种情况都是通过举例来说明的，这样我们就不知道，关于反对的情况，从句法上如何判定，什么时候可以更换序列论证,什么时候不可以更换序列论证。

另一个不足是,《辩》提到四种句法形式,但是论证中却不是那样明确地围绕它们进行讨论,而只是在讨论中有时候涉及它们。比如在具体讨论中,亚里士多德主要还是围绕"S是P"这种句式,考虑P的矛盾情况怎样,反对情况怎样,而没有考虑其中的量词情况。从他的论述来看,有时候似乎是有这样的考虑的。比如关于矛盾情况的论述:"不是动物的"的意思无疑是"凡不是动物的",或"任一不是动物的东西"。这里似乎是有量词的考虑的。当然,即使对"S是P"这种省略形式的表述,比如"人是动物",通常也可以把它看作是表达普遍性,因而是暗含着量词的。但是这些论述毕竟没有量词,因而就不会有关于句法的明确说明。对照《解》则可以看出,那里关于全称量词的说明乃是非常明确的,关于具有全称量词的句法的说明也是非常明确的。

造成以上不足的原因主要在于亚里士多德的讨论依赖的是四谓词理论。该理论有关于句法层面的考虑,但是很不够,引文中没有关于量词和否定的考虑。亚里士多德在相关讨论中也有关于真的考虑,但是并没有把它贯彻始终。由于对句法考虑的不彻底不完全,因而关于真的考虑也不会那样十分明确而具体。在他的讨论中,可以看到二者的对应,但是它们并未完全对应。比较一下《辩》与《解》,这一点可以看得非常清楚。以关于矛盾和反对的说明为例。《解》指出,全称肯定命题和特称否定命题是矛盾的,全称否定命题和特称肯定命题是矛盾,它们之间的关系是一个是真的,另一个是假的(《解》引文9);全称肯定和全称否定命题是两个反对命题,它们不能同时是真的(《解》引文10)。这样的说明,句法是清楚的,语义也是清楚的,二者的对应也是清楚的。通过这种句法和语义的对应,亚里士多德明确说明了什么是矛盾关系,什么是反对关系。而《辩》只是提到矛盾情况和反对情况。我们从他的论述可以看出他说的矛盾和反对情况有什么区别,这种区别确实也涉及到句法和语义的说明,但是这样的说明并未贯彻始终,比如与矛盾情况相关看到了这样的说明,而与反对情况相关就没有看到这样的说明。最重要的是,我们可以知道它们是两种不同的情况,但是我们不知道它们的区别标准是什么。这里的区别在于,《辩》提到了语词的矛盾情况和反对情况,而《解》则说明了命题之间的矛盾关系和反对关系。这说明,亚里士多德经过努力,从认识到二者之间的区别前进到揭示二者之间的区别,即把它们明确地表述出来。在这一过程中,句法和语义的区别,句法和语义的对应乃是至关重要的。所谓句法,就是句子的表现形式,所谓语义,就是真假。这样的对应是至关重要的,这样的考虑也是重要的,它使我们关于认识的考虑从常识达到普遍性。

4. 推理的方式

应该承认,句法和语义的区别及其对应的重要性乃是我们的观点。亚里士多德并没有这样说。以上研究充其量也只是表明，《辩》有这方面的考虑，《解》达到了这样的说明并且取得结果。我们只是从这样的研究得出这样的看法。因此，这里实际上涉及两个问题。一个是一般性问题：句法和语义的区别及其对应是不是重要的？另一个是一个具体问题：亚里士多德是不是认识到了这种重要性。前一个问题是肯定的，它可以从现代逻辑的成果得到说明。而我们要讨论的主要是后一个问题。因为这个问题与逻辑的产生相关，因而是一个与逻辑的起源相关的问题。

从前面的引文可以看到，亚里士多德在论证中常常提到归纳（《辩》引文7、8），有时候即使不提及归纳，实际上也是使用了归纳（《辩》引文3）。这说明，亚里士多德知道归纳，并且常常使用归纳。仔细阅读文献可以发现，亚里士多德与归纳相关的论述有两个特点。一个是，他总是或常常把归纳与推理并列使用。另一个是，他关于归纳的论述很简单，常常是举例说明而已，而关于推理的论述则不是这样简单。仅从引文中相关的论述看，他关于归纳的论述非常简单，就是举例（《辩》引文7），或者简单提一下，连举例也没有（《辩》引文8），而与推理相关的论证方式就不是这样简单。这一点从关于矛盾情况和反对情况的说明可以看得非常清楚。对照关于四谓词的分类说明则可以看得更加清楚。"如果一个一个地观察所有的命题和问题，那么就会看到……"（《辩》引文3）这显然是归纳说明，甚至没有提及"归纳"这个词。它的意思无非是说，只要看一看所表述的命题就会知道四种谓词的划分结果。而另一段说明(《辩》引文4)则不是这么简单。它从两个分类原则出发论证了只可能有四种谓词。而这两个分类原则显然不是归纳。如前所述,一个原则明显是从句法方面考虑的,另一个原则尽管不是从句法方面考虑的,但是它的运用依赖于其句法形式的有效性,因而暗含着与句法形式相关的考虑。①认识到这些情况也就可以看出,亚里士多德有关逻辑的主要工作,尤其是与导致逻辑的建立相关的那些重要工作,都是与句法方面的考虑相关的。为了更好地说明这里的问题,我们还可以再看一些亚里士多德与归纳相关的论述。在说明了什么是推理以及与四谓词理论相关的一些问题之后,亚里士多德说:

[《辩》引文9]

我们必须区分有多少种论辩的论证。一方面有归纳,另一方面有推理。推理是什么前面已经说过了,而归纳是从个别到一般的过程。例如,假如有技术的舵手是最棒的舵手,有技术的战车驭手是最棒的驭手,那么一般地说,有技术的人就是在其特定方面最棒的人。归纳是更有说服力的,是更清楚的,因此它是更容易通过感觉获知的,并且一般来说能够被大众所运用,尽管面对论证对手,推理是更强有力的和

---

① 进一步分析还可以看出,依据两个分类原则的说明是在《辩》第一卷说明四种谓词的时候给出的,而关于它的归纳说明是在后面论述四谓词理论的具体应用时给出的。这似乎表明,在亚里士多德看来,从说明四种谓词划分的角度看,归纳说明并不是那样重要。

更有效的。(105a10-18)

这段话明确指出归纳是从个别到一般的过程,也被认为是亚里士多德对归纳的定义。从中可以看出,即使是定义,它也是通过举例来说明的:每一个例子是个别的,基于例子的结论是一般的。还可以看出,对归纳的说明依然是与推理对照着进行的。同样可以看出,亚里士多德在评价二者时用的都是褒义词。字面上看,似乎很难通过比较这些说明来看出二者的差异。但是,"更"字的应用又说明他确实是在比较。比如说归纳是更说服力的,是更清楚的,难道意味着推理在说服力和清晰性方面不如归纳吗?而说推理是更强有力的,是更有效的,难道意思是说归纳不是更强有力的,不是那样有效的吗?要说明这里的区别,就必须对四个形容词做出具体说明。由于亚里士多德只是这样说,并没有深入展开论述,因此我们的理解只能停留在字面上。但是应该看到,这里关于归纳还有一个说明,这就是它"更容易通过感觉获知",与此相关的是,它"能够被大众所运用"。依照对照原则,推理肯定就不应该是这样的,即它不是那样容易通过感觉获知的,它不太容易能被大众所运用。从前面柏拉图的论述可以看出,真与知识相关,感觉与意见相关,二者的区别是明显的。假如在相关认识方面亚里士多德与柏拉图是一致的,则可以看出,在亚里士多德看来,归纳与感觉相关,因而与知识、与真尚不是同一层次的。由于这里亚里士多德没有这样说,我们也就不能非常肯定。但是按照对照论述的方式,我们至少可以认为，亚里士多德很可能会有这样的意思。①

我们也可以换一种方式来思考这个问题。从亚里士多德与推理相关的论述看，他的主要讨论都不是依据感觉，比如关于证明的推理的说明，关于四种谓词的分类说明，特别是其中依据是否可以换位的考虑，关于是否表示本质的考虑，以及有时提到的关于真的考虑等等，所有这些考虑，都是关于句法的考虑或关于与句法相对应的语义方面的考虑。这样的考虑脱离了一个个具体的命题，而是"S 是 P"这种句式的意义上考虑。这种考虑方式集中在句法上，同时也会涉及与句法相应的语义。因此这展示了一种全新的思考方式。这种思考方式不是通过感觉获得的，也不是被大众所把握的，而是亚里士多德创建的。

研究《辩》可以发现，在这样一种考虑中，亚里士多德有比较清楚的论述，也有不是那样清楚的论述。比如关于如何处理矛盾情况的说明就比较清楚，关于如何处理反对情

---

① 亚里士多德在《修辞学》中说："当我们基于一些类似的情况证明一个命题时，这就是论辩中的归纳，修辞中的举例；而当表明，一些命题是真的，结果其他一些完全不同的命题必然也是真的，无论它们是不变的还是通常的，这就叫作论辩中的三段论，修辞中的简要推论"（Aristotle: *The Rhetoric and the Poetics of Aristotle*, tr. by W. Rhys Roberts and Ingram Bywater, 1984, 1356b13 – 17）。这里也是对照着谈论归纳与推理。可以看出，在修辞学中，亚里士多德把归纳称之为举例，这与归纳的方式显然是一致的，而把推理称之为简要推论，即省略三段论。特别是，这里关于归纳的说明没有什么变化，"基于一些类似的情况"，显然指一些举例的情况，所以可以被称为举例。但是，这里关于推理却是从语义的角度，即依据真做出了说明。

况的说明就不是那样清楚。而之所以可以达到比较清楚的论述，主要即在于依据句法考虑的更多一些，甚至完全依据句法。比如关于矛盾情况的说明就是依据句法的，它主要是依据"不"这个否定词来确定的，因而所得结果也是清楚的：对于"S 是 P"这样的句子，如果否定谓词，则一定否定主词。而且，有了这样的明确认识，也就可以从真的角度进行说明，句法和语义自然也就对应起来。相比之下，之所以还有不是那样清楚的论述，主要还是因为在句法层面的考虑还不够，比如关于反对情况的考虑。因为从句法层面尚看不出反对情况，还要从语词表达的意思来区别对立的含义，以此来确定反对的含义，并考虑如何处理相应的情况。这种区别我们能够看到，在我看来亚里士多德本人也是知道的。换句话说，我们能够看到通过考虑句法而取得进步，亚里士多德无疑也是知道的。我们能够看到尚未完全考虑句法而带来的问题，亚里士多德也应该是知道的。因为这些在论述中表现得非常清楚。认识到这一点也就可以看出，这种思考方式是一种进步，它的继续进步也只能是沿着这种方式来进行，解决还存在的问题同样要沿着这种方式进行。只有继续努力坚持这种方式，才能不断取得进步。而这种方式就是：区别句法和语义，考虑句法和语义的对应，并在这一基础上对"S 是 P"这样的句式或具有这种形式的句子做出说明。

沿着这种方式去工作，按照归纳的方式肯定是不行的。因为它与感觉相关。亚里士多德非常清楚这一点，所以他总是把归纳与推理对照着谈。这就表明，在亚里士多德心中，推理与归纳是完全不同的。现在我们可以再次重温亚里士多德关于推理的论述，其中的核心概念"必然地得出"的重要意义立即凸显出来。它表示的是一种前提与结论的结构，它保证我们从真的前提一定得到真的结论。这样的推理，无论是证明的，还是论辩的，本身都是一样的。用今天的话说，"必然地得出"是一个语义定义，因为它要借助真来说明。而关于句法，它并不是很明确，因为它只大致给出一个从前提到结论的结构。但是，正因为有了这个观念，因而也就有了研究的方向。只有沿着这个方向，最终才能走到目的地。而在行进的过程中，我们看到了亚里士多德的努力，看到了他关于句法的考虑。此外，与句法相关，我们还看到了他有时候清晰的考虑，有时候不是那样清晰的考虑。尤其是，我们不仅看到了《辩》中这些时而清晰时而不是那样清晰的探讨，而且还看到了《解》中那些非常清晰的探讨。所谓清晰，就是纯粹从句法方面的考虑，并且使句法与语义对应起来考虑。这些正是《解》的工作。结果是，我们既看到了亚里士多德研究的过程，也看到了他研究的结果。所以，即使他没有说，我们依然可以看出，沿着这一过程并导致最终结果的乃是他关于句法和语义的区别和考虑。尽管他的相关考虑有时候并不是那样清楚，但是，这一研究方向是清楚的，总体上是清楚的，而且最终的结果也是清楚的，而且沿着这一方面达到这一结果的只有这样一种方式。现在我们终于可以理解为什么亚里士多德在总结自己工作时说："关于推理的主题，根本就没有什么早期的东西可说，我们只能长期不断进行试验性的摸索。"因为是一个崭新的方向，这种摸索就是亚里士多德所做的那些工作，是他沿着这一方向的不断前进。

为了更好地说明这一点，我们可以再深入一步，看一看亚里士多德关于三段论的论述。前面已经说过，在关于三段论论述的开始部分，他明确谈到了"必然地得出"（《前》引文4）。假如把三段论的研究看作是他逻辑研究的继续和深入，则可以认为，这是他在《辩》之后再次重申这一观念。在陈述了前提、词项、完善等概念之后，他开始具体地表述三段论的推理形式。我们仅看他关于第一格第一式的表述：

[《前》引文7]
　　当三个词项相互联系，最后一个包含在中间的就像在一个整体之中，中间的包含在或排斥于第一个就像在一个或不在一个整体之中，那么端词必然地以一个完善的三段论联系起来。我称那本身包含在一个词项之中并且自身包含另一个词项的词项为中间的，在位置上它也居中。端词指自身被包含于另一个词项的和自身包含另一个词项的这两个词项。如果 A 谓述每一个 B 并且 B 谓述每一个 Γ，那么 A 必然地谓述每一个 Γ。（25b32-39）

这段话分两部分。第一部分是关于第一格的表述，第二部分是关于其中第一式的表述。字面上可以看出，"词项"

乃是句法层面的用语，因而很清楚，第一部分是关于句法的说明。其中明确说有三个词项，并使用了"最后一个"、"中间的"和"第一个"这样的用语，因此它们之间的位置关系是清楚的。此外，说明中还使用了"包含"、"排斥"这样表示关系的用语，并将它们解释为"像在一个或不在一个整体之中"，因而也不会有什么理解的问题。由此可以理解，一个端词被中项包含，另一个端项包含中项。假如说对这样的说明依然不清楚，那么借助第二部分的用语和说明就可以看出，这里说的"包含"关系指的是：

如果 Γ 包含每一个 B 并且 B 包含每一个 A，那么 Γ 包含每一个 A。

这样的包含关系，在亚里士多德看来是自明的，所以他称这样的三段论是完善的。

字面上可以看出，这个表达了包含关系的三段论式与第二部分给出的三段论式不同，顺序是颠倒的。这里的原因在于，这是我们关于亚里士多德所说的包含关系的理解，而不是他给出的具体的三段论式。换句话说，在他关于三段论第一格的说明中，中项和端词是句法用语，"包含"一词不是句法用语，而是一个语义用语，它是被用来说明中项和端项之间关系的。而在给出具体的第一式

如果 A 谓述每一个 B 并且 B 谓述每一个 Γ，那么 A 必

然地谓述每一个 Γ

时,这里的"谓述"是一个句法用语。从句法的层面看,就表示句子中两个词的位置而言,"谓述"显然比"包含"更清楚。比如,"A 谓述每一个 B",说的无疑是"每一个 B 是 A"。它的意思当然可以理解为 A 包含每一个 B。所以,在亚里士多德的论述中,句法和语义的区别和对应,乃是非常清楚的。①

此外还有两点值得注意。一点是,这两部分说明中都出现了"必然地"一词。前面曾经说过,这是亚里士多德关于保证从真的前提一定得出真的结论的表达,因而可以看作是他关于三段论句法的语义说明。另一点是,在给出具体的三段论式的时候,他明确使用了变元。这在《辩》和《前》中是没有的。这反映出他对区别句法和语义的认识,也说明他知道应该如何沿着这个方向前进,最终得到关于"必然地得出"的说明和结果。

以上研究充分说明,亚里士多德逻辑的基本句式是"S

---

① 在三段论其他格式的表述中,亚里士多德更多地使用了"属于"这一用语。无论"谓述"还是"属于",与自然语言中的系词"是"都是不同的。研究者们认为,这样的术语说明亚里士多德意识到自然语言是有歧义的,在构造逻辑系统的时候,应该避免这种歧义,而使用不那么自然的用语。这样的用语虽然不是那么自然,但是比较容易表明句子中两个词的主谓关系,因而更容易显示出三段论的式及其有效性。我曾比较详细地讨论过这里的问题,这里不再重复(参见王路:《亚里士多德的逻辑学说》第四章)。

是 P"，因而他的逻辑的句法是围绕着"是"一词建立起来的。在逻辑学家看来，变元的使用是逻辑进步的标志。但是在亚里士多德那里，变元的使用主要是为了凸显语言的语法结构，因而凸显"是"这个词。"是"乃是一个逻辑常项，但它是自然语言。围绕它所形成的逻辑关系还依赖于其他一些逻辑常项，比如"每一个"、"不"等等，后者同样是自然语言。与它们相对应的语义则是真和假。所以，简单地说，亚里士多德逻辑体现了是与真的对应。它的建立依赖于对它们本身的认识以及对它们之间关系的认识。认识到这一点，基于前面的研究，我们就可以问：巴门尼德和柏拉图同样思考了是与真，并且似乎认识到它们是对应的，但是为什么却没有建立起逻辑呢？

有了前面的研究，这个问题现在不难回答。巴门尼德和柏拉图尽管考虑了是与真，但是并没有做出句法和语义的区别；尽管考虑了语言的使用情况，并没有从句法和语义对应的层面考虑它们，因而没有建立起关于句法和语义的相应认识。特别是，他们没有亚里士多德关于"必然地得出"的认识，因而没有认识到这种句法和语义的区别可以达到有关"必然地得出"的认识，而且也是达到这一认识必要途径。也就是说，通过认真比较研究他们与亚里士多德在是与真相关论述中的差异，我们现在可以清楚说明，同样考虑了是与真，为什么他们没有建立起逻辑，而亚里士多德却建立起逻辑。这样，我们也就揭示了逻辑的起源，即作为一门学科，逻辑是如何建立起来的。

但是，认识到亚里士多德通过有关是与真的研究而建立起逻辑，人们自然会问：巴门尼德和柏拉图没有建立起逻辑，但是他们为什么同样会并且要考虑是与真呢？或者，他们的研究为什么会同是与真密切相关呢？在我看来，这是一个至关重要的问题，值得我们进一步探讨。

第七章 逻辑与哲学

四谓词理论是亚里士多德的第一个逻辑理论，也是历史上第一个逻辑理论。通过关于这个理论的研究，我们看到了从它向三段论发展的途径，并揭示了逻辑最终成为一门学科而建立起来的原因。我们已经指出，对句法和语义的认识，包括对它们之间的区别和对应的认识，乃是最终建立逻辑的关键。现在，基于这一结果来看四谓词理论，它的两个分类原则无疑是关键一步，尤其是其中的换位原则，这无疑是句法层面的考虑。但是我们同样看到，另一条原则却不是句法层面的考虑。"是否表达本质"说得非常清楚，这是关于谓词所表达的东西的考虑，因而是关于语言所表达的东西的考虑。认识到这一点则可以看出，定义、固有属性、属和种差这四种谓词都是关于语言所表达的东西的考虑。与这四种谓词相关，亚里士多德还谈到是什么、数量、性质、关系等十种范畴，亚里士多德明确地说，"任何事物的偶性、属、固有属性和定义都应在这些范畴之中"（《辩》引文5）。这表明，四种谓词并不是关于语言所表达的东西的唯一考虑，这十种范畴也是这样的相似考虑。由此可见，亚里士多德的四谓词理论，或者说，他的《辩》包含着非常丰富的内容和思想。我们至少可以看出，关于四谓词的考虑，关于范畴的考虑，都是他在探讨逻辑的过程中所涉及的东西，体现了他考虑问题的范围和方式，虽然最终在建立逻辑这门科学的时候他做了一些取舍，使得一些东西保留了下来，一些东西消失不见了。特别是在建立三段论系统的时候，他关于四种谓词的考虑，关于范畴的考虑都不见了。这就表明，这些东西与三段论没有什么关系。假如认为只有三段论系统才是逻辑，那么似乎可以认为，这些东西与逻辑没有什么关系。假如认为四谓词也属于亚里士多德逻辑的一部分，从它到三段论反映出逻辑作为一门科学的自身发展和形成的过程，则我们可以认为，他的逻辑理论，至少在最初形成的过程中，并不是仅仅局限在逻辑的范围，而是涉及更大的范围并与许多东西相关的。在我看来，早期这些内容是不是属于逻辑至少是可以讨论的。即使认为它们不属于逻辑，称它们为哲学讨论总是不会错的。假如可以把这些东西统称为哲学的话，或者宽泛一些说，亚里士多德的四谓词理论和范畴理论是与哲学相关的，那么我们可以认为，亚里士多德的逻辑的讨论，从一开始就是与哲学结合在一起的，或者甚至说，它是在哲学讨论的过程中产生和形成的。因此，亚里士多德逻辑从它的起源即与哲学十分紧密地联系在一起。

延伸一步，巴门尼德和柏拉图关于是与真的考虑，体现了西方哲学的一条主线，亚里士多德也有非常多的相关考虑，并且建立起相关理论，这即是著名的形而上学。所以，在是与真这个主题上，亚里士多德与巴门尼德和柏拉图一脉相承。我们已经看到，亚里士多德的四谓词理论延续了从巴门尼德到柏拉图有关是与真的考虑，并为亚里士多德建立逻辑指出了方向，奠定了基础，从而在亚里士多德逻辑建立的过程中起了至关重要的作用。现在我想探讨的问题是，既然他的逻辑从一开始就与哲学紧密地交织在一起，那么他的四谓词理论与他的形而上学有没有关系呢？假如有，对他的形而上学又做出了一些什么样的贡献呢？换句话说，他的三段论系统抛弃了他的四谓词理论和范畴理论，那么他的形而上学又是怎样对待它们的呢？

1. 关于本质

四谓词理论有两条分类原则，其中一条字面上即与本质相关。四谓词理论区分出四种谓词，其中之一是定义。前面说过，定义是表达事物本质的词组（《辩》引文3），如果谓词表示本质，则是定义（《辩》引文4），因此，定义与本质相关。由此可见，在四谓词理论中，本质是一个重要概念。与本质相关的内容，属于与语言所表达的东西相关，与句法的考虑几乎没有任何关系。但是在亚里士多德的形而上学讨论中，它也是一个重要概念。现在我们简要讨论一下本质这一概念以及一些与它相关的问题。

在亚里士多德关于四种谓词的论述中，关于定义的讨论是重点，并形成了他的定义理论，由此也奠定了传统逻辑中有关定义的论述的基础。亚里士多德提出了一种著名的定义方法：属加种差。他的基本思想是：对事物进行定义，先提出属，即对该事物进行归类，然后提出种差，即对该事物与处于其属下的其他种类事物做出区别，从而形成该事物的定义。由此可见，与本质相关，属这个概念是非常重要的。属是四种谓词之一，亦是四谓词理论的核心概念。因此，无论是为了定义，还是为了属这个谓词本身，都需要对属概念做出说明。实际上，亚里士多德对它有大量讨论。限于篇幅，我们仅选择几段来考虑。

[《辩》引文 9]

在提出的定义的元素中，一个是属，一个是种差，并且只有属和种差谓述本质。（154a26-28）

属是对一些不同种的事物是什么这一范畴的谓述。（102a32）

一事物的种差从不表示是什么，而只表示某种性质。（122b16）

在说明一事物是什么的时候，阐述属比阐述种差更合适。（128a24）

凡是属具有的性质不一定种也具有；……凡是种具有的性质必然属也具有。（111a25-27）

凡是属不具有的性质种也不具有；而凡是种所没有的性质，不一定属也没有。（111a30-32）

一个正确的定义一定是通过一事物的属和种差来定义此一事物，而属和种差属于这样的事物次序：它们绝对是比种更可理解的和在先的。这是因为，消除了属和种差，种也就被消除了，因此它们是比种在先的。它们也是更可理解的，这是因为，如果能够知道了种，一定是也就必然知道了属和种差（因为任何人知道了人是什么，也就知道了"动物"和"行走"是什么），而如果知道了属或种差，并不必然得出也知道了种：这样，种就是不太可理解的。（141b25-34）

与《论辩篇》丰富的内容相比，以上论述充其量只算是提纲挈领。即便如此，从中也可以比较清楚地看出亚里士多德有关定义的一些基本看法。一方面，定义是一种语言表达形式，自身含有构成部分。定义同时又是对事物的表达，而且是一种独特的表达，它表达一事物的本质。另一方面，定义的构成包括属和种差，因此一事物的本质实际上是通过属和种差表达的。属与种相关，因而属与种差所表达的乃是种，因此定义的对象只能是种。基于这两个方面还可以看出，定义与我们的认识相关，因此定义和被定义的东西对我们的而言也就有了认识上的先后之分，对我们的理解而言也就有了更可理解的与不太理解的之别。

从《论辩篇》这些关于定义的论述可以看出，亚里士多德不仅有一套关于定义理论，而且还可以用这套理论来探讨与认识相关的问题。由于这些论述非常明确，因此不用多做解释。我们只讨论其中两个问题。一个问题是本质与是什么之间的关系。另一个问题是属和种的关系。

本质一词来自英译名，亚里士多德的用语是（to）ti en einai。罗斯等注释家对这个表达式有许多讨论，也曾提议过不同译法，比如英文的 essence, what-being-is for that thing，德文的 Wesenswas, das wesentliche Sein, Sosein, Was es heist, dies zu sein 等等，我国学者的通行译法是"本质"。近年来也有一些讨论并提出不同译法。有人提出应该译为"是其所是"。我曾经专门介绍过这些讨论，也表达过自己的看法。我认为，从字面上看，"是其所是"乃是比较好的，因为它把该短语中的 einai 翻译出来了。① 若是专门研究亚里士多德的《形而上学》，我会采用"是其所是"这个译语。因为那里大量涉及它与"是什么"（ti esti）的关系。字面上就可以看出，二者既有联系又有区别。但是，一般性地讨论亚里士多德的思想，可以采用"本质"这一译语，本书即是如此。② 这是因为，"本质"一词是一个习惯用语，而且是贯穿西方哲学史的用语，沿用它可以使整个西方哲学研究保持一致。此外，"本质"字面上与"是"无关，但是我们都知

---

① 参见王路：《是与真——形而上学的基石》，第四章第 1 节。
② 有人将 to ti en einai 译为"是其所是"，并且非常重视甚至强调这一译语的重要性。但是却将亚里士多德所说的 to on 译为"存在"（参见苗力田："亚里士多德的《形而上学》笺注"，《哲学研究》1999 年第 7 期，第 43 页；聂敏里：《存在与实体——亚里士多德〈形而上学〉Z 卷研究（Z1-9）》）。我认为这是很有问题的。在我看来，to on 一定要译为"是"（或"是者"）。在这一前提下，将 to ti en einai 译为"是其所是"固然很好，译为"本质"也可以。

道,所谓一事物的本质指的就是一事物究竟是什么。所谓透过现象看本质,不过是说,现象是如此这般,而实际上却不是这样,而是那样的。因此凑合着也可以说,"本质"一词实际上也包含着"是"的含义。所以,如果愿意,也可以把"本质"看作或理解为"是其所是",关键是要想到它含有与einai相关的"是",与说明"是什么"相关。比如引文中第二、三、四小段都提到"是什么",说明了二者的相关,也说明了"本质"乃是更进一步的说明,因而也说明了它们之间的区别。

从这些引文还可以看出,属与种是密切相关的。亚里士多德总是把二者联系在一起说,对照着说。它们之间的关系是明确的:属是上位概念,种是下位概念。尤其是"消除了属和种差,种也就被消除了"这一句,更是说明了定义是关于种的。我们知道,定义是通过属加种差来体现的。因此,如果消除了属和种差,当然就消除了定义所说明的东西。而这里明确地说是种被消除了,这难道不是在说,定义是关于种的说明吗?!定义是关于种的,因而属加种差也是关于种的。从定义也可以看出,属是关于种的说明,而种不是关于属的说明,而是被属说明的。

[《辩》引文10]

同样,看一看对属而言,一直将分享置于属之下的对象乃是必然的还是可能的。"分享"被定义为"承认"那被分享之物的定义。因此很明显,种分享属,而非属分享种。因

为种接受属的定义，而属不接受种的定义。因此你必须看一看所提供的属是否分享或能够可以分享种。（121a10-16）

同样，看一看处于属中的对象是否完全不能分享任何它的种。因为如果它不分享任何它的种，它也就不可能还会分享它的属，除非这是通过第一次划分所达到的种：这些种确实只分享属。因此，如果"运动"被表述为快乐的属，你就应该看一看快乐是否既不是定位，也不是变化，也不是给定的运动模式的任何静止情况：因为很明显，这样你可能会认为它不分享任何种，因而也不分享任何属，因为分享属的东西一定也会必然分享种中之一：所以快乐不能是运动的种，也尚不是"运动"一词所包含的个体现象之一。正像一个个体的人分享"人"和"动物"一样，个体也分享属和种。（121a27-40）

这段引文依然谈论属和种之间的关系，进一步明确了属是对种的说明，而种不是对属的说明。值得注意的是这里借助了处于"属之下的对象"。它的意思是说，看一个东西是不是处于属之下。检验的方式却是看属和种之间的关系。这里涉及的问题比较多。一个问题是属和种之间的关系。这里的说明借助了"分享"这一用语。前面说过，这是柏拉图使用的用语，他在讨论是与不是的时候，尤其是讨论"是"、"运动"、"静止"、"相同"和"相异"这五个类时所使用的概念。亚里士多德不仅使用了这个概念，而且对它做出明确说明。所谓"分享属"即是接受属的定义。借助这个用语，亚里士多德说明，种接受属的定义，而属不接受种的定义。这样就说明了二者之间的关系。另一个问题与对象相关。什么是对象？从这个用语的方式可以看出，它肯定不是种，也不是属，因而与种和属不同。它的特征是可以处于属和种之下。从其中的举例来看，它是通过"个体的人"来说明的，而从最后一句来看，它是个体。这就说明，亚里士多德在说明种和属的关系的过程中谈到了个体。种和属明显是类概念，而个体不是类概念，因此很明显，亚里士多德在说明种和属的关系时涉及到个体与类之间的关系。第三，亚里士多德以举例的方式谈到"运动"，不知是不是有与柏拉图所谈的"运动"，因而与前苏格拉底时期人们谈论的"运动"相关之意。① 就这三个问题而言，我认为最重要的是第二个，即个体与类的关系问题。

"是什么"的考虑方式大体上会有两种，一种是关于类的，比如"人是什么？"，另一种是关于个体的，比如"这个东西（个体）是什么？"。人们关于类的概念通常是清楚的，也是自然的，最简单的确定方式即是它们可以增加量词。但是关于个体的概念，看起来似乎是清楚的，表述中却不一定是那样，因为量词常常是省略的。这里至关重要的是，同样

---

① "分享"一词的使用无疑与柏拉图相关，"运动"和"静止"都是亚里士多德之前人们常常讨论的东西，所以柏拉图甚至会想到以它们作为讨论的初始概念。亚里士多德在讨论中总是以这样那样的方式涉及柏拉图，并对他的一些观点提出批评。不过，这里他仅仅是举例，我们也就不必做过度解释。

是以"是什么"的方式出现，所表现的特征却是不一样的。比如"S 是 P"（S 表示类）乃是类与类之间的关系，而"a 是 P"（a 表示个体）则是个体和类之间的关系。亚里士多德的四谓词理论实际上是一个关于类的理论，因为其中的主词不是个体的东西，而是类。他的三段论理论实际上也是一个关于类的理论，因为其中的主词排除了个体词。我曾非常详细地讨论过这些问题，这里不用重复。① 但是必须看到，亚里士多德在构造逻辑理论的时候，非常仔细而慎重地排除了个体词，但是在他的相关讨论中，却讨论了涉及个体的情况，因而讨论了个人与类的关系。从他的论述可以看出，他的理论是关于类的，但是这并不妨碍它可以用于个体。比如从相关讨论可以看出，凡是不适合种的，也一定不适合属。这实际上是说，假如"S 是 P"是真的，意思是说：对任一 X，如果 X 是 S，则 X 是 P；或者，如果 X 不是 P，则 X 不是 S。亚里士多德的论述无疑有这样的意思，而从他的论述方式看（参见《辩》引文 7），他也是可以这样说的，或者他是不会反对这样的说法的。

亚里士多德的四谓词理论是关于类的，其中谈到了本质，谈到了属和种，不仅如此，在相关讨论中，他还谈到个体，讨论了个体和类之间的关系。这说明，在他的视野中，这些问题都是非常重要的。应该指出，亚里士多德的相关讨论还有许多，涉及的问题也非常多。限于篇幅，我们不一一

---

① 参见王路：《亚里士多德的逻辑学说》，2.63，4.71。

讨论它们，也不一一指出它们。但是，以上引文及其讨论，都与亚里士多德的形而上学密切相关。此外，与他的形而上学相关，我们还可以再指出一点。与个体相关，我们还会发现，种（eidos）是一个非常重要的概念。它与属（genus）不同，处于属之下，由此与属形成同一个划分系列。不仅如此，最为重要的是，种是对个体的谓述，这是它与属的至关重要的区别。

2. 形而上学

亚里士多德的《形而上学》（以下简称《形》）是一部伟大的哲学著作，书名为后人所加，由此奠定了形而上学的研究。在其第四卷开篇，亚里士多德明确提出，"有一门科学，它研究是本身"（to on hei on），[①]这样就把形而上学研究的特征凸显出来。字面上可以看出，他所说的这个"是"与他在逻辑中所说的那个"是"（《解》引文4）是一样的。认识到这一点也就可以看出，他的逻辑与他的形而上学字面上是相

---

①《形而上学》一书的译文参见 The Works of Aristotle, vol. 8, ed. By Ross, W. D., Oxford; Aristotle's Metaphysics, books Γ, Δ, and E, tr. with notes by Kirwan, C., Oxford University Press, 1971; Aristoteles' Metaphysik, Buecher I-VI；griech.-dt., in d. uebers. von Bonitz, H.; Neu bearb., mit Einl. u. Kommentar hrsg. von Seidl, H. ,Felix Meiner Verlag 1982. 以下译文只注标准页码。

通的。由于本书不是专门探讨他的形而上学，而是借助探讨逻辑的起源之机谈一谈他的逻辑与他的哲学的关系，所以，在下面的讨论中，我们不对他的形而上学做深入探讨，只集中在他的一些语言表述上。我们希望，通过一些字面上的明显联系，我们可以揭示亚里士多德逻辑与其形而上学的关系。

《形》第五卷被认为是辞典解释。其中第七章是关于"是"一词的解释。我们首先完整地看一看这段论述。

[《形》引文1]

事物被说成"是"，可以在偶性的意义上，也可以依其自身。(是有时候乃是在偶性的意义上表达的，有时候是依自身表达的。)比如，在偶性的意义上，我们说"公正的人是文雅的"，"这个人是文雅的"，"这位文雅者是人"；这正如我们说，"这位文雅者在造屋"，因为这个造屋的人恰好是文雅的，或者这位文雅人恰好是建筑师；因为在这里，"这是这"的意思是说："这是这的一种偶性"。上述情况就是这样，因为当我们说"这个人是文雅的"，"这位文雅者是人"，或者说"这个白净的人是文雅的"或"这位文雅者是白净的"时，在一种情况，这是因为两种性质恰巧属于同一个东西，而在另一种情况，这是因为一种性质，即谓词，恰巧属于一个是者。而"这位文雅者是人"的意思说，"文雅的"是人的一种偶性。(在这种意义上，"不白的"也被说成"是"，因为以它作偶性的那个东西"是"。)这样，一事物在偶性的意义上被说成是另一事物，要么是因为二者属于相同的是者，要么是因为前者属于一个是者，要么是因为前者虽然是一种被谓述的性质，但本身是一个是者。

依自身而是恰恰表现为那些谓述形式；因为有多少种谓述形式，"是"就有多少种意义。所以，在谓述表达中，有些表示一事物是什么，有些表示量，有些表示质，有些表示关系，有些表示动作或承受，有些表示地点，有些表示时间，"是"与这些谓述表达分别是相同的。因为在"一个人是一个保持健康者"和"人保持健康"之间没有区别，在"一个人是一个行走者或收割者"与"一个人行走或收割"之间也没有区别。而且在其他情况也是如此。

此外，"是"表示一个陈述是真的，"不是"表示一个陈述不是真的，而是假的，就像肯定和否定的情况一样。例如，"苏格拉底是文雅的"意思是说，这是真的，或者"苏格拉底是不白净的"意思是说，这是真的，而"对角线不是可通约的"意思是说这是假的。

此外，"是"和"是者"表示我们提到的东西有些是潜在的，另一些是完全实在的。因为关于潜在的看和现实的看，我们都说这是看，同样，关于能够应用知识和正在应用知识，我们都说这是知道，关于已经静止的东西和能够静止的东西，我们都说这是静止的。在实体的情况也是如此。我们说赫尔墨斯是在石块中，半条线是在整条线中，我们还说未熟的谷物是谷物。至于一事物什么时候是潜在的，什么时候不是潜在的，必须在别处说明。（1017a9-1017b8）

这段引文分四小段，说明了"是"一词的四种用法或含义。第一小段说的是偶性的含义，第二小段说的是依自身的含义。第三小段说的乃是与真假相关的意义。第四小段说的是潜在含义。对照《辩》和《解》引文可以看出，除了潜在含义没有谈到，其他三种含义都谈到了。引人注意的是第一小段谈到"这是这"，并以举例的方式解释了它的意思。第三小段说"是"表示"真"，而"不是"表示假，并以举例的方式加以说明。在我看来，这即是关于句法和语义的说明，而且是对应的说明。"这是这"（tode einai tode）中的"这"相当于变元，通过它们使"是"这个常项凸显出来，因而对这种句式做出说明。真和假则是其相应的语义说明。当然，严格地说，这里关于真假的论述与柏拉图的论述非常相似，因为它使假与"不是"联系起来。也就是说，这里并没有非常明确地说明"是"表示真假。在我看来，这恰恰体现出逻辑与哲学的区别。逻辑研究注重句法和语义的区别和对应，哲学讨论则不是这样，或者后者不是特别注重这样的区别。但是，引文中所体现的这两个层次的区别还是可以看出来的，而且它们与亚里士多德关于逻辑的论述毕竟是一致的。

非常明显的是，这里关于是的含义的讨论明显与亚里士多德的范畴理论相关，而不是与他的四谓词理论相关。这似乎表明，从含义解释的角度说，这段引文与亚里士多德有关逻辑的论述距离较远。当然，这样也就更加说明，他的四谓词理论更多的是一个逻辑理论。但是值得注意的是，谈论这些类似范畴含义的方式却依赖于关于偶性和依自身的分类。"依自身"这一概念与本质相关，因而有人将这一分类与亚里士多德的四谓词理论联系起来。① 无论这种看法是不是有道理，"偶性"这一概念本身无疑是四种谓词之一，因而属于四谓词理论。这样，即使不认为这里的论述与他的逻辑理论相关，至少也不能说这里的谈论方式与他的逻辑理论没有任何关系。②

在我看来，由于这是辞典性质的说明，因而主要在于说明 to on 一词的通常使用方式及其意义，而且要全。从这种意义上说，无论是说明它有多少种使用方式，还是举多少个例句做出辅助说明，主要还是为了进行词义解释。因此，这样的说明肯定不会像逻辑说明那样，不会凸显句法和语义的区别与对应。但是，正由于在这样的说明中，我们可以看到与逻辑意义上的句法和语义的区别和对应的说明，而且二者是一致的，并不矛盾，因而我们至少可以认为，在关于自然

---

① 罗斯认为，应该把"依自身"的意思理解为"一种必然联系"，并且是依据命题来说明和理解。命题的联系有四类，即定义、固有属性、属和种差。它们是谓词谓述主词的四种方式，其中定义表示本质之是，其他情况与此不同，不能表示本质。这显然是把这里的讨论与四谓词理论联系起来（参见 Ross, W.D.: *Aristotle's Metaphysics*, a revised text with introduction and commentary, Oxford, The Clarendon Press, 1924, pp.306-307）。
② 我曾详细讨论过亚里士多德这段辞典解释，这里只限于与本书相关的讨论（参见王路：《一"是"到底论》，清华大学出版社，2017年，第二章）。

语言含义这样的说明中,也可以体现出关于逻辑的考虑。这是因为亚里士多德本人有关于逻辑的考虑,而且这里的论述与他关于逻辑的论述乃是一致的,没有什么矛盾之处。所以我认为,理解亚里士多德和柏拉图相似论述时,我们可以做出一个区别:由于柏拉图没有关于句法和语义的区别和对应的考虑,我们在相关文本就不能做出这样的分析和理解;由于亚里士多德有关于句法和语义的区别和对应的考虑,因此在这种对应和区别似乎不是特别清楚的地方,我们也可以做出这样的理解。

在《形》的第四卷提出研究是本身之后,亚里士多德对讨论的问题方式进行了说明。他指出,论证的方式必须以矛盾律为基本前提,并且对矛盾律不能质疑。所谓矛盾律指的是:一事物不能既是又不是。说一事物既是又不是,这显然是矛盾的,矛盾律则明确要求不能这样。亚里士多德关于矛盾律有许多论述,我们只看其中一段:

[《形》引文2]
矛盾陈述之间不能有中间物,我们对一事物必须要么肯定某种情况,要么否定某种情况。首先,如果我们定义真和假是什么,那么这一点是清楚的。说是者不是,或者不是者是,就是假的,而说是者是,不是者不是,就是真的;因而谁说任何事物是或不是,他说的就是真的或是假的;但是人们既不说是者是或不是,也不说不是者是或不是。而且,矛盾陈述之间的中间物要么以某种方式是中间的,比如

灰的是在黑的和白的之间,要么如同既不是人也不是马那样的东西是在人和马之间的。如果会是后一种情况,它就可能会变成极端的情况,因为变化是从非好到好,或从好到非好;但是实际上,如果有一个中间物,那么总可以看到它变成极端的情况。因此只有向对立的东西及其中间的东西的变化。但是如果它确实是中间物,那么这样就一定会有向白的变化,而这变化并不是来自非白;但是实际上这是从来也看不到的。而且,每当思考活动是真的或假的,它总是要么肯定要么否定思考或领悟的每一个对象或理由,这从定义看是显然的。当它以这种方式断定或否定的时候,它说的是真的,而当它以另一种方式这样做的时候,它说的是假的。(1011b24—1012a5)

这段与矛盾律相关的论述内容非常丰富。首先可以看出,其中有关于真的明确论述:"说是者不是,或者不是者是,就是假的,而说是者是,不是者不是,就是真的。"这段话也被称为是关于真之符合论的经典论述,因而亚里士多德也被称为是真之符合论的主要代表人物。字面上可以看出,这确实是关于真的论述。但是字面上同样可以看出,它也是关于是的论述,而且它还是关于是与真的论述。假如没有《解》,我们对它的理解大概充其量也只能与柏拉图的论述联系起来并进行对照。比如柏拉图说,"真命题说的乃是是者如其所是,假命题说的乃是是者并非如其所是"(《克》引文1)。说与语言相关,因而说的"是"可作语言层面的理解。真与假则是对说的结果的说明,因而可以作语义层面的理解。但是,由于柏拉图没有形成句法和语义的区别,因而没能从这两个层次的区别及其对应的角度谈论是与真。亚里士多德则不同,由于他有从句法和语义层面的对应说明,因而这里关于是与真的说明也可以作这样的理解,至少可以作基于这样的说明或与这样说明相关的理解。而一旦基于句法和语义的对应来理解,则可以看出,亚里士多德的说明更加经典,因为它实际上凸显了句法和语义的对应。正因为如此,它省略了真之符合论通常表述中所使用的"命题"和"事实"这两个概念,因而避免了后者预设的两个实体所带来的一系列问题。①

还可以看出,这里对矛盾情况做出明确说明:要么肯定要么否定一事物的某种情况,不能有中间情况。这样的说明说的是事物的情况,但是对这种情况的说明乃是通过对表述方式的说明实现的:要么肯定要么否定,不能有中间情况。基于《解》,这样的说明很容易理解。两个矛盾命题之间的关系只能是一真一假。这样的认识应用到对事物情况的说明,结果就是:一事物或者是或者不是,即一事物不能既是

---

① 真之符合论的一般表述是:一个命题是真的当且仅当该命题与事实相符合。它以真做媒介,阐述了命题与事实之间的关系。该理论的优点是比较直观,容易被常识所接受,因而也比较容易被普遍接受;缺点是它关于真的陈述依赖于"命题"和"事实"这两个概念。反对者认为,命题和事实究竟是两个什么样的实体,乃是需要说明的。由于它们是不清楚的,因而这里所说的真也是不清楚的(例如参见戴维森:《真与谓述》,王路译,上海译文出版社,2007年)。

又不是。这与柏拉图在《智》的讨论所得结论——一事物既是又不是——无疑是对立的,因此可以看作是对柏拉图的批评。

还可以看出,除了对矛盾情况做出说明外,这里还对矛盾之间的情况做出说明。比如黑白之间有灰色物。这里是不是暗含着回应柏拉图有关分享相异的论述(《智》引文17),不得而知。但是它确实表明,在亚里士多德看来,柏拉图所说的那类问题,可以这样作答。亚里士多德的意思似乎是说,两种对立的情况是两个极端。假如有一个中间情况,那么变化一定是从一个极端情况过渡到该中间情况,或者从该中间情况过渡到另一个极端情况。比如从黑向白的变化。假如灰是中间情况,则这一变化过程是从黑(非白)变灰,再从灰变白。因此,变化是向着对立的或中间的情况发生的。"实际上这是从来也看不到的"一句不是特别清楚。它可以指从黑到白,也可以指从灰到白,还可以指从黑到灰再到白。但是,这句话有一点是清楚的,它对中间情况的考虑持否定态度。结合后面的论述,他的意思似乎是说,在做出思考和表达的时候,所思考和表达的东西总是确定的,比如黑的、灰的或白的。这样做出的相关表达就一定会是真的或假的。比如一个表达如果是关于白的,就不会是关于黑的或灰的。事物情况如果是白的,前者就是真的,后者就是假的。从亚里士多德的相关论述可以看出,尽管关于事物情况的说明中有些地方似乎不是那么清楚,但是在关于表述方面的论述却是清楚的。这是因为，他已经有了关于矛盾关系的明确认识，因而在论述中始终遵循这种认识，因而他的相关论述也是清楚的。

《形》第七卷是核心卷，限于篇幅，但又为了准确理解亚里士多德的思想，我们完整地援引其第一章，然后基于它再有选择地摘引几段进行讨论。

[《形》引文3]

正如我们在本书前面论述词的各种意义时指出的那样，人们可以在好几种意义上说一事物是；因为在一种意义上，"是"表示的是一事物是什么或这个，而在另一种意义上，它意谓质、或量或者其他一种像它们一样谓述的东西。由于"是"有所有这些含义，显然所是者最主要地乃是是什么，这表示事物的实体。因为当我们谈到一事物是什么质的时候，我们说它是好的或坏的，而不说它是三肘长或它是一个人；但是当我们说它是什么的时候，我们不说它是白的、热的或三肘长，而说它是一个人或一个神。所有其他东西被说是，乃是因为它们有些是这种第一意义上是者的量，有些是它的质，还有一些是它的属性，还有一些是它的其他属性。

因此人们可能确实会对"行走"、"是健康的"、"坐"这样的词产生疑问：它们是不是涉及是者，对其他类似的情况也是如此。因为它们各自是不能自身存在或与本质分离的，相反，在一般情况下，坐的东西、行走的东西和健康的东西属于是者。因为这些东西似乎更是是者，这是因为有一些确切的规定性构成它们的基础，而这种规定性是实体和个体的东西，它以这样一种表达方式表现出来。因为，没有这种规定性，是善的东西，坐的东西是不能被称谓的。因此可以看出，只有通过本质，有上述规定的东西才是。由此可以得出，那种是第一性的——不仅是特定意义上的，而且是绝对的——东西就是实体。

现在，"第一性"是在许多意义上使用的。然而，在各种意义上，实体都是第一性的，无论是根据定义，还是根据认识和时间。因为没有东西能够与其他种类的规定性分离；只有实体可以做到这一点。因此实体根据定义也是第一性的。因为在定义中必须包含着实体的定义。而且我们认为，当我们知道一事物是什么，比如人是什么，火是什么，而不是仅仅知道它的质，它的量，或它的地点的时候，我们才最完全地知道它。因为我们只有知道量或质是什么，才能知道这些性质。这个早就提出并且仍在提出而且总是要提出的问题，这个总是充满疑问的问题，即'是乃是什么？'，恰恰是这样一个问题：实体是什么？因为恰恰是这个问题，有人说是一，又有人说是多，有人说是有限的，有人说是无限的。因此我们必须主要地、首要地、而且几乎专门地考虑：一种东西，它是这种意义上的是者，这种东西究竟

是什么？（1028a10-1028b7）①

这段引文分为三小段。与本书相关，我们主要讨论三个问题。②首先，这段话有几个相似性。一个是与《形》中辞典解释的论述方式非常相似，包括"在好几种意义上说一事物是"这一表述和阐述多义性的方式。另一个是与《辩》中谈论范畴的方式相似：这里谈论的"是什么"、"质"、"量"等等恰恰是那里给出的范畴。还有一个是与柏拉图的举例非常相似。前面说过，柏拉图以人为例说明可以有不同命名，亦即有不同说明，这里的范畴即是不同说明，这里同样以人为例。从这三个相似性可以看出，亚里士多德这里的论述有三个来源。一是柏拉图的讨论。相同的例子，不同的说明。由此也可以看出亚里士多德较之柏拉图所取得的进步。另一个来源是《辩》中有关范畴的论述。范畴的论述是关于谓词 P 所表达的东西做出的说明，因而这里关于是的说明也是关

---

① 《形而上学》第七卷的译文参见 The Works of Aristotle, vol. 8, ed. By Ross, W. D., Oxford; Aristotle' Metaphysics, translated with notes by Kirwen, Ch., Oxford 1971; Aristoteles' Metaphysik, Buecher VII-XIV; griech.-dt., in d. uebers. von Bonitz, H.; Neu bearb., mit Einl. u. Kommentar hrsg. von Seidl, H., Felix Meiner Verlag 1982, Frede; M./ Patzig, G., C.H., Aristoteles'Metaphysik Z', Text, Uebers. u. Kommentar, Beck'sche Verlagsbuchhandlung, Muenchen 1988, Band I; Aristotle's Metaphysics, Books Z and H, translated and with a commentary by Bostock, D., Oxford, Clarendon Press, 1994. 以下译文只注标准页码。
② 关于这段引文的中译文理解及其相关讨论，参见王路：《读不懂的西方哲学》，第三章。

于谓词 P 所表达的东西做出的说明。还有一个来源是辞典解释。这说明，这里的说明与辞典解释是一致的。这是同一部著作中的文字，这种相似性是最好理解的。由此也就说明，亚里士多德有关是的说明乃是系词意义上的说明。综合这三个相似性可以看出，亚里士多德关于是的说明乃是基于对"S 是 P"这种句式的表达考虑的。

其次，在关于是的说明中，最重要的乃是关于"是什么"的说明。从范畴的角度看，第一个范畴乃是最重要的。因为亚里士多德明确地说它是"最主要"的，是"第一性的"，"当我们知道一事物是什么，……我们才最完全地知道它"。这就表明，亚里士多德的范畴理论并不是一个简单的理论，而是具有重要的意义。依据这个理论，亚里士多德在一般意义的"是什么"上已经区别出一种专门的"是什么"。前者指的包含着一般的表达方式，因而它的意思可以是"是如此这般"。后者则不是表达方式上的说明，而是关于一类谓词所表达的东西的说明，因而具有一种专门的意义，这样也就与其他范畴形成区别。这样也就可以看出，相关的说明不仅与范畴相关，而且也与四谓词理论相关（《辩》引文 5）。

第三，这个"是什么"被称为"实体"（ousia）。由于这个问题的重要性，"是乃是什么？"的问题可以转换为"实体是什么？""实体"是柏拉图使用过的表达，但是并没有形成亚里士多德这样专门意义上的用语。这既可以看作是亚里士多德用语的来源，也可以看作是亚里士多德思想的发展。由于"是什么"这一范畴至关重要，而它被称为"实体"，因而实体这一概念也是至关重要的。这里可以看出亚里士多德形而上学讨论的一个明确思路。要讨论是这个概念，由于是一词乃是在多种意义上使用的，因而区别它的不同含义，并且确定出其中一种用法为最重要的。由于这种用法最为重要并命名为实体，因而可以把关于是的问题转换为关于实体的讨论。由此可见，下面要讨论的就不再是"是"，而是实体。这里体现出一种讨论问题和论证问题的一般性原则，也是一条基本的方法论原则：为了说明概念 A，要借助 B，B 乃是比 A 更清楚和可理解的概念。为了说明 B，要借助 C，而 C 是比 B 更清楚和看理解的概念。如果 C 是自明的或已经被说明，则可以通过 C 而使 B 得到说明。以这种方式，如果说明了 B，也就说明了 C。需要注意的是，这个过程不能无限倒退。现在看得非常清楚，亚里士多德将关于是的问题划归为关于实体的问题。因此可以看出，他想通过关于实体的讨论来获得关于是的说明。

亚里士多德的论证思路和方式是清楚的，他这样做的理由也是明确的：只有认识一事物是什么，才真正认识它。这表明在他看来，其他认识，比如关于质、关于量的认识，乃是不充分的。无论他的理由是不是有道理，我们至少可以清楚地看出，亚里士多德有关是的论述，他的相关探讨乃是与认识相关的。这一点体现了他的问题的实质，实际上也就体现了形而上学的实质。在我看来，这对我们来说乃是非常重要的认识：形而上学乃是与认识相关的。

从亚里士多德的论述还可以看出，与是什么或实体相关的问题可以涵盖古希腊哲学的所有重要讨论，包括关于一和多的问题,关于有限和无限的问题等等。前者在前面关于柏拉图的讨论中已经看到,后者虽然没有看到,但那是因为我们的引文所限,并不意味着柏拉图没有讨论。相关问题我们不用多说什么,我们只看与实体相关的论述。

[《形》引文 4]

实体一词即使没有更多的含义,至少也要有四种主要用法;因为本质和普遍的东西和属被看作是各事物的实体,第四还有基质。(1028b34-35)

这是《形》第三卷的一段话,意思非常明确,即指出实体一词是多义的,主要有四种用法。有了这样的说明,以后只要依次通过它们的不同含义来讨论即可。换句话说,要把关于实体的讨论转换为关于本质的讨论,关于普遍的东西的讨论,关于属的讨论,关于基质的讨论。亚里士多德也正是这样做的。前面我们已经从方法论的意义上论述过这种谈论的方式,因此跟着这一思路往下走即可。在这四种关于实体用法的说明中,本质居于首位。字面上可以看出,它是非常重要的。实际上也是如此,亚里士多德后面对它进行了大量的讨论。限于篇幅,这里我们只看亚里士多德关于本质的一些论述。

[《形》引文 5]

既然一开始我们区别了我们确定实体的各种标志,而且其中之一被认为是本质，我们就必须研究它。首先让我们对它做一些语言说明。各事物的本质是被说成依其自身而是的东西。因为是你就不是爱好音乐的，既然你并非依你的实质而是爱好音乐的。于是你依你实质而是的东西就是你的本质。

然而，所有这一切还不是一事物的本质；依自身而是的东西也不同于一个表面是白的，因为是一个表面并不等同于是白的。但是，二者的组合（是一个白的表面）也不是表面的本质，因为这里加上了"表面"本身。因此，这个表述中没有出现这个词本身，却表达了它的意义，这就是各事物的本质的表述。因此，如果是一个白表面就是一个平滑的表面，那么是白的和是平滑的就是相同的东西。（1029b13–24）

字面上可以看出，关于本质有两个方面的说明，一个方面是语言说明，[①]另一个方面是事物方面的说明。我们只看前

[①] "语言说明"（linguistic remark）这一表达式的希腊文是 logikos。罗斯认为，"它很可能总是指语言要求或考虑"，后面则有"与言语研究相对的关于实在的研究"（Ross, W.D., *Aristotle's Metaphysics*, a revised text with introduction and commentary, p.168）。也有人将这个表达译为"形式说明"（formale Bemerkung）（Frede, M./ Patzig, G., C.H., *Aristoteles' Metaphysik Z'*, Text, uebers. u. Kommentar, Band I, s. 67），或"逻辑说明"（logical remarks）（Bostock,D., *Aristotle's Metaphysics*, Books Z and H, translated and with a commentary, p.4），并提出相应的理由和解释（参见 Frede, M./ Patzig, G., C.H., *Aristoteles' Metaphysik Z'*, Text, Uebers. u. Kommentar, Band II, s. 59; Bostock,D., *Aristotle's Metaphysics*, Books Z and H, translated and with a commentary, p.86）。这里采纳了罗斯这一翻译和理解。

一方面的说明。关于语言的说明，亚里士多德也有两个层次的说明，一个是理论性说明，一个是举例。我们只看理论性说明。"这个表述中没有出现这个词本身，却表达了它的意义，这就是各事物的本质的表述。"字面上可以看出，关于本质的表述就在前两句。其中表达了本质的意义这一句，意思当然是清楚的，但是看不出它对语言做出什么说明。因此，关键只是第一句：这个表述中没有出现这个词本身。这是什么意思呢？难道它的意思只是告诉我们，在关于本质的表述中，不出现表示本质的用语吗？假如是这样，那么这是一种什么样的说明吗？不出现表示本质的用语，却表示本质的意思，这是什么意思呢？或者让我们换一种方式问：这样的说明，难道意思是清楚的吗？但是从"这就是各事物的本质的表述"这一句来看，显然亚里士多德认为这句话是清楚的？这样就产生一个问题，亚里士多德的表述本身似乎是不清楚的，而他的断言方式却表明这是清楚的，那么这是为什么呢？

在我看来，这里的原因就在于，对亚里士多德来说，关于本质的表述已经是一个自明的概念，因为他在《辩》中已经有了明确的阐述。那里已经说明，"定义是表达事物本质的词组"(《辩》引文3)，"在提出的定义的元素中，一个是属，一个是种差，并且只有属和种差谓述本质"(《辩》引文9)。这就表明，本质的表达形式是由两个词组成的，一个表示属，一个表示种差，二者相加，表示本质。基于这样的说明来看《形》引文5，就可以明白为什么亚里士多德会这样说。所谓表示本质的词不出现，乃是因为出现的词乃是分别表示属的和表示种差的。所谓表达了本质的意思，指的即是表示属的词与表示种差的词组合之后所表达的意思。刚才在论述方法论原则的时候说过，用明白的和比较明白的概念来说明不明白的和不太明白的概念，但是这个过程不能无穷倒退。就是说，它一定要在自明的概念上停下来，即依赖于自明的或原初的概念或已经得到说明的概念。这里可以看出，亚里士多德在《形》中关于本质的说明依赖于《辩》中关于定义的说明，因为有了那里的说明，关于本质的说明在这里已经是自明的了。

应该看到，引文5是一开始关于本质的论述。这里已经非常清楚地表明它依赖于《辩》中有关定义的论述，因此可想而知，在后面的论述中一定会与定义的论述密切相关。比如：

[《形》引文6]
定义显然是本质的表述。（1031a13）
除了首先命名的属和种差，定义中没别的东西。（1037b30）
定义是含有种差的表述。（1038a28）

只有那些其表述是定义的东西才有本质。（1030a5）
只有实体是可定义的。（1031a）
凡不是一个属的种的东西就不会有本质，只有种才会有本质。（1030a12）

这些论述随亚里士多德考虑问题的不同而出现,可以大致分为两类。一类论述直接借助定义的形式认识,因而直接谈及定义、属或种差。另一类论述则与定义及其构成部分所表达的东西相关。前一类论述不必多加讨论,因为它们字面上就与定义相关,因而对《辩》的依赖、与《辩》的联系乃是显然的。后一类论述其实也谈到定义、属等等,因而也与《辩》相联系,只不过它的谈论方式似乎不是那样直接。比如"不是一个属的种的东西"、"其表述是定义的东西",但是,只要联系有关定义的理论,这些东西就不难理解。对照这两类论述可以发现,它们实际上是从两个角度对与定义相关的表述做出说明,一个是从定义项的角度,因而谈到定义、属或种差。也可以说,这是从谓词或谓述的角度,即从"S 是 P"中的"P"的角度。另一个是从被定义项的角度,因而谈到不是属的种的东西、其表述是定义的东西。而这两种方式相加,则可以非常清楚地看出,定义的对象是种,所以亚里士多德说,只有种才会有本质。由此也就说明,本质是关于种的说明。假如把本质看作实体,则实体是关于种的说明,或者,本质意义上的实体是关于种的说明。

在有关实体的用法中还提到属。字面上就可以看出,属是四谓词之一,属于四谓词理论所讨论过的东西,因而所有《辩》中的相关讨论,都可以成为《形》中有关实体的讨论的资源,一如在有关本质的讨论中就已经谈到属一样。属是对一些不同种的事物是什么这一范畴的谓述(《辩》引文 9),因此属也是与种相关的,是关于种的说明。这与定义的特征无疑也是一致的。这样也就可以看出，在实体的四种用法中，至少有两种用法字面上就是与四谓词理论相关的，因而依赖于《辩》的相关讨论。

有关定义和属的说明都明确提到了"种"，并说它是定义和属谓述的对象。众所周知，种所表达的东西是类。因此，定义是关于类的说明，属加种差是关于类的说明方式。在这种意义上理解，本质是关于类的。这一认识从前面的论述可以看得非常清楚。但是在有关实体的说明中，有一种"基质"。"基质是这样一种东西，其他所有东西都谓述它，而它本身不谓述其他任何东西"（1028b36）。由于这种东西不能谓述其他东西，因而不能是关于类的说明，与本质和属也就是不同的东西。在关于这种东西的说明中，亚里士多德提出了他的著名的形式和质料的理论：形式不是实体，质料不是实体，形式和质料的复合构成才是实体。并明确指出，这是最令人困惑的，要予以研究。亚里士多德的看法是正确的。不仅如此，在关于亚里士多德形而上学的研究中，这个问题也是非常令人困惑的。

深入探讨并说明这个问题，不是本书的工作。这里我仅想从语言的角度指出，"形式"这个词的希腊文是 eidos，相应的英德译文一般是 form，Form；"种"这个词的希腊文也是 eidos，与"形式"一词的希腊文乃是同一个词。就是说，希腊文 eidos 这个词在亚里士多德著作中大致有两种用法，一种是与"属"（genos）这个词对照使用，另一种是与"质料"这个词对照使用。当然也可以说，人们对这个词是这样理解的。正因为这样理解，在前一种用法，eidos 被翻译为"种"（species），表示下位概念，而"属"表示上位概念。而在后一种用法，eidos 被翻译为"形式"（form），表示与"质料"完全不同的东西或方面。这样的理解和翻译不仅被人们所接受，而且已经成为传统。① 我指出这一点，只是为了说明，认识到这一点，其实可以为我们理解亚里士多德的形式和质料的理论提供一种理解的途径。既然是同一个词，当然可以在同一的意义上来理解，比如就在种的意义上来理解。在这种意义上，属是对它的说明，它是被属说明的，无疑是清楚的。但是，这样的与属的关系只是表明它作主词的情况，亦即它是"S 是 P"中的 S，而没有表明它作谓词的情况。由于它被属谓述而不能谓述属，因而它作谓词的时候就不能谓述属。那么，当它作谓词的时候，它谓述的是什么呢？或者，什么可以作它的主词呢？当然只有专名或类似专名的表示个体事物的个体词。就是说，它不能是"S 是 P"中的 P，却可以是"a 是 P"中的 P，它是"S 是 P"中的 S，却不能是"a 是 P"中的 a。

---

① 比如波斯托克论述亚里士多德关于形式和质料的区分时说："人们应该注意这里有两点离开了逻辑著作的标准术语。其一，'eidos'这个词（我总是把它翻译为'形式'）在逻辑著作中与'属'相对照，被标准地译为'种'。不仅如此，给出一事物的 eidos，就是给出'它是什么？'这个问题的最可能的回答，而且很有可能，如果面对一个雕像，那么对'它是什么？'这个问题的最好回答将是'它是一个雕像'；这将不是对它的形状的一种描述"（Bostock, D., *Aristotle's Metaphysics, Books Z and H*, translated and with a commentary, p.72）。

从表述的意义方面说，种是对个体的说明。但是，在亚里士多德看来，对个体事物的说明，只有种还不够，还必须要加上一些东西，他把这些要加上的东西称为质料。正像对种的说明需要属加种差一样，对个体的说明需要种加质料。所以，亚里士多德的形式（种）加质料的方法和属加种差的方法乃是匹配的、一致的，区别仅仅在于被说明的对象不同。我认为，在现有对亚里士多德形而上学的解释中，关于形式和质料的认识存在问题的原因很多，但是一个比较主要的原因也在于术语翻译形成的区别而造成理解思路的差异。在我看来，这里的关键在于，应该在"是什么"这一核心概念和句式上来理解亚里士多德的思想。而这一思想主要来自询问和回答问题的方式。"是什么"不仅可以对类做出询问和回答，比如"人是什么？"，也可以对个体的东西做出询问和回答，比如"这个东西是什么？"亚里士多德既然认为，只有知道一事物是什么，才真正认识一事物，那么他就不会仅考虑关于类的是什么的情况，而不考虑关于个体的是什么的情况。既然他在《辩》和《解》中有关于个体的考虑，并且是在"是什么"这种意义上的考虑，他在《形》中也就一定会有同样的考虑。关于个体的表述与关于类的表述当然是不同的。亚里士多德的相关论述表明，他对这样的不同是有充分认识的。正因为如此，他在形成逻辑的过程中排除了个体词，从而使他的理论只是关于类的理论。但是这绝不意味着他没有认识到关于个体的考虑和表述的重要性。正像他在关于逻辑的讨论中说，关于种和属的说明也可以适用于关于个体的说明一样，在关于形而上学的讨论中，除了有明确的关于类的讨论，比如关于本质和属的讨论，他也有关于个体的讨论，这就是关于形式（种）和质料的讨论。所以，它们都是关于是什么的讨论，因而必须要讨论。但是，它们又是具有根本性差异的两类讨论，因此必须给出不同的说明。

我认为，这是一个非常有意思的问题，既涉及对亚里士多德思想的理解，也涉及本体论的根本性认识。限于篇幅，这里仅指出这一问题。若是进一步研究亚里士多德形而上学，我会对这个问题做出彻底的深入细致的研究和讨论。

3. 先验性

在《形》第三卷，亚里士多德提出了形而上学所要研究的问题：

[《形》引文 7]
第一个问题与我们在前面说明中所讨论的主题相关。它是这样的：首先，研究原因是属于一门科学还是属于多门科学；其次，这样一门科学是应该只审视实体的第一原理，还是也应该审视所有人进行证明所依据的原理，比如是不是可能同时断定和否定同一事物，以及其他所有这样的问题；第三，如果所说的这种科学探讨实体，那么是一门科学探讨所有实体，还是多门科学探讨所有实体，而且如果是多门科

学，那么是所有科学都是类似的，还是其中一些必须被称为智慧的形式，而另一些被称为另一些东西。第四，是只有可感觉的实体应该被说是，还是除了它们之外其他实体也应该被说是，而且其他这些实体都属于一种，还是有一些不同类的实体，一如一些既相信理念又相信这些理念和可感觉事物之间的数学对象的人所以为的那样。因此正如我们所说，我们必须还探究这些问题，而且第五，我们的研究是只与实体有关，还是也与实体的本质属性有关。此外，关于同和异、相似、不相似和反对，关于在先的和在后的，以及所有其他这样的词，论辩家试图探究这些词，只是从或然前提出发进行研究，研究所有这些东西究竟是谁的事情？此外，我们必须讨论这些东西本身的本质属性；而且我们必须不仅问它们各个是什么，而且问一事物是不是总是有一个反对物。第六，事物的原理和要素是属，还是各事物中出现的其被划分而成的部分；第七，如果它们是属，那么它们是谓述个体的最近属还是最高属，例如，动物或人是这个个体情况的第一原理和最独立于它的吗？第八，我们必须探究，尤其是讨论，除了质料，是不是有任何东西本身是原因，而且这种东西是不是独立的，它数量上是一还是多，而且是不是有某种脱离具体事物的东西（所谓具体事物指的是质料带有某种已经谓述它的东西），抑或是不是没有独立的东西，或者是不是在某种情况下有某种东西，尽管在其他一些情况下没有这些东西，还有，这都是些什么样的情况。第九，我们问原理是不是数量或种类上有限的，包括定义中的原理和基质中的原理；第十，可毁灭事物和不可毁灭事物的原理是相同的还是相异的；究竟是它们都是不可毁灭的，还是那些可毁灭事物的原理是可毁灭的。第十一，还有那最难最令人困惑的问题：一和是，是否如同毕达哥拉斯学派的人和柏拉图所说，不是其他东西的性质，而是所是事物的实体，或者情况并非如此，而是如下：基质乃是其他某种东西，一如恩培多克勒所说，是爱；一如其他人所说，是火；而其他人则说，是水或气。第十二，我们问原理是普遍的还是像个体事物，而且第十三，它们是潜在的，还是现实的，此外，在任何与运动无关的意义上它们是潜在的还是现实的，因为这些问题也会造成很大的困难。此外，第十四，数、线、图、点是不是一种实体，而且如果它们是实体，它们是与感觉事物分离的还是出现在它们之中的？对于所有这些问题，不仅很难得到真，而且甚至很不容易想明白其中的困难。（99565-996a18）

字面上可以看出，这里的 14 个问题大多数都与实体相关。因此我们可以明白，为什么亚里士多德要专门讨论实体。比较独特的是其中第二问题，它的提问方式表明，该问题不是与实体相关，而是与证明方式相关：审视所有人进行证明所依据的原理。由于亚里士多德是逻辑的创始人，而且探讨形而上学问题时已经建立起逻辑，因此可以认为，这个问题与逻辑相关。由于这个问题在 14 个问题中占据第二个的位置，由此可以认为，与逻辑相关的问题非常重要。第一个问题似乎是关于学科分类的，是关于形而上学这个学科的，在这种意义上看，似乎也可以认为，与逻辑相关的问题与关于实体的讨论乃是有一些区别的。此外还可以看出，在一些问题中还使用了"是什么"、"本质"、"属"、"反对"等术语，因此这些问题似乎就会与四谓词理论相关，与逻辑相关。假如说第二个问题多少还可以表明逻辑与形而上学有些区别的话，后面这些问题则表明，逻辑与形而上学问题乃是融为一体的。由此可见，亚里士多德的逻辑与他的形而上学乃是紧密联系、不可分割的。从前面的讨论可以看出，亚里士多德逻辑是一门独立的学科，他的形而上学也是一门独立的学科，但是他在形而上学讨论中依据和使用了他的逻辑理论和方法。这就表明，二者是密切联系的。《形》引文7则表明，亚里士多德将逻辑问题与形而上学问题放在一起说，并没有刻意地区别。因此也可以认为，在他看来，形而上学研究本身就是与逻辑不可分割的。逻辑为形而上学所用，形而上学的研究与逻辑不可分割，如今已是常识。但是，对于其中的原因，看法却不相同。我认为，逻辑研究体现了一种先验性的东西，形而上学研究也体现了一种先验性的东西。在先验性这一点上，二者是相通的。因此它们可以联系在一起，可以相互交织。只是由于逻辑本身具有方法论的意义，人们才更多地注意形而上学如何获得逻辑的帮助，逻辑如何为形而上学提供理论和方法。以前，我曾从逻辑在哲学中的应用这个角度探讨过这个问题，[①] 现在则可以从逻辑的起源的

[①] 参见王路：《逻辑与哲学》，人民出版社，2007年。

角度来说明这个问题。

"这是白的","这是人","人是白的","人是理性动物"等等都是自然的表达,表达的是我们关于世界的认识。这些表达有些是基于感觉的,比如第一个,有些则不是,比如末一个。如同亚里士多德所说,求知是人类的本性。人们不会满足于这样的认识和表述,而会对它们提出质疑,比如,"这是白的吗?""人是理性动物吗?"又比如,"这是真的吗?"不仅如此,人们还会进一步问为什么?比如,"为什么这是白的?""为什么人是理性动物?"对这样问题的回答不仅与认识相关,还会涉及解释。比如人们会说,因为怎样,所以怎样;如果怎样,那么怎样。由此还会引发进一步的思考。

从巴门尼德到柏拉图的研究表明,他们已经认识到上述那样关于世界的认识。不仅如此,他们已经有意识地把关于这样认识的研究归结为是与真。在他们看来,是与认识相关,是与真相关,因而可以通过研究是,通过研究真而达到关于认识的研究。在这样的研究中,他们借助关于语言的考虑,因而把认识划归为是。他们指出是与真相关,乃是通往真之路。在这样的研究中,他们认识到,在语言中"是"表示肯定,与此相关,"不是"表示否定,因而与它们相关,不仅涉及真,也会涉及假。他们指出这里的问题,也对这里的一些问题感到困惑。它们想出一些办法来解决这里的问题。有时候,他们甚至认为解决了问题。

亚里士多德的研究表明,他在柏拉图研究的基础之上,大大向前推进了关于是与真的研究,结果就是建立起逻辑这门学科和奠定了形而上学的研究。促成这种研究结果的方式主要在于,他区别了句法和语义,并基于这种区别使是与真对应起来。从句法的角度,他说明了"是"一词所起的作用,为了说明它的作用,他还说明了与它相关的"不"、"每一个"等词的作用,从而揭示了与真假相关的句法,并说明了与它们相关的不同关系,如矛盾关系和反对关系。不仅如此,他还基于这样的句法说明,建立起三段论系统,从而说明相关推理的有效性,即在什么情况下可以从真的前提得到真的结论。直观上可以看出,这样的研究消除了所有与感觉相关的成分,消除了所有与经验相关的内容。它是一种先验的说明。也就是说,这样的研究脱离了经验的东西,与经验的东西没有什么关系。它不是要说明,比如,因为某人怎样,所以某人怎样;所有人怎样,所以这个人怎样。这样的说明要依赖于我们关于人的认识,依赖于我们关于某人的认识。它要说明的是,如果所有 S 是 P 是真的,则有 S 不是 P 就是假的。这样的说明与人无关,不依赖于比如关于人的认识,却可以适合于关于人的说明。同样,它不依赖于关于某一领域某一类事物的认识,却适合于(至少)许多领域和许多事物的认识。所以,它是一种先验研究,或者说,它是一种关于先验的东西的研究或具有先验性的研究。它是一种具有普遍性的研究。

同样是从句法的角度,亚里士多德说明了谓词 P 所表达的东西。依不同的考虑方式,它一方面可以表达定义、固有属性、属和偶性,另一方面可以表达是什么、质、量、关系等等。同样可以看出，这样的研究也消除了所有与感觉相关的成分，消除了所有与经验相关的内容。它不是要说明，比如，人是怎样的，人是什么东西，因为这样的说明要依赖于关于人的认识。它要说明的是，关于事物可以表达什么，比如，可以表达定义或偶性，或者可以表达是什么或其他各种范畴。这样的说明不依赖于比如关于人的认识，却可以适合于关于人的说明。同样，它不依赖于关于某一领域某一类事物的认识，却适合于（至少）许多领域和许多事物的认识。所以，它是一种先验研究，或者说，它是一种关于先验的东西的研究或具有先验性的研究。它是一种具有普遍性的研究。

关于是的研究乃是先验的，正像亚里士多德所说：

[《形》引文8]

有一门科学，它研究是本身和它依自身而具有的性质。现在，这与任何所谓专门科学都是不同的。因为其他这些科学没有一门普遍地探讨是本身。它们截取是的一部分，研究这一部分的性质。例如，数学就是这样做的。现在，既然我们寻求第一原理和最高原因，显然它们一定是依自身而是的东西。这样，如果寻求是之要素的人就是在寻求这些相同的原理，那么必然是：这些要素一定乃是是的要素，不是偶然的，而仅仅因为它乃是是。因此，我们必须把握的正是是本身的第一原因。（1003a20-30）

这是《形》第四卷的开场白，它大概比较直白也比较典型地说明了形而上学研究与其他研究的不同。即使同称为科学，它们也是不同的。其他科学研究是的某一部分，而形而上学研究是本身。这就说明，这样的研究是超出其他学科之上的。所谓超出或之上没有高下的意思，只是说明学科性质的不同。换句话说，其他学科是经验的，而形而上学是先验的。研究是的一部分，这一说法似乎不是那样清楚。但是，假如我们能够始终在"是什么"的意义上理解亚里士多德所说的是本身，就不难理解这里的区别。在亚里士多德时代，数学与其他科学尚未得到明确的区别。今天我们知道，数学也是先验的研究。因此我们也可以换一种说法来替亚里士多德的论述做出说明。一门具体学科的研究乃是有具体内容的。比如医学研究什么是健康，什么是疗效，数学研究什么是数，而形而上学研究是本身。这一研究与其他学科的研究无疑是不同的。①

这里还可以看出，除了学科的区别，亚里士多德还谈到第一原理和最高原因。它们显然不是具体学科所研究的东西。因为一门学科研究的东西一定是一种具体的东西，所形

---

① 哲学一词的希腊文是 philosophia，字面意思是"爱（philo）+ 智慧（sophia）"。亚里士多德认为，智慧是有层次的。人们对事物的认识可以有不同层次，形而上学乃是最高的智慧，因而是第一哲学。这相当于从"哲学"一词的字面上说明了形而上学与其他学科的不同。从亚里士多德的论述方式可以看出，他对形而上学与其他学科的看法是有高下之别的认识的。我们可以接受他关于其间区别的认识，而去除他关于其间高下的评判。

成的理论也会限于某一具体范围,所揭示的原因或原理也只能是某一领域的原因或原理。但是,形而上学所要研究的东西不是这样。字面上就可以看出,这种第一原理或原因,肯定不是某一门学科的,因而不会是属于某一领域的,而是具有普遍性的。

这样一种研究是先验的,因为它直接与认识相关,与人们的认识方式相关。所以,亚里士多德甚至可以把它划归为关于实体的研究,因为"当我们知道一事物是什么,……我们才最完全地知道它"(《形》引文3)。不仅如此,它还与真相关。所以,亚里士多德一方面说它研究是本身,另一方面也说,"把它称为关于真的学问是恰当的"(993b20)。我们看到亚里士多德有非常明确的关于真的论述,关于是与真之间联系的论述。这种是与真的相互区别的考虑,相互对应的考虑,都是一种在普遍性的层面上的考虑,因而是普遍的考虑。这种普遍性即是一种先验性。因为它不限于某一具体学科,它脱离我们的常识和感觉,但是其相关结果和理论却会被其他学科所用,也有助于对我们的感觉和常识做出说明。

进入现代以后,尤其是现代逻辑产生之后,人们对亚里士多德逻辑有了许多新的研究和认识。一种认识指出,亚里士多德逻辑虽然是形式的,却不是形式化的。它借助字母变元凸显了"是"这个系词,揭示了句子的形式结构,建立了他的逻辑理论和三段论系统。但是,由于"是"这个词乃是自然语言中的用语,因而亚里士多德逻辑依赖于希腊语的语言形式,并受限于这种语言形式,只能是一种主谓形式逻辑。① 在我看来，基于这样的认识也可以看到，由于亚里士多德逻辑与他的形而上学紧密联系，因而他的形而上学也具有这样的特征。他所研究的"是本身"依赖于希腊语的语言形式，并受限于这种语言形式，因此他的形而上学是一种具有"S 是 P"这种特征的研究。亚里士多德是如此，其他哲学家也是这样。康德谈论"是实际上不是一个谓词"，黑格尔把感觉确定性归结为"它是"，海德格尔把整个西方哲学关于"是"的研究传统归结为三种性质：普遍性、不可定义性、自明性，等等，都反映出他们延续亚里士多德形而上学的传统。无论他们在讨论中最终是不是偏离亚里士多德的思想，是不是得出与亚里士多德不同的认识和结论，至少他们讨论的出发点与亚里士多德是一致的，至少都凸显了"是"这个词的系词特征，都表现出他们想在先验性的意义上探讨这个问题，都显示出这至少是一个具有先验特征的问题。②

基于以上认识则可以看到，形而上学的研究是先验的，使用的手段却是依赖于自然语言的。由于借助希腊语的表述

---

① 参见 Lukasiewicz, J., *Aristotle's Syllogistic from the Standpoint of Modern Logic*, Oxford, 1957; Patzig, G., *Die Aristotelische Syllogistik*, Goettingen, 1963; Geach, P.T., *Logical Matters*, Oxford, 1972.

② 比如康德对形而上学的先验性说得非常明确："尽管我们的一切知识都以经验开始，它们却并不因此都产生自经验。……因此，至少有一个还需要进一步研究、不能乍一看就马上打发掉的问题：是否有一种这样独立于经验、甚至独立于一切感官印象的知识。人们称这样的知识为先天的，并把它们与那些具有后天的来源、即在经验中具有其来源的经验性的知识区别开来"（康德《纯粹理性批判》，李秋零译，人民大学出版社，2004 年，第 31 页）。

形式，因而带有希腊语的特征。系词乃是一种西方语言的特征，因而在西方哲学中，相关考虑一般来说是普遍适用的。但是这毕竟限于西方语言，因而从语言的角度说，它并不是具有普遍性的。比如汉语就与西方语言不同，系词结构似乎不是那样突出，甚至有时候不是必要的，因此基于汉语，我们对西方哲学中与是相关的讨论，包括翻译，接受起来终究不是那样自然，总是显得有些格格不入。这里，我们可以对照一下分析哲学的方式和讨论的问题，从而对形而上学及其讨论方式的问题、对先验性的问题有一个更好的理解。

　　分析哲学是二十世纪以来最重要的哲学方式。哲学的根本任务就是对语言进行逻辑分析，曾是它不胫而走的口号。我们不必解释和考虑这个口号的意义和对错，只是借助它来说明，它与逻辑是不可分割的。这一点，与亚里士多德的形而上学无疑是一致的，因此我们可以将它们做一比较。现代逻辑的特征是形式化的，这一工作的基础是区别句法和语义，建立形式系统和语义解释。众所周知，形式系统基于形式语言，后者与自然语言不同。因此，现代逻辑的句法形式与西方语言的句法形式不同。它的基本句式是一种函数结构。比如 Fa 表示一个专名"a"和一个谓词"F"组成的表达式，$\forall xFx$ 表示一个量词"$\forall x$"与一个谓词"Fx"组成的表达式。在这样的句法中，系词"是"不见了。因此在分析哲学讨论中，传统那些关于"是"的讨论也不见了。取而代之的是关于对象、概念、关系、量词域的讨论。这样的讨论与传统的讨论似乎完全不同，但是有一点却是一致的，即关于真的讨论。这是因为，真乃是一个语义概念，但是它是现代逻辑的语义的核心概念。正像弗雷格所说："'真'这个词为逻辑指引方向。"[①] 逻辑不可能只有句法而没有语义。同样，基于逻辑的讨论也不可能只有与句法相关的讨论而没有与语义相关的讨论。实际上，所有讨论都是与句法和语义相关的，而且是与它们的结合相关的。在弗雷格看来，句子是语言层面的东西，它所表达的东西是思想，他称它为句子的涵义。从与句子对应的角度看，还有一个层次被他称为意谓，即句子的真假。所以，既可以从思想与真值的区别与对应的角度去考虑，也可以从句子与真值的区别与对应的角度去考虑。他明确指出："如果一个句子的真值就是它的意谓，那么一方面所有真句子就有相同的意谓，另一方面所有假句子也有相同的意谓。由此我们看出，在句子的意谓上，所有细节都消失了。"[②] 考虑一个句子的思想与考虑一个句子的真，当然是不同的。或者，从思想的角度与从真的角度来考虑问题当然是不同的。举例来说，我们可以考虑"亚里士多德是哲学家"这个句子是不是真的。这无疑是经验的考虑，它需要我们理解这个句子的含义。知道亚里士多德是谁，哲学家是什么意思等等。但是我们也可以考虑，这个句子在什么情况下是真的，即这个句子的真之条件。比如我们需要知道，该句子如果是真的，那么其中的专名"亚里士多德"所指称的

[①] 弗雷格："思想"，载《弗雷格哲学逻辑选辑》，王路译，王炳文校，商务印书馆，2007年，第120页。
[②] 弗雷格："论涵义和意谓"，载《弗雷格哲学逻辑选辑》，第104页。

对象必须存在，而且它必须处于其中的谓词"哲学家"所表达的那种性质之下。这样的认识无疑不是经验的认识，与经验的考虑不同。我们不需要知道亚里士多德是什么意思，指的是谁，哲学家是什么意思。正因为如此，这样的认识也不会局限在这一个句子，而是适用于这一类句子，因而具有普遍性。

对照亚里士多德的形而上学与现代的分析哲学，可以看出两个非常明显的共同之处。一个是它们与逻辑紧密结合，另一个是它们都是关于先验的东西的研究，因而它们的研究都是具有普遍性的。对照之下，也可以看出一个非常明显的区别：由于它们的逻辑是有区别的，因而它们的形态是有区别的。就是说，同样是使用和依据逻辑，形成的哲学却是不同的。这种区别当然是由于逻辑的不同而造成的，但是如果仔细分析，其实可以看出，在与真相关这一点上，二者是一样的。亚里士多德逻辑过多地关注和强调句法，因而高度重视"是"以及与它相关的东西，包括谓词和谓述形式，致使在应用中有时候甚至会忽视有关真的考虑。现代逻辑经过从句法到语义的发展，使得真这一概念在应用中甚至成为核心概念，形成以它为核心的哲学理论，比如真之理论、意义理论。在我看来，不同的逻辑导致不同的哲学，这是逻辑和哲学本身的发展所致。但是在有关先验性这一点上，二者却是始终一致的。也正因为这一点，它们的结合是自始至终的，也是永远的。

4. 几点启示

通过前面的研究，我们对逻辑的起源有了明确的认识。就这一工作本身而言，可以说已经完成了。但是从这一工作出发，我们还可以进一步谈几点认识，即我们从前面的研究中获得或能够获得一些什么样的启示。

第一个启示是，哲学的本质是逻辑。

罗素说过一句非常出名的话："逻辑是哲学的本质。"借助亚里士多德的四谓词理论，本质表达可以与主词换位说明，因而这句话也可以如下表达：哲学的本质是逻辑。我们可以不必追究罗素所说的本质究竟是什么意思。它至少表明，对哲学而言，逻辑乃是至关重要的东西。至于有多重要，则可以有两种考虑。一种是抛开本质，这样的考虑似乎就可以是见仁见智的事情了。另一种是加上本质，这样就必须对哲学做出思考。我们所说的形而上学可以被理解为是一种哲学，罗素是分析哲学的主要代表人物之一，因此可以认为他所说的哲学指的是分析哲学。我们已经说明，在先验性这一点上，在应用逻辑的理论和方法这一点上，分析哲学与形而上学是一致的。因此我们可以把它们看作是同一种哲学。在我看来，分析哲学乃是形而上学的现代形式，古代的本体论、近代的认识论则是形而上学的另外两种不同形式。我赞同现代的一种观点：分析哲学是当代形而上学。

不仅如此，我还认为，哲学就是形而上学。如果可以给哲学加以定义，我会说，哲学是一种关于先验的东西的研究。正是由于这种先验性,它与逻辑密切联系。同样是由于这种先验性,它与其他学科相互区别。这种观点一定会遭到许多人的反对,尤其是遭到马克思主义哲学家和中国哲学家的反对。说明这里的道理需要详细阐述逻辑和形而上学的原理,论述它们所谈论的问题,分析它们讨论和论证问题的方式。这些无疑超出了本书的工作。但是从逻辑的起源也可以对这一观点做一简要说明。

假如逻辑与哲学是两个学科,则可以看出,在历史上,先有哲学,后有逻辑。人们关于哲学的讨论先于关于逻辑的讨论。逻辑这个学科是在哲学讨论中建立起来的。逻辑的讨论与认识相关,跟是与真相关。也就是说,随着哲学的发展,哲学中出现了一种讨论,它与认识相关,跟是与真相关。这部分内容在柏拉图的对话中,尤其是晚期对话中清晰可见。它们与其他对话的内容不同,显示出逻辑的一些特征,但是尚未形成逻辑,因而依然是哲学的讨论。可以相信,假如没有建立起逻辑,这部分内容的讨论还会依然继续,肯定也会不断发展。所以,在哲学讨论中,有一部分独具特色的讨论。关于这部分内容的讨论导致最终建立起逻辑这门科学。所以,这部分内容一定有一种东西,它属于哲学与逻辑共同的。在我看来,这就是先验的东西。正是关于这部分东西的研究,最后形成了逻辑和形而上学。假如可以把逻辑与哲学看作一体,即不必那样严格地区别逻辑与形而上学,或者像亚里士多德提出形而上学诸问题时那样,似乎逻辑只是形而上学的方法,属于它的基础方面,那么可以看出，哲学中有一部分内容，它是在发展中获得的。它与先验的东西相关，而与经验的东西没有什么关系。柏拉图和亚里士多德对它特别感兴趣，专门对它做了研究并形成了理论。也就是说，无论逻辑是不是一门成熟的学科，是不是从哲学独立出去，与逻辑相关或相对应，我们都可以看到，哲学有一部分独特的内容。假如以这部分内容来看哲学，它就是一种与先验的东西相关的研究。

借助逻辑与哲学的关系，我们也可以引申一步。假如说哲学是一门成熟的学科，那么它是什么时候形成的呢？假如说哲学是一门科学，那么它的核心内容是什么呢？我们知道，柏拉图的对话没有分类，同样的对话，既是哲学研究的对象，也是文学或政治学研究的对象。亚里士多德则不同，他的《形而上学》只是哲学研究的对象。我们知道，古希腊哲学是个母体，一开始也被称为自然哲学，即它包含着关于自然的认识。后来许多科学成熟了，从它独立出去。但是哲学不仅没有灭亡，在二十世纪还得到了一个大的发展，这就是分析哲学。也就是说，无论多少东西从哲学独立出去，哲学依然可以得到发展。这就说明，哲学的本质并不在于那些从它独立出去或可以从它独立出去的东西，与它们没有什么关系。换一个角度说，不管什么东西可以从哲学独立出去，形而上学这部分内容可以从它独立出去吗？假如没有这部分内容，哲学还可以是名副其实的吗？认识到这一点则可以看得更加清楚，正像亚里士多德逻辑导致了他的形而上学，现代逻辑导致了分析哲学，因此逻辑与哲学之间的这种关系，无论是什么，怎么样，至少有一点是清楚的：不可分割。所以我非常赞同罗素的看法：哲学的本质是逻辑。

第二个启示是，逻辑的关于推理的科学。

作为一门科学，逻辑有两个部分，一个是逻辑的观念，另一个是逻辑的理论。从逻辑的起源可以看出，思考同样的问题，结果却两个样子，原因就在于柏拉图没有而亚里士多德有一个逻辑的观念，这就是"必然地得出"。它凸显了一种前提和结论组成的结构，说明了它们之间的关系：从真的前提得出真的结论。从逻辑的起源可以看出，逻辑的理论依赖于对句法和语义的区别和对应的考虑，并基于逻辑的观念对它们做出具体而明确的说明。

既然哲学的本质是逻辑，这就表明，推理及其相关的东西对于哲学而言乃是至关重要的。我们知道，推理是一种论证的方式。由于哲学是关于先验的东西的研究，因而它的主要方式是解释、分析和论证。我们知道，分析需要推理，解释需要推理，论证也需要推理。因此对哲学而言，推理乃是至关重要的。[①]

以上两个启示可以说纯粹是理论上的启示。以它们为基

[①] 本书讨论逻辑的起源，重点在形成三段论之前亚里士多德的相关论述，因此对他关于三段论的论述不多。其实，在建立了三段论系统之后，亚里士多德借助它讨论了三段论如何应用的问题。比如在《后分析篇》，他比较详细地讨论了如何借助三段论的中项来认识原因，借助定义来认识一事物是什么。而且，类似的思想在《形》中很多，比如谈到借助定义来说明本质。此外，他也谈到借助中项来讨论原因。这些内容不属于本书的讨论范围，故不展开。

础，我们还可以获得一些与实际相关的启示。

一个是如何理解逻辑。国内学界一直对逻辑有不同认识。不少人认为逻辑是一个有歧义的概念，因而对它的理解不同，所认识和说明的逻辑也可以不同。比如有人认为在亚里士多德逻辑的意义上，可以说西方有逻辑，而中国没有逻辑。有人认为在传统逻辑的意义上可以说中国也有逻辑。或者有人认为，同属于三大文明发源地，中国不可能没有逻辑。所以，这些观点都是按照自己的理解讲述中国的逻辑。又比如，有人认为逻辑可以有形式的和非形式之分，因而除了形式逻辑以外，还会有归纳逻辑、先验逻辑、辩证逻辑等等。基于这样的划分，有人甚至认为，形式逻辑是低级的，辩证逻辑是高级的。在我看来，这些看法都是有问题的。基于逻辑的观念以及关于逻辑起源的认识，我们可以清楚地认识到，逻辑并不是随意而形成的，它经历了从巴门尼德到柏拉图到亚里士多德的发展过程，需要有一个逻辑的观念，需要有关于句法和语义的区别的认识，需要有借助二者的对应对相关要素的说明。我不能说中国没有逻辑，但是从现有那些论述中国有逻辑的研究中，我看不到任何关于这样的东西的研究和说明。[1] 我明确地说过，归纳不是逻辑，辩证逻辑不是逻辑，[2] 这是因为归纳的理念与逻辑的观念完全不同，辩证逻辑根本没有逻辑那样的关于句法和语义的区别，并从这

---

[1] 参见王路："中国逻辑史的研究为什么需要'比较'"，载王路：《逻辑方圆》，北京大学出版社，2009年。
[2] 参见王路：《逻辑的观念》，商务印书馆，1999年第1版，2016年第2版。

样的对应的角度来探讨和形成理论。在我看来,我们应该根据逻辑的观念,根据逻辑的建立与之相关的那些不可或缺的要素来认识什么是逻辑,而不应该根据自己对逻辑的理解来谈什么是逻辑。

另一个启示是如何理解西方哲学。国内学界关于西方哲学中的核心概念 being 过去主要采用"存在"这一译语,近年来有一些不同看法和争论,主要表现为存在论和一是到底论。一是到底论认为应该在"是"的意义上理解和翻译 being,并将这样的理解和翻译贯彻始终。存在论坚持"存在"这一译语,并针对一是到底认为,应该认识到 being 的不同含义,应该在不同的语境将它译为"存在"和"是"。在我看来,存在论的看法是错误的。[①] 基于逻辑的起源研究可以看出,从巴门尼德到柏拉图到亚里士多德,他们关于 being(to on)的探讨都有明确的关于语言的考虑,这样的考虑涉及该词在语言中的使用,而这种用法最典型的方式即是"是什么",而"是"则是"是什么"的替代表达方式。这样一种表达方式所体现的,则是关于认识的考虑,特别是关于先验的认识的考虑。因而它不可能是"存在",不可能局限在"存在",不可能局限在世界中具体的事物,特别是那些与经验相关的事物和情况。特别是,在相关研究中,从柏拉图到亚里士多德,更是有一个从关于语言的考虑到关于

---

① 关于这个问题,我已经谈过很多,参见王路:《"是"与"真"——形而上学的基石》,《读不懂的西方哲学》,《解读〈存在与时间〉》,《一是到底论》。

句法和语义的区别和对应的考虑过程，一个由此形成逻辑和形而上学的过程。在这一过程中，关于"是什么"的考虑从来就没有消失过。无论是逻辑的还是形而上学的考虑，无论是四谓词理论还是范畴理论，无论是关于矛盾关系和反对关系的说明，还是对实体的说明，亚里士多德的论述始终是围绕着"是什么"进行的。正是通过对这个"是什么"不同角度的考虑，逻辑与哲学的结合最终在形而上学研究中得以实现，并且清清楚楚地体现出来。从逻辑的起源可以看出，关于being的研究来自关于"是什么"的思考，由此形成的考虑既与语言相关，又与逻辑相关。正是这样的考虑最终形成了逻辑。因此，关于being的理解，不仅要结合语言，而且要联系逻辑。这样才能真正理解西方哲学的相关研究究竟是什么。

还有一个启示是如何理解哲学。国内学界认为，哲学是一个歧义概念，因而可以有不同理解。实际上，人们对哲学的理解往往形成一种"加字"哲学。加字哲学反映了一种对哲学的限定，这些限定有地域性的，比如中国哲学，有对象性的，比如文化哲学，环境哲学，生命哲学，有流派性的，比如马克思主义哲学等等。一个从事哲学研究的人通常会专注于或擅长某一种加字哲学的研究。尤其是我国现行体制下，人们也习惯于这样的表述，即所谓在哲学一级学科下的诸二级学科，以及所谓专长或特色研究。这样的情况是自然的，也是可以理解的。但是由此也非常容易产生一种结果：人们从自己研究的加字哲学出发来谈论对哲学的认识，甚至以此要求哲学应该怎样，必须怎样。比如有人认为哲学的根本问题是关于人的问题，是关于人的存在、人的精神、人的理想、道德、价值的问题；有人认为哲学是关于世界观、方法论的问题。由此出发，人们认为，哲学必须反映时代精神，哲学应该而且必须研究时代问题，以及研究社会的重大问题、前瞻问题、热点问题、现实问题等等，哲学研究者必须为解决这些问题提供认识和理论依据。常有人说：假如不是如此，那么时代要你干什么？假如不能关注、回答并解决现实问题，纳税人凭什么要养活你？这些质问似乎理直气壮、掷地有声。但是通过以上讨论可以看出，这是有问题的。

在我看来，问题主要在于：这样的认识来自加字哲学，谈论的却是哲学。假如它们所针对的是其加字的哲学，可能还是有道理的。问题是，一种加字哲学与哲学终归是有区别的：哲学中毕竟还有一类叫作形而上学的东西。无论是过去的本体论和认识论，还是今天的分析哲学，它们始终是哲学中独特的一部分，也被认为是独特的一部分，甚至在有些人看来，它们是哲学中最重要的部分。比如亚里士多德的《形而上学》、康德的《纯粹理性批判》，维特根斯坦的《逻辑哲学论》，这大概是只有哲学才会讲述、而其他学科不会讲述的著作。尽管这一部分不是哲学的全部，即使这一部分本身也是加字的或可以加字，比如叫作第一哲学、分析哲学等等，但是它们一直被看作哲学的主体、哲学之树的树干、王冠上的钻石、或哲学的主流。一部哲学史，可以不讲此种加字哲学，也可以忽略彼种加字哲学，唯独这一部分，即形而上学（第一哲学）和分析哲学是不能不讲的。而这部分内容与上述那些与人和现实有关的问题似乎恰恰是没有什么关系的，至少没有什么直接的关系。这就说明，是不是应该从这一部分出发来谈论哲学，应该如何结合这一部分来谈论哲学，可以是见仁见智的问题。但是离开这一部分来谈论哲学，则注定是有问题的。

有人认为分析哲学是反形而上学的，因为分析哲学家认为一切形而上学命题都是没有意义的。应该看到，这一认识的核心在是否"有意义"，它基于两个标准，一个是理论证明，另一个是经验证实。前者与逻辑相关，后者与真相关。而这两点构成了分析哲学最主要的特征。假如可以把形而上学看作传统哲学的称谓，由此可以看出，分析哲学与传统哲学是有典型区别的。但是如上所述，在《形而上学》中，亚里士多德一方面（在第四卷）说有一门科学研究是本身，另一方面（在第二卷）又说把哲学称为关于真的知识是恰当的。这样就可以看出，在与真相关这一点上亚里士多德的形而上学与分析哲学是一致的。所以，与逻辑相关和与真相关，这不仅是分析哲学的基本特征，实际上也是亚里士多德形而上学的基本特征。如前所述，这种特征背后的实质则是与先验性问题相关，与普遍性相关。在传统哲学中，有些人的相关认识可能不如亚里士多德那样清楚，因而一些相关论述和思想或多或少会走样，甚至背离，但是这样认识的基础却是亚里士多德提供的。也就是说，它的基本看法来自亚里士多德的形而上学，来自他的第一哲学。或者，我们至少可以说，有一种哲学叫作形而上学，它来自亚里士多德，至少在亚里士多德那里，它的基本精神与分析哲学是一致的。这种一致性在研究先验的东西这一点上体现出来。用亚里士多德的话说，这样的研究与任何专门的研究都不同，因为它是最普遍的东西。用弗雷格的话说，在真这个层面，所有细节都消失了。因此这样的研究与现实问题、与和人有关的问题肯定是或者至少是有距离的。

人们总是说，亚里士多德的《形而上学》难读难懂，不少人批评亚里士多德的形而上学不切实际。从逻辑的起源可以看出，逻辑研究的问题是先验的，它是从哲学研究中发展起来的。形而上学研究的问题也是先验的，它探讨问题的方式主要与逻辑相关。在我看来，人们之所以认为形而上学难读难懂，不切实际，除了其他原因，在很大程度上是因为，人们对它所考虑的先验性缺乏认识，对它与逻辑的密切联系缺乏认识，对它使用的逻辑理论和方法缺乏认识。人们还说，分析哲学难读难懂，许多人批评分析哲学过分强调语言分析，脱离对重大问题的思考。这种批评与对形而上学的批评乃是相似的，原因其实也是相似的。我认为，人们可以依据自己的知识结构谈论对哲学的认识，包括批评形而上学，批评分析哲学。但是人们不会否认，在西方哲学史上，在古希腊有一种研究叫作形而上学，而在当代，有一种研究叫作分析哲学，也被称为当代形而上学。它们与逻辑密切相关。基于这一认识，最后我想从哲学史的角度提出一个问题：假如书写一部哲学史,不写逻辑与形而上学行不行?不写逻辑与分析哲学行不行?如果说不行,那么我们是不是应该思考一下为什么,就是说,这样一种难懂的东西,这样一种不切实际或脱离实际的东西,为什么注定要成为哲学史必不可少的内容呢?

主要参考文献

（以下仅为本书引用文献）

中文：

柏拉图:《高尔吉亚篇》,载《柏拉图全集》第一卷,王晓朝译,人民出版社,2004年。

柏拉图:《泰阿泰德篇》,载《柏拉图全集》第二卷,王晓朝译,人民出版社,2004年。

柏拉图:《斐德罗篇》,载《柏拉图全集》第二卷,王晓朝译,人民出版社,2004年。

柏拉图:《智者篇》,载《柏拉图全集》第三卷,王晓朝译,人民出版社,2003年。

戴维森:《真与谓述》,王路译,上海译文出版社,2007年。

弗雷格:"论涵义和意谓",载《弗雷格哲学逻辑选辑》,王路译,王炳文校,商务印书馆,2007年。

弗雷格:"思想",载《弗雷格哲学逻辑选辑》,王路译,王炳文校,商务印书馆,2007年。

基尔克等:《前苏格拉底哲学家:原文精选的批评史》,聂敏里译,华东师范大学出版社,2014年。

康德:《纯粹理性批判》,李秋零译,人民大学出版社,2004年。

罗素:《我们关于外间世界的知识》,陈启伟译,上海译文出版社,1990年。

苗力田:"亚里士多德的《形而上学》笺注",《哲学研究》,1999年第7期。

苗力田主编:《古希腊哲学》,中国人民大学出版社,1989年。
聂敏里:《存在与实体——亚里士多德〈形而上学〉Z卷研究(Z1-9)》,华东师范大学出版社,2011年。
泰勒:《柏拉图——生平及其著作》,谢随知等译,山东人民出版社,1991年。
王路:"中国逻辑史的研究为什么需要'比较'",载王路:《逻辑方圆》,北京大学出版社,2009年。
王路:"'是'的含义——解读《形而上学》第五卷第七章",《清华大学学报》,2014年。
王路:《逻辑的观念》,商务印书馆,1999年第1版,2016年第2版。
王路:《亚里士多德的逻辑学说》,中国社会科学出版社,1991年第1版,2016年第3版。
王路:《"是"与"真"——形而上学的基石》,人民出版社,2003年、2013年。
王路:《读不懂的西方哲学》,北京大学出版社,2011年。
王路:《解读〈存在与时间〉》,北京大学出版社,2012年。
王路:《语言与世界》,北京大学出版社,2016年。
王路:《一"是"到底论》,清华大学出版社,2017年。

外文:

Ackrill, J.L., Language and Reality in Plato's Cratylus, in Ackrill, J.L., *Essays on Plato and Aristotle*, Clarendon Press. Oxford, 1977.

Aristotle, *The Works of Aristotle*, vol.I, ed. by Ross, W.D., Oxford University Press, 1971.

Aristotle, *Prior Analytics*, in Aristotle, *The Organon*, I, ed. by Tredennick H., William Heinemann LTD, Harvard University Press, 1960.

Aristotle, *The Works of Aristotle*, vol.VIII, by Ross,W.D., Oxford, Clarendon

Press, 1954.

Aristotle, *The Rhetoric and the Poetics of Aristotle*, tr. by W. Rhys Roberts and Ingram Bywater, 1984.

Aristotle, *Topica*, in Aristotle, *Posterior Analytics*, *Topica*, Greek-English text, trans. by Fowler, H.N., Harvard University Press, London, William Heinemann LTD, Harvard University Press, 1960.

Aristotle, *Aristotle's 〈Metaphysics〉*, books Γ, Δ, and E, tr. with notes by Kirwan, C., Oxford University Press, 1971.

Aristotle, *Aristotle's Metaphysics*, Books Z and H, translated and with a commentary by Bostock, D., Oxford, Clarendon Press, 1994.

Aristoteles, *Aristoteles' Metaphysik*, Buecher I-VI; griech.-dt., in d. uebers. von Bonitz, H.; neu bearb., mit Einl. u. Kommentar hrsg. von Seidl, H., Felix Meiner Verlag, 1982.

Aristoteles, *Aristoteles' Metaphysik*, Buecher VII-XIV; griech.-dt., in d. uebers. von Bochenski, I. M., *A History of Formal Logic*, University of Notre Dame Press, 1961.

Bochenskie, J.M.: Formale Logik, Muenchen, 1956.

Bondeson, W., "Some problems about being and predication in Plato's Sophist", in *Journal of History of Philosophy*, vol. 14, 1976.

Bonitz, H.; neu bearb., mit Einl. u. Kommentar hrsg. von Seidl, H. ,Felix Meiner Verlag, 1982.

Bormann, K., *Parmenides*, Felix Meiner Verlag Hamburg, 1971.

Bostock, D., "Plato on 'Is Not'", in *Oxford Studies in Ancient Philosophy*, vol. II, ed. by Julia A., Clarendon Press Oxford, 1984.

Bostock, D.: *Aristotle's Metaphysics, Books Z and H*, translated and with a commentary, Oxford, Clarendon Press, 1994.

Brown,L., "The verb 'to be' in Greek philosophy: some remarks", in *Companions to Ancient Thought: 3*, ed. by Everson, S., Cambridge University Press, 1994.

Brown,L., "Being in the Sophist: A Syntactical Enquiry", in *Plato 1*, ed. by Fine, G., Oxford University Press, 2003.

Cairns, H., *Plato, The Collected Dialogues*, Bollingen Series LXXI. Princeton University Press,1978.

Cornford, F.M., *Plato and Parmenides*, London, 1951.

Cornford, F.M., *Plato's Theory of Knowledge*, London, Touthledge and Kegan Paul, 1935.

Crivelli,P., *Plato's Account of Falsehood*, Cambridge University Press, 2012.

Cross, R.C. and Woozley, A.D., *Knowledge, Belief and the Form, in Plato: A Collection of Critical Essays*, ed. by Vlastos, G., University of Notre Dame Press, 1971, vol. I.

Diels, H., *Die Fragmente der Vorsokratiker*, Weidmannsche Verlagsbuchhandlung, 1954.

Diels, H., Die Fragmente der Vorsokratiker, Griechisch und Deutsch, neunte Auflage herausgegeben von Kranz W., Weidmannsche Verlagsbuchhandlung, 1960, Erster Band.

Dumitriu A., *History of Logic*, vol.I, Abacus Press, Tunbridge Wells, Kent, 1977.

Fine, G., *Plato 1, Metaphysics and Epistemology*, Oxford University Press, 1999.

Frede, M., "Categories in Aristotle", in Frede, M., *Essays in Ancient Philosophy*, University of Minnesota Press, 1987.

Frede, M./ Patzig, G., C.H., *Aristoteles 'Metaphysik Z'*, Text, Uebers. u. Kommentar, Beck'sche Verlagsbuchhandlung, Muenchen, 1988, Band I.

Geach, P.T., *Logical Matters*, Oxford, 1972.

Guthrie, W.K.C., *History of Greek Philosophy*, V., Cambridge University Press, 1978.

Hamilton, E. & Cairns, H., *Plato, The Collected Dialogues*, Bollingen Series LXXI. Princeton University Press, 1978.

Hegel, G.W.F., Vorlesungen Ueber Die Geschichte Der Philosophie, Stuttgart, 1928.

Heidegger, M., Sein und Zeit, Max Niemeyer Verlag Tuebingen,1986.

Heidegger, M., Einfuehrung in die Metaphysik, Max Niemeyer Verlag Tuebingen, 1958.

Irwin, T.H., "The Plato's Corpus", in *Plato* 1, ed. by Fine, G., Oxford University Press, 2003.

Kahn, C.H., *The Verb 'be' in Ancient Greek*, D. Reidel Publishing Company, 1973.

Kahn, C.H., "A Return to the Theory of the Verb Be and the Concept of Being", in Kahn, C.H., *Essays on Being*, in Oxford University Press, 2009.

Kahn, C.H., "Parmenides and Plato Once More", in Kahn, C.H., *Essays on Being*, in Oxford University Press, 2009.

Kahn, C.H., "Being in Parmenides and Plato", in Kahn, C.H., *Essays on Being*, in Oxford University Press, 2009.

Kapp, E., *Greek Foundations of Traditional Logic*, Columbia University Press, New York, 1942.

Kirk, G.S., Ravan, J.E., *The Presocratic Philosophers*, Cambridge University Press, 1957.

Kirk, G.S., Ravan, J.E., Schofield, M., *The Presocratic Philosophers*, Cambridge University Press, 1982.

Kostman, J., "The Ambiguity of 'Partating' in Plato's Sophist", in *Journal of the History of Philosophy*, vol. 27, Number 3,July 1989.

Lukasiewicz, J., *Aristotle's Syllogistic from the Standpoint of Modern Logic*, Oxford, 1957.

Malcom, J., "Plato's analysis of to on and to mei on in the Sophist", *Phron*, vol.12, 1967.

Munitz, M.K., *Existence and Logic*, New York University Press, 1974.

Otto, W.F. / Grassi, E. / Plamboeck, G., Platon, Saemtliche Werke (4), Rowohlt Taschenbuch Verlag GmbH, Hamburg, 1958.

Owen, G.E.L., "Plato on Not-Being", in *Plato: A Collection of Critical Essays*, ed. by Vlastos, G., University of Notre Dame Press, 1971, vol.I.

Page,T.E., *Plato*, II, Greek-English text, trans. By Fowler, H.N., Harvard University Press, 1952.

Parmenides: *Ueber das Sein* (Griechisch/Deutsch), Reclam, 1981.

Patzig, G., Die Aristotelische Syllogistik, Goettingen, 1963.

Plato, *Cratylus, Parmenides, Greater Hippias, Lesser hippias*, Greek-English text, trans. by Fowler, H.N., Harvard University Press, London, William Heinemann LTD, MCMLXIII, 1963.

Plato, *Euthyphro, Apology, Crito, Phaedo, Phaedrus*, Greek-English text, trans. by Fowler, H.N., Harvard University Press, London, William Heinemann LTD, MCMLXIII, 1960.

Plato, *Republic*, Books 1-5, ed.and tr. By Chris Emlyn-Jones and William Preddy, Harvard University Press, London, England, 2013.

Plato, *The Republic*, translated and with an introduction by Lee, D., Penguin Classics, Clays Ltd., ST Ives plc set in Monotype Garamond, 1987.

Politis, V., "What is behind the ti esti question?", in *The Development of Dialectic From Plato to Aristotle*, Cambridge University Press, 2012.

Ross, W.D., *Aristotle's Metaphysics, a revised text with introduction and commentary*, Oxford, The Clarendon Press, 1924.

Stemmer, P., Platolns Dialectik: Die fruehen und mittleren Dialoge, Walter de Gruyter, Berlin, New York, 1992.

Taran, L., *Parmenides*, Princeton University Press, 1965.

Tarrant, H., *Plato's First Interpreters*, Cornell University Press, Ithaca, New York, 2000.

Van Fraasen, B.C., "Logical Structure in Plato's Sophist", in *The Review of Metaphysics*, vol.22, No.3, March 1969.

Vlastos, G., "An Ambiguity in the Sophists", in Vlastos, G, *Platonic Studies*, University of Notre Dame Press, 1971. vol. I.

Wiehl, R., Platon: Der Sophist, Griechisch-Deutsch, Felix Meiner Verlag, 1967.